"十四五"时期国家重点出版物出版专项规划项目

高速铁路基础研究与技术创新丛书

工程施工与组织系列

寒区高速铁路隧道低温影响与工程对策

本丛书编委会　总主编

马志富　田四明　杨昌贤
王志杰　吴　剑　王　伟　编　著

李国良　主　审

中国铁道出版社有限公司

2024年·北　京

内 容 简 介

本书为“高速铁路基础研究与技术创新丛书”之分册，内容围绕寒区隧道冻害防治难题，针对我国高纬度寒区和高海拔寒区的特点，结合工程调研、现场测试、数值计算分析、工程应用情况等，论述了隧道结构和防排水系统抗冻设防技术。具体内容包括寒区隧道特点、温度场、应力场、工程对策及冻害防治等。书中附有较多的应用实例及计算数据、图表，可供读者应用参考。

本书适合寒区铁路隧道方向的科研人员和工务工程技术人员参考。

图书在版编目(CIP)数据

寒区高速铁路隧道低温影响与工程对策 / 马志富等编著 ; 本丛书编委会总主编. -- 北京 : 中国铁道出版社有限公司, 2024. 12. --（高速铁路基础研究与技术创新丛书）. -- ISBN 978-7-113-31456-9

Ⅰ. U459.1

中国国家版本馆 CIP 数据核字第 2024C5C196 号

书　　名: 寒区高速铁路隧道低温影响与工程对策
作　　者: 马志富　田四明　杨昌贤　王志杰　吴　剑　王　伟

策　　划: 刘　霞
责任编辑: 冯海燕　　**编辑部电话:** (010)51873017
封面设计: 高博越　刘　莎　　**丛书标识设计:** 崔丽芳
责任校对: 苗　丹
责任印制: 高春晓

出版发行: 中国铁道出版社有限公司(100054，北京市西城区右安门西街 8 号)
网　　址: http://www.tdpress.com
印　　刷: 北京联兴盛业印刷股份有限公司
版　　次: 2024 年 12 月第 1 版　2024 年 12 月第 1 次印刷
开　　本: 787 mm×1 092 mm 1/16　**印张:** 14.5　**字数:** 289 千
书　　号: ISBN 978-7-113-31456-9
定　　价: 120.00 元

高速铁路基础研究与技术创新丛书

编　辑　组

序

我国高速铁路起步晚、发展快、后劲足，经过几代人的不懈努力，通过原始创新、集成创新、引进消化吸收再创新，成功地走出了一条符合中国国情路情、具有中国特色的自主创新之路。我国已系统掌握各种复杂地质和气候条件下高速铁路建造成套技术；在工务工程、列车运行控制、牵引供电、动车组等高速铁路核心技术方面实现自主化；形成了复杂路网条件下处理跨线运行的运营管理成套技术，构建了人防、物防、技防三位一体的主动安全保障机制。我国已成为全球高速铁路运营里程最长、在建规模最大、运营速度最快、技术体系最全、运营和管理经验最丰富的国家。我国高速铁路技术已走在世界前列，成为推动世界高速铁路发展的重要力量。

为贯彻落实中共中央、国务院《交通强国建设纲要》，推进国铁集团《新时代交通强国铁路先行规划纲要》的落地，系统总结、梳理我国高速铁路各领域前沿理论和技术，向我国乃至世界高速铁路科研工作者和工程技术人员提供一套前沿性的参考书，中国国家铁路集团有限公司铁道出版社公司特组织编著出版“高速铁路基础研究与技术创新丛书”。

丛书以习近平新时代中国特色社会主义思想为指导，以国家自然科学基金课题、国家基金委-国铁集团高铁联合基金课题、国家“973”课题、国家重点研发计划课题等科研成果为支撑，从高速铁路前沿研究、补短板技术、核心技术、技术发展趋势等方向组织选题，涵盖动车组、供电、通信与信号、列控与检测、工程勘察与设计、智能建造、运营与管理、现代信息技术、安全和维护等领域，规模为100册，是全面系统论述我国高速铁路基础研究与技术创新成就的大型系列原创性科技著作。

丛书力求突出制高点、原创性、权威性、全覆盖特色。丛书各册内容以作者团队长期从事高速铁路科学研究的成果为依托，多数成果居于国内领先水平甚至世界先进水平，多种成果荣获国家科学技术奖一等奖、二等奖，国家技术发明奖一等奖、二等奖，茅以升科学技术奖，詹天佑铁道科学技术奖，铁道科技进步奖等奖项，丛书内容体现了我国当今最新、最前沿以及展现未来发展趋势的高速铁路相关研究成果和应用技术。丛书包括动车组、供电、工程施工与组织等十个系列，基本实现高速铁路各领域全覆盖。

丛书由编委会总负责。编委会阵容强大，认真负责。编委会各成员都是长期从事我国高速铁路科研、技术、生产和管理的一流专家学者，是所从事领域的翘楚，其中包括高速铁路及其相关领域的四位院士。编委会多次开会商讨丛书的体系、内容特色、作者条件及质量保障机制；分工负责，精心审订和修改各册编写提纲；多次遴选选题，先从150多个选题意向中遴选出100个选题，后又剔除了内容特色不太鲜明的8个选题，还对10多个选题提出了较大的改进意见，补充了8个关键技术和弥补技术空白的选题；最后邀请专人对各册内容进行审定，从而保证了各册内容的正确性和先进性。

2021年年底，国家新闻出版署经过严格评审，“高速铁路基础研究与技术创新丛书”(100册)成功入选“‘十四五’时期国家重点出版物出版专项规划——重大出版工程”。这是对本丛书项目的认可，也是对编委会、作者和编辑等人员前期工作的认可，更是一种鞭策。我们相信，本丛书的出版，将助力于《交通强国建设纲要》的贯彻落实，推动我国乃至世界高速铁路事业的发展，也将为铁路领域的科研工作者、工程技术人员、管理人员，以及高校相关专业师生提供一套高水平、原创性、权威性、全覆盖的大型高铁科技精品著作。

中国工程院院士

“高速铁路基础研究与技术创新丛书”编委会主任 卢春房

2022年2月

前　　言

本书为“高速铁路基础研究与技术创新丛书”之分册，通过采用数据分析和工程实践相结合的方式，旨在突出寒区高速铁路隧道工程冻害防治的重要意义。

隧道是两端出露地面、中间埋置于地下的管道型建筑物，由于气压、自然风及列车活塞风等的影响，隧道内温度受洞外环境温度影响明显。当寒暖变化、冻融交替时，容易出现因隧道衬砌渗漏水造成的拱墙挂冰和隧底积冰，以及因围岩含水结冰或衬砌背后空洞积水结冰的冻胀作用而导致的衬砌开裂等病害，已成为困扰寒区隧道工程运营的主要难题。近年来随着寒区高速铁路的建设和运营，隧道抗防冻已经成为寒区隧道建设的关键所在。

由于我国地域辽阔，以东北为主的高纬度寒区和青藏高原所在的高海拔寒区，分别具有不同的寒区气候特征。为解决寒区隧道冻害问题，需根据不同地区采取相应的针对性工程措施。因此，寒区隧道亟需形成一套系统的抗防冻技术措施，以方便寒区隧道的设计、施工和运营维护参考。

笔者经过多年的调研分析、现场测试、数据整理分析、工程应用效果评价等，从寒区隧道分区、隧道内温度场、病害特点、工程对策、设计施工实例等方面，全面论述寒区隧道工程技术。希望本书能对从事隧道设计施工及运营维护的技术人员有所帮助。书中的缺点和不当之处，还望读者批评指正。

本书由中国铁路设计集团有限公司马志富、杨昌贤，中国铁路经济规划研究院有限公司田四明、王伟，西南交通大学王志杰，中铁西南科学研究院有限公司吴剑编著。具体分工如下：第1章由马志富、田四明撰写；第2章由马志富、田四明、杨昌贤、王伟撰写；第3章由杨昌贤、吴剑、王志杰撰写；第4章由王志杰撰写；第5章由马志富、杨昌贤、王伟撰写；第6、7章由马志富、杨昌贤撰写。此外，撰写过程中，得到了中铁第一勘察设计院集团有限公司王新东，中铁工程设计咨询集团有限公司张矿三等同仁的支持，部分资料由其提供，在此深表感谢。全书由马志富统稿、定稿，由李国良主审。

编著者

2024年7月

目　录

第1章　绪　　论

1.1　寒区隧道特点及分布情况

1.1.1　寒区隧道特点

国内外大量既有寒区交通隧道的运营实践经验表明，由于防水系统失效、排水系统堵塞冻结、结构防冻功能不足以及衬砌质量缺陷等问题，隧道建成后冬季常常发生冻害。这些冻害形式较多表现为因渗漏水导致的衬砌和接触网等洞内设施挂冰，隧底冰锥，排水沟冰塞，道床（或路面）积冰等问题，局部可能出现隧道衬砌、洞门端墙等结构因壁外冻胀而产生开裂的结构损伤以及因衬砌结构内部含水冻胀而产生的酥脆、剥落等，进而造成结构破坏等问题，如图 1-1 所示。隧道冻害的产生轻则增加了运营期间维修养护的工作量，重则威胁到隧道结构安全及运营安全，并造成严重的经济损失。

而与一般地区相比，由于寒区具有所处环境气温会以年为单位周期性出现较大的正负温变化，其中夏季环境气温处于冰点以上，而冬季环境气温长时间处于冰点以下的低温状态的显著气候特征，对寒区隧道运营后的排水系统和隧道结构产生了巨大的影响。在这种影响作用下，寒区隧道防排水系统需考虑低温冰冻堵塞排水不畅的不利影响；而对于隧道结构，除需考虑所处环境较大温差引起的温度应力作用外，当隧道处于冻胀敏感地层且其含水率超过一定范围时，或当衬砌背后局部因施工缺陷存在空洞且空洞内含水时，隧道结构还需考虑冻胀力作用或冻融循环作用的影响。

(a) 衬砌接缝漏水形成拱顶及接触网挂冰

(b) 衬砌接缝漏水形成边墙积冰

(c) 中心管沟堵塞冻结形成道床结冰

(d) 保温侧沟冻结

(e) 中心水沟检查井冻结

(f) 辅助坑道（平导）渗漏水形成挂冰

(g) 冻融致衬砌酥脆剥落

(h) 冻胀致结构缺陷部位衬砌结构裂损

图 1-1　寒区隧道冻害实景

1.1.2 寒区地理分布情况

1. 寒区地理分布

由于冬季北半球纬度40°以北地区大陆上存在高压，其主风向主要为西北风和北风，盛行极地大陆气团，加之大陆沿岸时常有寒流经过，导致该区域气候寒冷而干燥。因此，北半球寒区的南界大约是北纬40°，国际上工程师据此定义陆地寒区南界标准是季节性冻土冻结深度为300 mm。

冬季，我国受西伯利亚强烈冷空气控制以及地势西高东低的影响，寒区南界在上述基础上有一定的南移，东部大致在黄河下游附近，西部则大致在青藏高原东南部。我国的寒区分布十分广泛，相关统计数据表明，多年冻土区面积约为215万km^2，季节性冻土区面积约为514万km^2。具体从地理位置分析，我国寒区主要分布于东北的黑龙江、吉林、辽宁和内蒙古东北部及华北北部，西北的甘肃、青海、新疆，西南的西藏，川西的阿坝、甘孜，云南的滇北、玉龙雪山和高黎贡山的北部等高原地区。东北寒区属于低山高纬度寒区，虽然海拔不高，但由于纬度高，受北冰洋寒潮及蒙古高压的影响，寒季盛行西风或西北风，形成长约半年持续低温、干冷多雪的特征，气温变化剧烈，是我国最寒冷的自然区域。而以青藏高原为主的西部寒区属高海拔寒区，虽然纬度较低，深居内陆，但地势高亢，受高空西风环流控制，在对流层受高原季风影响；冬季高原上大气层相对等高度的自由大气是个冷源，形成青藏冷高压，盛行反气旋环流。

2. 冻融环境划分

我国土木工程相关标准规定，寒区冻融环境按最冷月平均气温划分为微冻地区、寒冷地区和严寒地区，其平均气温分别为−3～2.5 ℃、−8～−3 ℃和−8 ℃以下。

1.2 寒区分类

寒区亦有寒冷程度的差异，将寒冷程度的差异进行分类，科学指导防寒抗冻，对人民生活、工业生产、交通运输等活动的正常运行，具有重大的意义。

由于不同地理位置的寒区气候条件可能差异较大，其寒冷程度对建筑物的影响也不同。因此，我国不同行业对于寒区有许多不同的分类、分区方法。

1.2.1 各行业的寒区分类

目前，国内工民建、水工、公路及铁路等行业，关于寒区的分类方法、原则及区划情况，有一定的差异。其中工民建的分类按最冷月平均气温和低温天数两个指标控制，其他则按最冷月平均气温控制，见表 1-1。

表 1-1　国内不同行业规范及标准关于寒区分类情况一览表

<table>
<tr><th>规范名称</th><th>气候分区原则</th><th>区划情况简介</th></tr>
<tr><td>《民用建筑热工设计规范》(GB 50176—2016)</td><td>以最冷月平均气温 t_0 为主要指标、以日平均气温≤5 ℃的天数 $d_{\leqslant 5}$ 为辅助指标划分严寒地区和寒冷地区</td><td>严寒地区(t_0≤−10 ℃，$d_{\leqslant 5}$≥145)
寒冷地区(−10 ℃<t_0≤0 ℃，90≤$d_{\leqslant 5}$<145)</td></tr>
<tr><td>《建筑气候区划标准》(GB 50178—1993)</td><td>按最冷月平均气温 t_0 为主要指标、日平均气温≤5 ℃的天数 $d_{\leqslant 5}$ 为辅助指标划分Ⅰ区、Ⅱ区、Ⅵ区、Ⅶ区</td><td>Ⅰ区(t_0≤−10 ℃，$d_{\leqslant 5}$≥145)：黑龙江、吉林全境；辽宁大部；内蒙古中部、北部及陕西、山西、河北、北京北部的部分地区。
Ⅱ区(−10 ℃<t_0≤0 ℃，90≤$d_{\leqslant 5}$<145)：天津、山东、宁夏全境；北京、河北、山西、陕西大部；辽宁南部；甘肃中东部以及河南、安徽、江苏北部的部分地区。
Ⅵ区(−22 ℃<t_0≤0 ℃，90≤$d_{\leqslant 5}$≤285)：青海全境；西藏大部；四川西部、甘肃西南部；新疆南部部分地区。
Ⅶ区(−20 ℃<t_0≤−5 ℃，110≤$d_{\leqslant 5}$≤180)：新疆大部；甘肃北部；内蒙西部</td></tr>
<tr><td>《水工建筑物抗冰冻设计规范》(GB/T 50662—2011)(住房和城乡建设部)和 NB/T 35024—2014(国家能源局)</td><td rowspan="7">最冷月平均气温 t_0</td><td>严寒(t_0<−10 ℃)
寒冷(−10 ℃≤t_0≤−3 ℃)
温和(t_0>−3 ℃)</td></tr>
<tr><td>《水工混凝土结构设计规范》(NB/T 11011—2022)</td><td>严寒(t_0<−10 ℃)
寒冷(−10 ℃≤t_0≤−3 ℃)
温和(t_0>−3 ℃)</td></tr>
<tr><td>《水工混凝土结构设计规范》(SL 191—2008)</td><td>严寒(t_0≤−10 ℃)
寒冷(−10 ℃<t_0≤−3 ℃)
温和(t_0>−3 ℃)</td></tr>
<tr><td>《混凝土结构耐久性设计标准》(GB/T 50476—2019)</td><td rowspan="4">严寒地区(t_0≤−8 ℃)
寒冷地区(−8 ℃<t_0<−3 ℃)
微冻地区(−3 ℃≤t_0≤2.5 ℃)</td></tr>
<tr><td>《公路工程混凝土结构耐久性设计规范》(JTG/T 3310—2019)</td></tr>
<tr><td>《铁路混凝土结构耐久性设计规范》(TB 10005—2010)</td></tr>
<tr><td>《铁路隧道设计规范》(TB 10003—2016)</td></tr>
</table>

1.2.2　中国科学院寒旱区研究所分类

中国科学院丁永建研究员提出可采用最冷月平均气温<−3 ℃、平均气温>10 ℃的月份不超过 5 个和年平均气温≤5 ℃等 3 项指标划分寒区。此外，按降雨量将旱区划分为干旱区(<200 mm)和半干旱区(200～450 mm)，据此得出我国寒区旱区分布。

1.2.3 按气候分区

寒区气候环境影响因素主要包括当地最大土壤冻结深度、极端最低气温、年(月)平均气温、最冷月平均气温、年平均降雨(雪)量及季节分布、日照时间、风向、风速、区域冻结指数等。一般情况下可根据最冷月平均气温及黏性土最大冻结深度将寒区划分为寒冷地区和严寒地区,见表1-2。

表1-2 寒区分类

气候环境分类	气候条件	
	最冷月平均气温/℃	黏性土最大冻结深度/m
寒冷地区	−8～−3	≤1.0
严寒地区	≤−8	>1.0

1.2.4 按地理分区

从地理分布分析,我国的寒区主要位于东北的黑龙江、吉林、辽宁和内蒙古东北部及华北北部,西北的甘肃、青海、新疆,西南的西藏,川西的阿坝、甘孜,云南的滇北、玉龙雪山和高黎贡山的北部等地区。

东北寒区属于低山高纬度寒区,受北冰洋寒潮及蒙古高压的影响,寒季盛行西北风,形成半年持续低温、干冷多雪的特征,气温变化剧烈,是我国最寒冷的自然区域;而以青藏高原为主的西部寒区属低纬度高原寒区。因此,可按地理分区将我国的寒区划分为高纬度寒区和高海拔寒区。

1.2.5 其他分类方法

1. 冻土分布分类方法

寒区隧道根据冻土分布划分为全多年冻土隧道、局部多年冻土隧道和非多年冻土隧道三类。

2. 围岩含水状态分类方法

寒区隧道的围岩含水状态,依据地下水赋存条件与补给条件划分为含冰围岩隧道、“封闭”与“半封闭”含水围岩冻土隧道、开放的深层含水围岩冻融土隧道(基本无垂直补给)、开放的垂直与水平混合补给含水围岩隧道、干燥围岩隧道五类。

3. 季节性冻土按冻结指数分区方法

此外,季节性冻土区还可根据区域冻结指数按表1-3确定工程所在地的冻土分区。

表 1-3　季节性冻土区划分

冻区划分	重冻区	中冻区	轻冻区
冻结指数 F/(℃·d)	$F \geqslant 2\,000$	$800 \leqslant F < 2\,000$	$50 < F < 800$

其中冻结指数可根据调查的区域气温资料按式(1-1)确定。

$$F = \sum_{i=1}^{n} |t_i| \tag{1-1}$$

式中　F——冻结指数，℃·d；

t_i——日平均负温度值，℃·d；

n——计算年平均温度为负温度值出现的天数。

1.3　我国寒区与冻土分布

与寒区对应的是土壤、水域等在冬期的表面冻结，这些地区的道路、沟渠、桥涵等建筑物都不同程度受到冰冻的影响，因此寒区问题在某种程度上也是冻土问题。

冻土一般是指温度在 0 ℃或 0 ℃以下，并含有冰的各种岩土和土壤。从冻土热物理学观点看，冻土是岩石圈—土壤—大气圈系统热量交换过程中形成的。多年冻土的空间分布格局变化反映了水热条件变化。自然界许多地理、地质因素参与这一过程，影响和决定冻土的形成与发展，其中气候就是重要的因素之一。按土的冻结状态保持时间的长短，冻土一般又可分为短时冻土、季节冻土和多年冻土三种类型。周幼吾等人对我国多年冻土的基本特征和发育的地带性、区域性规律已有深入研究，根据决定多年冻土发育的主导条件，纬度地带性和高度地带性将我国多年冻土划分出高纬度多年冻土和高海拔多年冻土两种类型。现代多年冻土约占全球陆地面积的 25%。我国多年冻土主要分布在东北、西部高山和青藏高原，多年冻土的面积约为 215 万 km^2，占国土面积的 22.3%，季节冻土则遍布大部国土。

我国东北地区多年冻土分布区大致位于北纬 46.3°以北，包括大兴安岭针叶林区、小兴安岭针阔混交林区、松嫩平原北部森林草原区及呼伦贝尔—锡林郭勒高原干草原区北部，这里气候属于我国最寒冷的寒温带和中温带的北部。多年冻土南界西段在呼伦贝尔高原，在新巴尔虎右旗—阿尔山南端一线，位于年平均气温 0 ℃等值线北侧；中段沿五叉沟—巴林—嫩江南线，大致与年平均气温 0 ℃等值线相吻合；东段则围绕小兴安岭南端向南弯曲，位于年平均气温 0～1 ℃等值线间。

西部高山和青藏高原冻土区多年冻土主要分布在阿尔泰山、天山、祁连山与青藏高原上，其分布下界主要受海拔高度所控制，同时具有明显的纬度地带性变化，多年冻土界线上年平均气温≤−2 ℃。从整个西部高山高原冻土区看，由阿尔泰山至喜马拉雅山，下界高度南北相差 3 000 m 左右。

关于高海拔多年冻土分布下界、规律及其与气温、经纬度和雪线的关系，程国栋等人和邱国庆等进行过探讨，并给出了数学模式和统计公式。邱国庆根据天山地区 15 个气象站的资料统计计算，多年冻土下界处年平均气温为－1.83 ℃。实际资料验证，天山冰川站和奎先达坂地区，多年冻土下界处海拔为 3 050 m，年平均气温为－2 ℃。

1.4 寒区隧道技术发展及研究现状

1.4.1 国外寒区隧道技术现状

1. 日本

针对寒区隧道的冻害问题，日本的工程技术人员主要采取在二次衬砌表面或初期支护与二次衬砌间设置被动隔热保温层(图 1-2)，或通过设置电加热或暖气管对排水系统进行主动加热两种处治方案。此外，在对隧道进行隔热法和加热法的冻害处理过程中非常注重对渗漏水的治理。

在寒区隧道防寒设防长度及厚度研究方面，日本提出以下四种主要设计方法：

(1)通过调查大量寒区隧道冻害结冰距离比(出现冰柱长度与隧道总长比值)绘制冻害频率分布关系图，确定防寒设置长度。

(2)根据气象统计资料及隧洞内部温度调查数据，采用极限分布解析法计算和归纳总结洞内不同断面年平均气温、温度振幅变化规律等要素随进洞里程的变化规律，据此确定防寒设置长度。

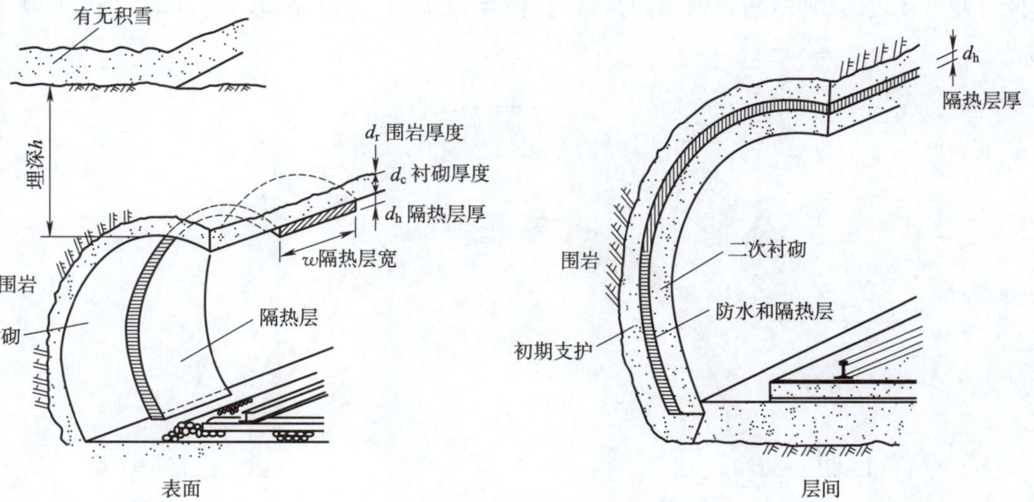

图 1-2 日本北海道上羽晃隧道设保温层试验

(3)基于大量隧道的实测数据进行回归分析，建立保温段设防长度与洞口气温的关系曲线，进一步拟合出经验公式并据此确定保温设防长度。

(4)利用地热保温抗冻技术。日本 NanaoriToge 隧道采用在中心排水管下方设置利用地热能的水循环管路，同时在路面以下设置水平 U 形冷热水循环管路，有效地解决了中心排水管的冻结及衬砌表面渗漏水冻结问题。

2. 欧洲各国

由于寒区分布广，俄罗斯对寒区隧道冻害问题的研究起步较早，苏联时期就开展了采用保温或加热对隧道的冻害进行处治的探索。

俄罗斯采取的方法：一般设置由防水层、衬砌内排水管(沟)组成的隧道防排水系统，确保隧道排水畅通，必要时也采用热水、蒸汽对排水沟进行主动加热，或采用空气隔热板、红外线辐射等对漏水地段的衬砌表面进行保温和局部加热，部分隧道还采取采暖通风的方式，确保隧道不冻结。

处于高纬度寒区北欧国家的隧道经常受冻害影响，这些国家很早就开展了寒区隧道冻害处治研究，且主要采取设置隔离墙板、防水防冻棚等处治措施。

北欧的挪威最早采用铝板结合石棉板作为防水棚，因费用高而逐步弃用。目前隧道多设置离壁式复合材料防水保温板(也称“三明治板”)，以达到防治隧道冻害的目的。隧道整体由单层衬砌、空腔及保温套衬组成，单层衬砌一般采用强自防水高性能混凝土，富水地区则在单层衬砌内设置排水系统；而套衬则选用聚氨酯和聚苯乙烯泡沫的保温隔热材料，需要注意的是，套衬不承担围岩荷载，套衬与单层衬砌间的空腔厚度一般控制在 10 cm 以上即可保证排水系统不被冻结，如图 1-3 所示。此外，挪威还对部分寒区隧道设置自动式防寒保温门，当列车接近隧道时，防寒保温门自动打开；当列车通过后，保温门会自动关闭，实现保温防寒。

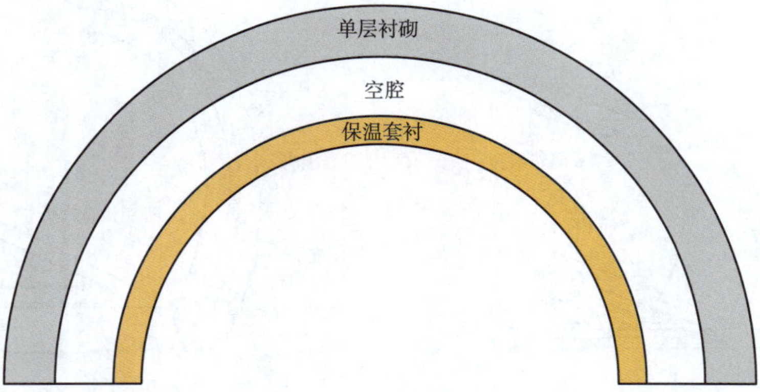

图 1-3　挪威离壁式保温套衬示意图

法国则主要采用隔离墙板实现寒区隧道的防水和保温防冻。分块隔离墙板的材料与挪威有所不同,墙板内层为钢筋混凝土结构,外侧采用保温效果良好的聚乙烯泡沫材料。这种板材不仅保温和防水效果良好,并且美观耐用。

3. 美国

美国在隧道冻害防治研究上通常采用保温隔热与排水相结合的处理方式,并研发了先进的材料和技术。在保温技术方面,通常将密闭的微孔聚氨酯类材料制作成板材,粘贴在围岩或二次衬砌表面进行保温,这种保温方式操作简单,效果良好;在防排水技术方面,对排水沟和泄水洞的出口均采取合理的保温处理,有时还在排水管内布置加热电缆进行主动加热防冻。

国外针对寒区隧道的冻害处治技术,对结构主要采取隔热保温防冻的方式,而对排水系统则主要采取主动加热方式,存在一次性投入和运营维护的成本相对高昂的问题。

总结国外寒区隧道的冻害处置技术和存在问题见表1-4。

表1-4　国外寒区隧道冻害处置技术和存在问题

国家	冻害处治技术	存在问题
日本	设置被动隔热保温层或主动加热	一次投入和运营维护的成本相对高昂
	利用地热保温抗冻	绿色环保,但需隧道附近有地热资源可以利用
俄罗斯	采用主动加热技术	一次投入和运营维护的成本相对高昂
挪威等北欧国家	采用主动加热技术+双层防寒门	一次投入和运营维护的成本相对高昂,不适用于高速铁路
	离壁式保温套衬(聚氨酯和聚苯乙烯泡沫)	一次投入和运营维护的成本相对高昂,不适用于铁路
法国	设置隔板保温技术(聚乙烯泡沫材料外贴)	一次投入和运营维护的成本相对高昂,不适用于铁路

1.4.2 国内寒区隧道技术现状

1. 20世纪东北寒区铁路防寒抗冻技术变革

(1)兴安岭隧道——帘幕防寒

东北寒区铁路修建年代最早可追溯到20世纪初,如滨洲线、滨绥线。20世纪上半叶修建了如图佳线、恒山线、城鸡线、拉滨线、锦城线、沈吉线、长图线、白阿线、四梅线、朝开线、梅集线、鸭大线、辽溪线、溪田线、叶赤线等铁路。这些铁路大部分位于东北平原,隧道主要集中在滨洲线和滨绥线,著名的隧道是滨洲线上的兴安岭隧道。

兴安岭隧道全长3 078 m,海拔1 100 m,除出口端54.8 m位于曲线上,其余均在直线上。隧道内坡度约12‰,两端高差36.9 m,最冷月平均气温−21.3 ℃,最大冻结深度3.2 m。隧道始建于1901年,1903年建成,隧道衬砌在两端洞口为粗凿石或毛方石,拱墙厚度均为 1.3 m;洞身为浆砌片石,片石采用石膏掺石灰砂浆胶结,拱顶厚度 0.61～0.9 m,边墙厚度 0.4～1.0 m;隧道没有铺底。进口段 65 m 和出口段 622 m 为侧沟,其余为中心水沟,水沟深约 1.5 m,其中中心水沟埋设在道砟下 0.5 m,上覆煤渣。洞外排水采用 100 cm×100 cm 方形木槽,埋设深度约 1 m,木槽上覆盖苇草与马粪,在－50 ℃以下的低温时也不冻结。隧道洞口设防寒帘。

隧道建成后,洞内每年二、三季度的温暖时节,洞外气温可达 10～25 ℃,但洞内约 8 ℃,洞内漏水、滴水现象常见。到了一、四季度,洞外气温最低温度达到了－52～－35 ℃,尽管采用防寒帘,但隧道洞口温度仍然受洞外的影响,距洞口 1 km 处的温度往往接近 0 ℃,洞内的漏水、滴水点结冰冻胀时常发生,并易形成拱墙挂冰、隧底流水结冰现象,曾因洞顶挂冰脱落砸伤列车机车司机,造成行车安全事故,因此每年都要投入大量人力刨冰。低温还致使排水沟冻结,以及衬砌松动、变形、风化、剥落等病害。

为解决冻害,保障行车安全,20 世纪 90 年代初对兴安岭隧道采取了加套拱双线改单线＋渗漏水处治＋排水系统改建等措施,其中排水系统改为边墙背后碎石盲沟(深 100 cm、宽 30 cm)＋横向排水管＋中心排水沟,地下水通过边墙后碎石盲沟进入深埋横向排水管后进入深埋中心排水沟排出洞外。2015—2017 年电气化改造时再次对拱墙新增渗漏水进行了处治,从而减少冬季冻害。

(2)岭顶隧道——防寒泄水洞

自 20 世纪 50 年代开始,东北路网进一步完善,先后修建了嫩林线、牙林线、塔韩线、鹤北线、林密线、苇亚线、京哈线、京通线、龙舒线、烟白线、魏塔线、朝马线、金窑线、锡乌线等。嫩林线和牙林线位于多年冻土零星分布的大兴安岭北部,其中岭顶隧道为代表性隧道。

岭顶隧道是我国第一座局部穿越多年冻土的隧道,隧道出口位于大兴安岭西坡区,最冷月平均气温约－26.6 ℃,隧道全长 936.8 m。

岭顶隧道设计之初,由于缺乏经验,对排除地下水尚无特殊措施,开工不久就遇上了地下水涌出问题,而且边流边冻,施工中只好不断刨冰,待隧道凿通后地下水也越涌越多,采取昼夜刨冰才能维持通车。因此,对在该地区修建隧道有很大的顾虑。

如何在表覆多年冻土,极端温度在－50～－40 ℃的隧道内非多年冻土段修建隧道时,隧道不涌水,隧道修建后洞内不渗水不挂冰、隧底不积冰、结构不冻胀、出水口不冻死,成为当年急迫需要解决的问题。

为解决岭顶隧道出现的冻害,建设者通过研究认为隧道所处地区岩层破碎,渗透性好,采取隧道下方开凿泄水洞,完全可以将隧道围岩中的地下水吸引到泄水洞中。

关于泄水洞的埋深,主要考虑冻结深度的影响,如埋深过浅则容易冻结或出现冰塞现象;如埋深过深,隧道及泄水洞出口地势平缓时,则需要延长泄水洞的长度,且过深的泄水洞使围岩中的地下水渗透距离加大,吸引地下水的能力也有所减弱。综合以上因素,泄水洞的埋深一般取 6 m 左右。隧道以外地段的泄水洞上方覆盖土层厚度小于冻结深度的要求时,不足部分可加填路堤式覆盖层等保温方式。

实践证明，极严寒地区，最冷月平均气温低于－20 ℃，岩石的冻结深度为5～6 m的严寒地区，泄水洞是一个非常有效的保温排水方式。

(3)嫩林线翠岭二号隧道——泄水洞治理冰塞

翠岭二号隧道所在地区最冷月平均气温约－26.6 ℃，使用7年后，穿越冻土层的泄水洞出现了冰塞现象，致使隧道内冒水积冰。对此，维修人员采用蒸汽机车的蒸汽加热融冰，该办法虽然可行，但机车调度不经济。后来使用75 kW的通风机在夏季向泄水洞内压入洞外的热空气，7昼夜将洞内400多立方米的冰全部融化。

根据铁道第三勘察设计院(中国铁设)冻土队实测资料，翠岭二号隧道地下水涌出量约73 m^3/d，其温度为0.4 ℃，而泄水洞内的气温最低时为－2.5 ℃，每年都要挂一层冰，加之地温偏低，冻大于融，导致积冰经7年后塞死泄水洞。

上述事实说明，在极严寒地区，当地温接近0 ℃，水量较小的泄水洞，应加强检查，必要时还应采取防积冰措施。

因此，对于寒区隧道的泄水洞，应加强检查，必要时可在气温较高的夏季，打开检查井，通过自然通风提高泄水洞内的气温，及早消除冰塞。

(4)嫩林线朝阳一号隧道——隧底深埋排水沟

朝阳一号隧道是第一座隧道中线线下方设置深埋排水沟的隧道，隧道全长420 m，1969年实测资料显示，洞外最冷月平均气温为－27.9 ℃，年平均气温为－3.2 ℃，路基面至深埋排水沟的流水面高差为3.5～4.5 m，由于围岩为粗粒花岗岩，热传导系数大，隧道内实际冻结深度较深，最大处约5 m。

因此，该隧道内深埋排水沟冬季也有结冰现象，但排水仍然畅通，没有发生冻死的情况。夏季将检查井盖打开后，深埋排水沟中的积冰几天内就可融化，不影响正常运营。

深埋排水沟与泄水洞基本相似，其区别是泄水洞适用于季节冻深大的地区，可采用暗挖法施工；深埋排水沟相对较浅，适合明挖施工。深埋排水沟的最大优点就是明挖后回填松散材料，其渗透能力强，因此排水效果好。其缺点是开挖作业对隧底有一定影响，不利于隧道支护结构及时封闭，因此在围岩软弱地段排水沟开挖作业时，要特别注意隧道支护体系的稳定。

(5)嫩林线白卡尔隧道——洞内防寒水沟与保温水管

值得注意的是，岭顶隧道、翠岭二号隧道、朝阳一号隧道等采用泄水洞和隧底深埋排水沟取得了成功，但施工困难，造价高。工程技术人员在白卡尔等隧道尝试采用防寒水沟和保温水管，以解决隧道排水系统冻结问题。

白卡尔隧道围岩为安山岩，岩体呈破碎状，最冷月平均气温为－32 ℃。两端洞口最大冻结深度约7.4 m，试验人员自洞口向内各50 m段采用了泄水洞，中间部分则采用了寒冷程度较轻地区的防寒水沟。

该隧道 1972 年建成后，进行了连续观测。观测发现，冬季隧道内的冻结半径已远远覆盖了防寒水沟的范围，水沟经常被冻死。

防寒水沟冻死后，在进口段的防寒水沟内，通过预铺的直径 50 mm 管道，向水沟内输送蒸汽供暖，供暖锅炉房设置在洞外，锅炉蒸发量为 0.4 m^3/h，蒸汽压力为 450 kPa，冬季供暖后，水沟不再发生冻结。出口段则将防寒水沟改为泄水洞后，冻害基本消除。

白卡尔隧道洞内防寒水沟失效后，技术人员又尝试采用有全封闭防寒外壳的保温水管，这种技术思路的原理：在隧道边墙基底向围岩钻孔，插入带孔的集水花管，通过集水花管将基岩内的裂隙水集中到保温水管再排出隧道。施工后发现，花管能够吸收的裂隙水极少，绝大部分地下水仍然由隧道底部岩石裂隙中冒出。

极严寒地区的洞内防寒水沟和保温水管虽然没有成功，但也获取了很多经验和教训，避免后人走弯路。

(6)滨绥线杜草隧道——洞口段隧底中心深埋排水沟

杜草隧道上行线全长 3 900.53 m，单线隧道，人字坡，最大坡度约 8‰，1980 年建成通车。杜草隧道下行线全长 3 873.5 m，单线隧道，人字坡，最大坡度为 10.4‰，建于 1941 年，1988 年改建，改建工作主要为整体道床及排水沟，同时在洞口增加了 20 m 长的引风洞，以解决洞内烟雾、潮湿造成的设备锈蚀问题。

目前两座隧道均为整体道床，两端洞口 300～500 m 设中心深埋排水沟。

从 20 世纪隧道修建历程看，在我国高纬度寒区特征最显著的东北黑龙江，铁路隧道排水系统的防寒，经历了从防寒帘到防寒泄水洞和隧底中心深埋水沟的技术进步。这些技术进步是工程技术人员在时代背景下，通过“边施工、边研究、边试验”得来的，为我国寒区隧道建设奠定了坚实的基础。

2. 近年寒区铁路隧道抗防冻技术发展

考虑持续的低温和充足的地下水是寒区隧道产生冻害的必要条件，因此，国内技术人员本着“因地制宜、节能环保”的设计理念，认为寒区隧道抗防冻技术的关键在于采取工程措施确保寒区隧道周边的地下水及时引排，并主要从保温防排水系统防冻和结构抗冻两方面入手。

(1)排水系统保温防冻技术

结合季节性冻土区和多年冻土区中地下水的不同状态，产生了不同的处理思路，具体如下：

①针对季节性冻土区的水冬季冻结成冰、夏季融化为水的特点，我国铁路隧道通常设置保温排水系统，满足全年排水系统排水通畅，特别是严寒地区，通过在隧道结构下部设置深埋排水管排水，充分利用地温达到抗冻目的。

②针对多年冻土区地层中水全年基本呈固态的情况，我国铁路隧道通常在初期支护与二次衬砌间设置全环保温层保温，防止隧道周边冻土融化。

③此外，针对运营寒区隧道发生的冻害问题，局部隧道还对排水系统设置了电伴热的主动加热技术，而一些寒区公路隧道在衬砌表面敷设保温层保温防冻也取得了不错成效。

(2)结构抗冻技术

①对渗透性较强的破碎围岩或土层采取注浆加固并堵水的措施，减少地下水入渗，缓解冻融作用对结构的影响。

②采取加大断面曲率、衬砌结构采用配筋等措施，提高隧道结构抗冻能力。

③抗冻设防段二次衬砌间隔一定距离设置变形缝，且隧道拱墙和仰拱的二次衬砌接缝(含施工缝与变形缝)与仰拱填充、侧沟和无砟轨道底座板的接缝上下应贯通对齐，以消减大温差引起的温度应力影响，降低衬砌开裂风险。

1.5 寒区隧道存在的主要问题

寒区隧道的主要技术难题：一是隧道贯通后洞内温度场变化规律受多种因素影响；二是隧道防排水系统防冻范围的确定；三是衬砌结构抗冻措施的针对性。

1.5.1 设计方面

(1)深化寒区隧道设计分区研究。由于我国的寒区分布十分广泛，不同地理位置的寒区寒冷程度差别大，应考虑同一高纬度地区不同海拔条件的气候差异和同一高海拔地区不同纬度条件的气候差异对隧道抗防冻设计的影响，进一步开展寒区隧道设计分区研究。

(2)高纬度寒区与高海拔寒区的气候特征不同，应采取针对性抗防冻设计。高纬度寒区和高海拔寒区的气候特征有明显的不同：高纬度地区冬夏温差大，冬季持续时间更长，无明显多年冻土特征；而高海拔地区冬夏温差小，冬季持续时间相对短，多年冻土多有分布。采用同样的技术思路不能很好解决防寒问题。

(3)寒区铁路隧道的防冻、抗冻设计至今仍缺乏统一的专项技术标准。由于设计对经验的依赖性强，位于寒区不同地理位置、不同设计标准铁路项目的隧道深埋排水设施及相关配套排水设施的设计存在较大差异，一部分工程可能由于措施不足使得寒区铁路隧道出现了不同的冻害特征，另一部分工程则由于措施过度，增加了施工难度、工程造价及运营维修成本。尤其是由于缺少相关的保温效果验证测试和沿隧道纵向、径向的温度测试，寒区隧道尚未实现结构抗冻设防和保温排水设防的参数化设计。

(4)二次衬砌抗冻研究不足，冻融对衬砌结构耐久性的影响需进一步研究确定。目前寒区隧道二次衬砌抗冻设防段主要采用钢筋混凝土结构，结构自身受融冻的影响较大。由于寒区温差大，隧道结构受温度变化影响剧烈，尤其是高标准铁路，隧道断面大，运营高速列车，使得运营安全风险大大增加。而近些年开通运营的高纬度寒区铁路隧道局部出现了下列病害特征：一类表现为部分寒区隧道的冻害发生于春融期间，因融冻交替，部分地段出现了衬砌开裂，严重时出现了隧道衬砌裂损、掉块，甚至危及行车安全，给隧道运营部门带来了诸多不便；另一类表现为处于严寒地区隧道洞口一定范围，由于受较大温差的影响，不仅各类结构缝在寒季张开明显，局部温度应力较大时造成了衬砌开裂，影响了隧道防寒保温防排水效果，局部甚至形成了衬砌挂冰等冻害，不利于结构的耐久性。

1.5.2 施工方面

尽管设计在隧道洞口段综合在地表处理、围岩防渗、隧道结构抗冻设防和隧道防排水系统等方面采用了系列的防寒抗冻保温措施，但在上述技术措施具体实施过程中，由于配套施工设备及工艺研究不够，局部工序施工难度大、工艺复杂，对于防水薄弱环节的处理不够细致，使得施工质量无法尽如人意，并也反映出如下施工困难：

(1)中心深埋水沟、排水横沟均需置于隧道基底最大冻结线以下，当在较差地层施工时，为了施作中心深埋水沟及排水横沟，仰拱初期支护无法及时封闭，大大增加了施工风险；当在围岩较好的地层施工时，一般采用控制爆破手段开挖中心深埋水沟、排水横沟的槽体，但爆破过程中极易引起隧道拱墙部位初期支护的失稳，增加了隧道施工风险。

(2)深埋环向盲沟开槽设置于初期支护外侧一定深度的围岩中(最大冻结线以外)，当在较弱地层条件施工时，深埋盲沟一般在初期支护施工完成后，然后回头凿除初期支护并掏槽开挖，但该过程不可避免需剪断初期支护的连接筋及隧道拱部部分超前支护，对支护安全存在一定影响。而在地质条件较好的围岩段施工时，常规的爆破开槽方式难以保证深埋盲沟的所在槽体的形状和尺寸，易导致深埋盲沟措施不到位，不但影响盲沟排水效果，还会造成隧道局部超挖严重，甚至造成开挖轮廓圆顺性差，使得防水板与初期支护无法密贴形成空洞，造成更大危害。

(3)中心深埋水沟的检查井因深埋水沟深度大，造成施工难度较大，工艺复杂。

(4)为方便施工，目前中心深埋管沟一般考虑采用预制管，管沟节长一般为 2.0～2.5 m，当隧道内长段落排水纵坡小于 5‰时，由于中心深埋水沟成槽不规则、底座施作不标准等原因，经常出现管节接头错位，局部段落甚至形成反坡等问题，导致流速大大降低，局部淤堵后出现病害。

(5)目前隧道防排水系统施工流程：开挖中心深埋水沟、埋主管及横向导水管(非深埋中心水沟无此工序)、防排水端部铺挂、纵向保温盲管施设→仰拱初期支护、仰拱二次衬砌→仰拱填充、埋排水管及横向导水管→拱墙盲管(深埋环向盲沟需开槽埋设)→防水板→拱墙二次衬砌→侧沟及电缆槽。由于隧道防排水系统与隧道内其他工序交叉施作，施工过程中极易导致排水管(孔)被杂物堵塞甚至破坏，从而造成排水不畅。

(6)当寒区隧道洞外地形较平缓时，有可能需长段落设置洞外深埋排水暗沟后经保温出水口引排至邻近冲沟和河道内，施工过程中存在沿排水径路长距离的征地和防护实施困难的问题，且运营期不利于维修养护和管理。

(7)鉴于目前的隧道施工工艺水平，围岩与初期支护、初期支护与防水层、防水层与二次衬砌间的局部空洞难以完全消除，而寒区隧道衬砌背后的任何空洞存水冬季易产生冻胀，从而不利于结构安全。

(8)目前铁路隧道的保温层一般设置于初期支护与二次衬砌之间，采用双层防水板包裹并多采用吊带法安装，存在两方面的问题：一是保温材料性能需进一步研发，目前现场采用的保温材料存在孔隙率高、吸水率高，且二次衬砌浇筑时易压缩减薄等问题，保温效果难以保证；二是保温层施工工艺有待优化，目前保温层采取分块不连续拼接工艺，难以形成整体并与初期支护和二次衬砌均密贴，预期的保温效果难以实现。

(9)由于严寒地区冬季时间长，有效施工时间短，而长大隧道往往是各项目的控制性工程，为确保工期，不可避免要进行冬期施工，但冬期施工面临较大降效问题，说明如下：

①混凝土拌和站内及隧道内温度均较低，导致混凝土强度增强期加长，混凝土的浇筑速度及混凝土的拆模时间不可避免受影响。

②因冬季气温较低，机械设备的效率发挥不可避免受到影响，维修保养频率加大，可能直接影响施工进度。

③冬季施工时劳动力组织较困难，有时存在劳动力配置不足的情况，劳动效率也比正常季节低。

④虽已对冬施防寒进行了较为周密的部署，也难免偶尔有水管结冰等问题出现，导致工作效率下降。

⑤因主道、便道积雪、结冰等原因，物资材料的进场较困难，有时存在物资材料供应紧张的现象。

(10)现有定额体系下关于寒区隧道的措施费考虑过少，与现场实际发生费用差距较大。一是当前工艺水平条件下，中心深埋水沟、深埋环向盲沟和边墙碎石盲沟等体外排水系统均需开槽施工，开挖时超挖往往难以控制，引起相关处理费用可能远超设计；二是设置保温层时目前采用双层防水板间夹保温层的构造方式，概算中未考虑不同铺挂工艺对施工的不利影响；三是寒区隧道冬季施工降效明显，相关费用计列可能严重不足。

1.5.3 运维方面

(1)表观现象无法完全评估真实病害种类和程度。根据现场调研情况，人工目测能观察到的现象未必能真实反映出衬砌背后的实际状态。如接缝开始渗漏时，排水盲管可能在数日或十几日前就已经冻结。衬砌表面冷缝初期仅仅是渗水，但后期却发展成冷缝附近大面积结冰问题。拱顶掉块则更是无法用日常观测进行预测，掉块前其背后地下水早已经历局部聚积、冻结、膨胀的过程。

(2)隧道检测监测体系不完备。针对某一座隧道，从施工、验收到运营尚未建立数字档案；针对隧道检测监测数据高效传输、智能识别、及时反馈的问题，仍未有效解决，尚未形成高效的隧道结构病害综合检测监测体系。

(3)检查制度不完善。《铁路工务技术手册》和《高速铁路桥隧建筑物修理规则(试行)》虽然给出了检查制度和观测制度，但内容较为简单，且主要针对桥梁。

(4)检测技术标准缺失。对于运营期间隧道，除《铁路隧道衬砌质量无损检测规程》和《铁路运营隧道结构状态检测技术要求及方法》规定了一些检测手段外，尚缺乏针对衬砌表观质量和结构状况较详细的检测监测技术规范。

(5)隧道衬砌状态检查手段落后。例如针对衬砌脱空检查，多数依靠人工敲击，不仅进度缓慢，而且存在漏检风险；针对裂缝检查，缺乏裂缝观测仪、超声波空洞探测仪等。

(6)养护维修方面。

①衬砌开裂掉块清理多以人工凿除切割混凝土为主，对衬砌结构整体稳定性和耐久性有不利影响。

②排水系统疏通难度大，针对盲管、盲沟、排水系统等淤积或结晶堵塞的养护维修仅在管口进行，或仅打设泄水孔，未能有效彻底清理，导致排水系统失效进而引发渗漏水及其他病害。

(7)其他。个别隧道受维修人员不足，维修机具、交通工具、资金来源等因素限制，不能有效开展隧道养护维修工作。

1.6 寒区隧道抗防冻研究的意义

随着我国国民经济发展的需要，以及交通强国等战略的实施，寒区铁路隧道数量还会越来越多，相关统计数据表明，目前我国寒区在建和规划的铁路隧道共 1 750 余座，总长超过 6 300 km。因此，为满足寒区铁路隧道高质量发展的需要，进一步提升寒区铁路隧道设计、施工和运维水平，围绕寒区隧道的建设和运营，解决寒区铁路隧道冻害机理及温度场变化分布规律等基础理论问题，提出寒区铁路隧道防寒抗冻设防标准及结构抗冻设计方法，为我国寒区铁路隧道建设和运营提供理论基础和技术支撑，具有十分重大的现实意义。

第 2 章　寒区隧道温度场

由于寒区环境气温以年为单位周期性出现较大的正负温变化，其中夏季环境气温长时间处于冰点以上，而冬季环境气温则长时间处于冰点以下的低温状态，这种相对剧烈的气温变化对寒区隧道温度场变化产生了巨大的影响。在这种影响作用下，寒区隧道防排水系统需考虑低温冰冻堵塞可能导致排水不畅的不利影响，而隧道结构除需考虑所处环境较大温差引起的温度应力作用外，当隧道处于冻胀敏感地层且地层含水率超过一定范围时，或当衬砌背后局部因施工缺陷存在空洞且空洞内含水时，隧道结构还需考虑冻胀力作用或冻融循环作用的影响。因此，寒区隧道温度场变化规律是研究隧道抗冻设防技术的基础。本章拟在我国最寒冷的东北高纬度地区选取运营典型隧道工点开展持续的洞内温度测试分析，结合数值模拟方法分析寒区隧道洞内温度场分布变化规律，为寒区隧道形成抗防冻设防标准研究奠定基础。

2.1　高纬度寒区隧道内实测温度场

2.1.1　测试方案

1. 测试工点概况

工程实践经验表明，寒区隧道洞内温度场分布的影响因素可能包括隧道长度、洞口相对高差和平面线型，隧道所在地区的土壤最大冻结深度、极端最低气温、年(月)平均气温、最冷月平均气温、主导风向与线位走向的关系、区域风速、围岩地温场、渗流场，列车活塞风作用等。但对于上述各因素的影响程度难以达成一致的认识，因此，考虑上述因素的影响，本章在我国最寒冷自然区域，寒季受北冰洋寒潮及蒙古高压影响而盛行西北风，并形成长约半年持续低温、干冷多雪、气温剧烈变化的东北高纬度寒区范围内，在哈尔滨局集团有限公司内开通运营的哈牡高速铁路、牡绥铁路、牡佳高速铁路共 3 个铁路项目中，选择 7 座不同长度且地温无异常的典型贯通隧道，开展洞内温度分布测试，总结寒区隧道温度场的分布规律，以期指导寒区隧道抗防冻设计。

哈牡高速铁路设计时速为 250 km，线位由西向东分别连接哈尔滨市和牡丹江市，项目于 2018 年 12 月 25 日开通运营。全线新建双线隧道共 39 座，总长 68.505 km，其中长度超过5 km的隧道共2座，分别为虎峰岭隧道（8 755 m）、威虎山隧道（7 152 m）。牡绥铁路设计标准为时速200 km客货共线铁路，线位由西向东分别连接牡丹江市和绥芬河市，项目于2016年1月1日开通运营。全线新建双线隧道共17座，总长51.088 km，其中长度超过5 km的隧道共5座，分别为红池隧道（5 621 m）、转心湖隧道（6 676 m）、红房子隧道（6 437 m）、双丰隧道（7 237 m）和绥阳隧道（6 170 m）。牡佳高速铁路设计时速为250 km，线位总体由南向北分别连接牡丹江市和佳木斯市，项目于2021年12月6日开通运营。全线新建双线隧道共34座，总长63.732 km，其中长度超过5 km的隧道共3座，分别为七星峰隧道（10 291 m）、麻山隧道（9 490 m）和团结隧道（5 330 m）。选择各测试典型隧道工点概况见表2-1。

表2-1　高纬度严寒地区运营隧道洞内温度测试工点一览

隧道名称	线别	设计速度/(km/h)	隧道长度/m	线路走向	冬季主风向	纵坡设置	洞口高差/m	低洞口位置
马北隧道	哈牡高速铁路	250	2 202	西北～东南	西、西北	单面上坡	16.22	进口
鲜丰隧道	哈牡高速铁路	250	4 345	西北～东南	西、西北	单面上坡	36.94	进口
红房子隧道	牡绥铁路	200	6 437	西西北～东东南	西、西北	单面上坡	44.32	进口
双丰隧道	牡绥铁路	200	7 237	西西北～东东南	西、西北	人字坡	−56.48	出口
虎峰岭隧道	哈牡高速铁路	250	8 755	西北～东南	西、西北	人字坡	103.42	进口
麻山隧道	牡佳高速铁路	250	9 490	西～东	西、西北	单面下坡	−85.02	出口
七星峰隧道	牡佳高速铁路	250	10 291	西南～东北	西、西北	人字坡	−65.91	出口

注：1. 麻山隧道于2021年12月正式开通运营，测试期在这之前隧道已贯通，洞身辅助坑道冬季保持敞口状态，其余隧道测试期均已处于运营状态，洞身辅助坑道均封闭。
2. 7座隧道所处在地区周边地温均无异常。

(1)马北隧道

哈牡高速铁路马北隧道进口位于黑龙江省海林市横道河子镇安乐村东南方向，出口位于共和村西南方向。隧道起讫里程DK269＋205～DK271＋407，全长2 202 m，洞身最大埋深约141 m，隧道于2018年12月底正式开通运营。隧址区累年最冷月平均气温为−17.2 ℃，累年各月平均气温为4.2 ℃，累年各月极端最低气温为−34.8 ℃，土壤最大冻结深度为1.91 m。

隧道进口DK269＋205～DK270＋855.682 24长约1 651 m段位于半径为7 000 m左偏曲线上，其余长约551 m段位于直线上。隧道线位走向大致为西北～东南，与冬季主风向基本一致。隧道内纵坡为7.4‰的上坡，隧道进、出口高差为16.22 m。隧道通长设置内径为80 cm的中心深埋水沟及双侧保温排水沟。隧道纵断面示意如图2-1所示。

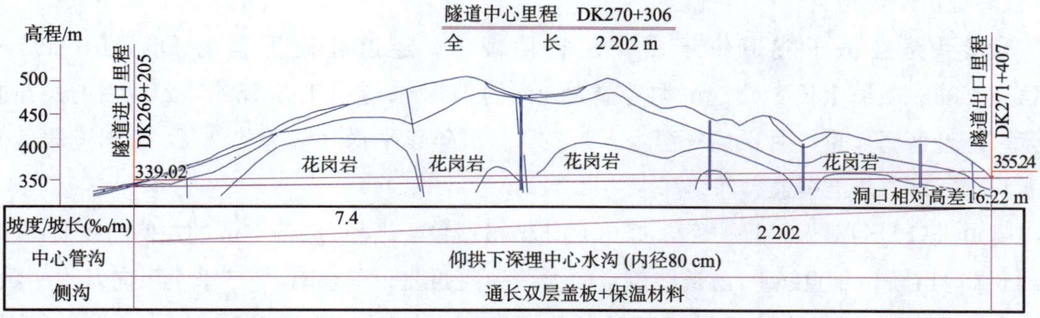

图 2-1　马北隧道纵断面示意图

(2)鲜丰隧道

哈牡高速铁路鲜丰隧道进口位于黑龙江省哈尔滨市阿城区大岭乡鲜丰村正南约 1 km 处，出口位于利民村西北约 0.6 km 处。隧道起讫里程 DK62＋730～DK67＋075，全长 4 345 m，洞身最大埋深约 127.4 m，隧道于 2018 年 12 月底正式开通运营。隧址区累年最冷月平均气温为－18.4 ℃，累年各月平均气温为 4.4 ℃，累年各月极端最低气温为－38.5 ℃，土壤最大冻结深度为 1.91 m。

隧道平面线位呈“S”形，其中进口 DK62＋730～DK63＋340.151 4 长约 610 m 段位于半径为 6 000 m 的左偏曲线上；DK63＋925.647 0～DK65＋275.588 5 长约 1 350 m 段位于半径为 4 500 m 的右偏曲线上；两曲线间夹直线长约 586 m，出口端长约 1 799 m 段位于直线上。隧道线位走向大致为西北～东南，与冬季主风向基本一致。隧道内纵坡为 8.5‰的上坡，隧道进、出口高差为 36.94 m。隧道纵断面示意如图 2-2 所示。

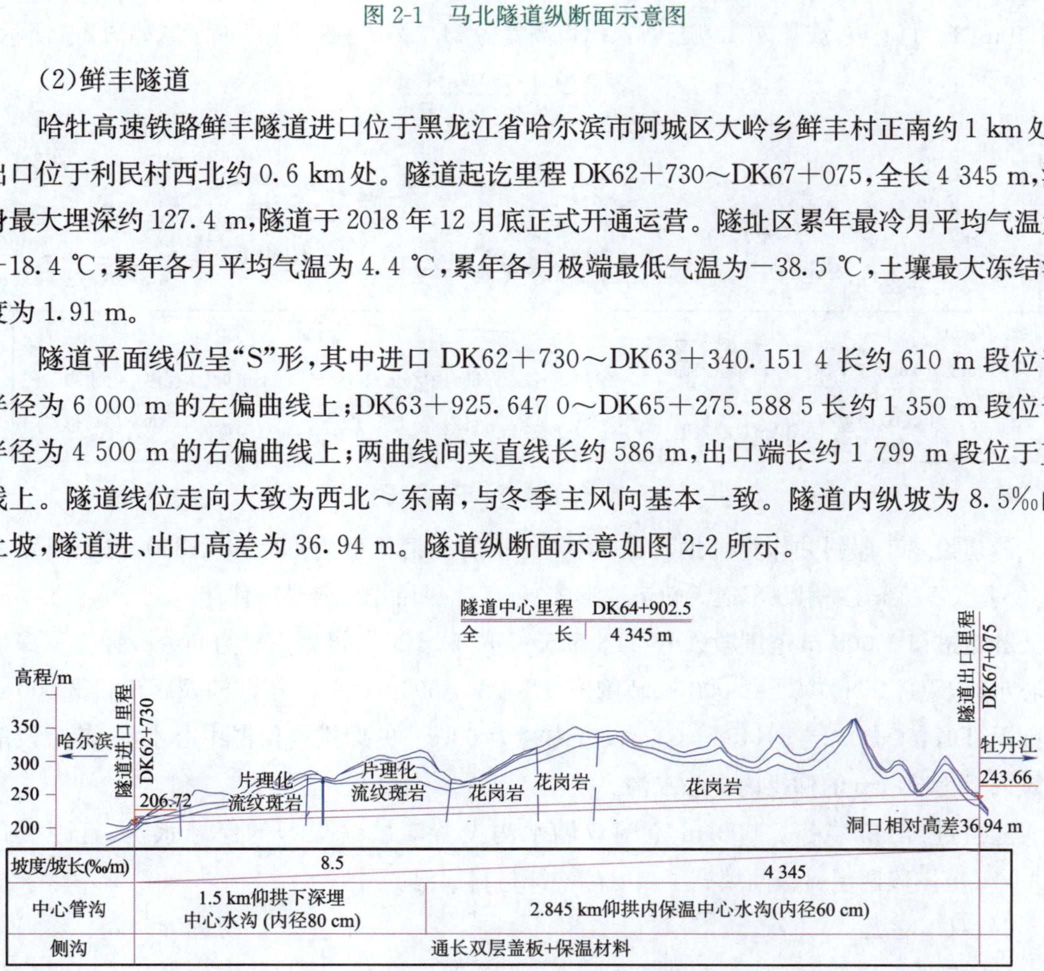

图 2-2　鲜丰隧道纵断面示意图

隧道设置 1 座斜井作为辅助坑道，斜井与正洞交汇里程为 DK65＋750，位于线路左侧，斜井长为 270 m，采用单车道无轨运输形式，正洞施工完成后作为紧急出口使用。

隧道进口(DK62＋730～DK64＋230)长 1 500 m 段设置内径为 80 cm 的中心深埋水沟，其余段设置内径为 60 cm 的保温中心水沟。隧道内通长设置双侧保温排水沟。

(3)红房子隧道

牡绥铁路红房子隧道位于黑龙江省穆棱市。隧道起讫里程为 DK451＋595～DK458＋032,隧道全长 6 437 m,洞身最大埋深约 183 m,隧道于 2015 年 12 月底正式开通运营。隧址区历年最冷月平均气温为－17.2 ℃,历年年平均气温为 4.2 ℃,历年极端最低气温为－36.5 ℃,土壤最大冻结深度为 2.41 m。

隧道进口 DK451＋595～＋773.45 长约 178 m 段位于半径为 3 500 m 的左偏曲线上,其余长约 6 259 m 段位于直线上,隧道线位走向大致为西西北～东东南,与冬季主风向基本一致。隧道内纵坡为单面坡,由隧道进口至出口分别为 5‰的上坡,坡长 305 m;7‰的上坡,坡长 6 100 m;3‰的上坡,坡长 32 m,隧道进、出口高差为 44.32 m。隧道纵断面示意如图 2-3 所示。

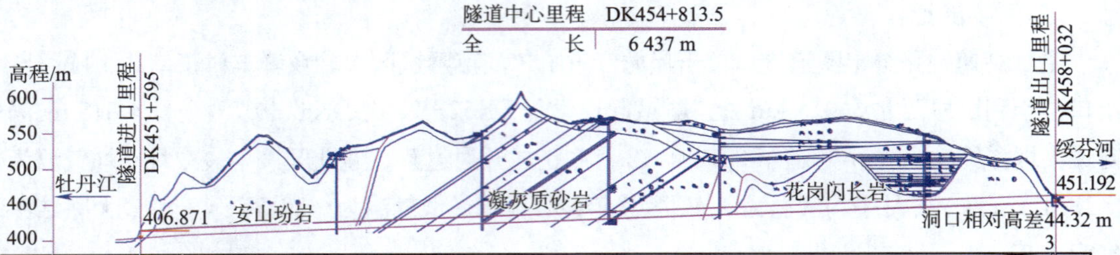

坡度/坡长(‰/m)	5 305	7 6 100			3 32
内径为60 cm的中心沟	1 km仰拱下深埋中心水沟	1 km仰拱内保温中心水沟	2.437 km普通仰拱内中心水沟	2 km仰拱内保温中心水沟	
侧沟	1 km双层盖板+保温材料	1 km双层盖板	2.437 km单层盖板	1 km双层盖板	1 km双层盖板+保温材料

图 2-3　红房子隧道纵断面示意图

隧道设置 1 座斜井作为辅助坑道,斜井与正洞交汇里程为 DK453＋800,位于线路右侧,斜井长 575 m,采用双车道无轨运输形式,施工完成后作为避难所使用。

隧道进口 1 000 m 范围段(DK451＋595～DK452＋595)设置内径为 60 cm 仰拱下深埋中心水沟,距进口 1 000 ～2 000 m 范围段(DK452＋595～DK453＋595)及距出口 2 000 m 范围段(DK456＋032～DK458＋032)设置内径为 60 cm 的仰拱内保温中心水沟,其余段落设置内径为 60 cm 的仰拱内中心水沟。

隧道进、出口端各 2 000 m 范围双侧水沟设置双层盖板型的保温水沟,且距洞口 1 000 m 范围段两层盖板间填充了聚氨酯泡沫材料保温。

(4)双丰隧道

牡绥铁路双丰隧道位于黑龙江省东宁市。隧道起讫里程 DK461＋741～DK468＋978,隧道全长 7 237 m,洞身最大埋深约 140 m,隧道于 2015 年 12 月底正式开通运营。隧址区历年最冷月平均气温为－18.1 ℃,历年年平均气温为 3.4 ℃,历年极端最低气温为－32.6 ℃,土壤最大冻结深度为 2.41 m。

隧道进口 DK461＋741～DK468＋326.81 长约 6 586 m 段位于直线上,出口端 DK468＋326.81～＋978 长约 651 m 段位于半径为 3 500 m 的曲线上,隧道线位走向大致为西西北～东东南走向，与冬季主风向基本一致。隧道为人字坡，由进口(西口)至出口(东口)坡度分别为3‰的上坡，坡长 959 m；6‰的下坡，坡长 1 000 m；11‰的下坡，坡长4 500 m；5‰的下坡，坡长778 m；隧道进、出口高差为－56.48 m。隧道纵断面示意如图 2-4 所示。

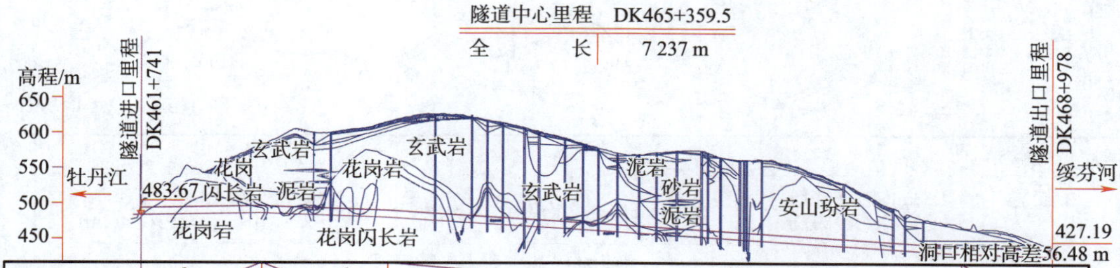

坡度/坡长(‰/m)	3 959	6 1 000	11 4 500		5 778
内径为60 cm的中心管沟	959 m仰拱下深埋中心水沟	1 041 m仰拱内保温中心水沟	3.237 km普通仰拱内中心水沟	1 km仰拱内保温中心水沟	1 km仰拱下深埋中心水沟
侧沟	1 km双层盖板+保温材料	1 km双层盖板	3.237 km单层盖板	1 km双层盖板	1 km双层盖板+保温材料

图 2-4　双丰隧道纵断面示意图

隧道设置 2 座斜井作为辅助坑道，1 号斜井与正洞交汇里程为 DK464＋100，位于线路左侧，斜井长为 1 160 m，采用双车道无轨运输形式，正洞施工完成后进行封堵；2 号斜井与正洞交汇里程为 DK467＋300，位于线路右侧，斜井长为 425 m，采用双车道无轨运输形式，正洞施工完成后斜井作为紧急出口使用。

隧道进口 959 m 范围段(DK461＋741～DK462＋700)、出口 1 000 m 范围段(DK467＋978～DK468＋978)设置内径为 60 cm 仰拱下深埋中心水沟，距进口 959～2 000 m 范围段(DK462＋700～DK463＋741)及距出口 1 000～2 000 m 范围段(DK466＋978～DK467＋978)设置内径为 60 cm 的仰拱内保温中心水沟，其余段落设置内径为 60 cm 的仰拱内中心水沟。

进、出口段各 2 000 m 范围双侧水沟设置双层盖板型的保温水沟，且距洞口 1 000 m 范围段两层盖板间填充了聚氨酯泡沫材料保温。

(5)虎峰岭隧道

哈牡高速铁路虎峰岭隧道进口位于黑龙江省海林市横道河子镇东风林村正西方向，出口位于治山村西北方向。隧道起讫里程为 DK225＋010～DK233＋765，全长8 755 m，洞身最大埋深约 275 m，隧道于 2018 年 12 月底正式开通运营。隧址区累年最冷月平均气温为－17.2 ℃，累年各月平均气温为 4.2 ℃，累年各月极端最低气温为－34.8 ℃，土壤最大冻结深度为 1.91 m。

隧道通长位于直线上。隧道线位走向大致为西北～东南，与冬季主风向基本一致。隧道为人字坡，由隧道进口至出口分别为 20‰的上坡，坡长 840 m；14.5‰的上坡，坡长1 600 m；20‰的上坡，坡长 3 800 m；5‰的下坡，坡长 2 515 m，隧道进、出口高差为103.42 m。

隧道纵断面示意如图 2-5 所示。

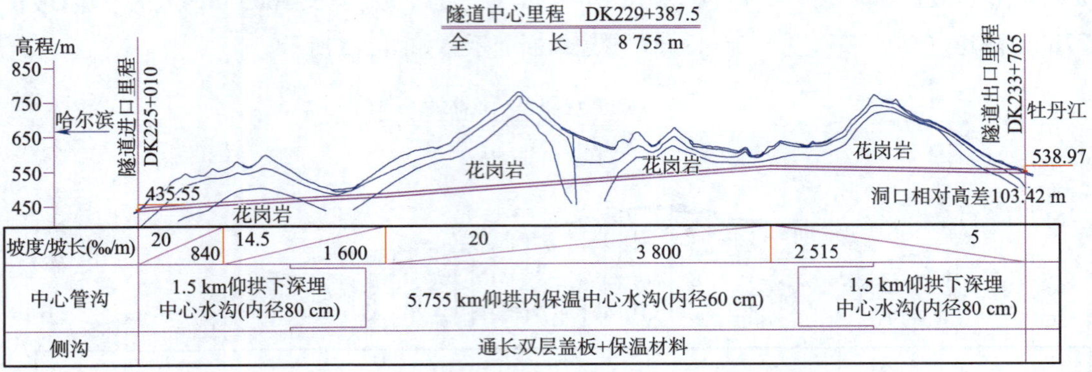

图 2-5 虎峰岭隧道纵断面示意图

隧道设置 2 座斜井作为辅助坑道，1 号斜井与正洞交汇里程为 DK227＋600，位于线路左侧，斜井长为 415 m，采用双车道无轨运输形式，正洞施工完成后进行封堵；2 号斜井与正洞交汇里程为 DK230＋600，位于线路右侧，斜井长为 535 m，采用双车道无轨运输形式，正洞施工完成后，斜井作为避难所使用。

隧道进口 1 500 m 范围段(DK225＋010～DK226＋510)和隧道出口 1 500 m 范围段(DK232＋265～DK233＋765)设置内径为 80 cm 的深埋中心水沟，其余段设置内径为60 cm 的保温中心水沟。隧道通长设置双侧保温排水沟。

(6)麻山隧道

麻山隧道位于黑龙江省牡丹江市林口县与鸡西市麻山区之间。隧道起讫里程为 DIK102＋425～DIK111＋915，全长 9 490 m，洞身最大埋深约 160.35 m，隧道于 2021 年 12 月正式开通运营。隧址区历年最冷月平均气温为－18.1 ℃，历年年平均气温为 3.8 ℃，历年极端最低气温为－37.4 ℃，累年土壤最大冻结深度为 2.12 m。

隧道进口 DIK102＋425～DIK110＋803.9 长约 8 379 m 段位于直线上，DIK110＋803.9～DIK111＋915 隧道出口长约 1 111 m 段位于半径为 5 500 m 的左偏曲线上。隧道线位走向大致为西～东走向，与冬季主风向基本一致。隧道为单面下坡，由进口至出口的纵坡：17.5‰的下坡，坡长 2 475 m；5‰的下坡，坡长 3 700 m；7‰的下坡，坡长 3 315 m。隧道进、出口高差为－85.02 m。隧道纵断面示意如图 2-6 所示。

麻山隧道为高瓦斯隧道，隧道设置 3 座斜井辅助施工，1 号斜井与正洞交汇里程为 DIK105＋500，位于线路右侧，斜井长为 465 m，采用双车道无轨运输形式，正洞施工完成后封堵；2 号斜井与正洞交汇里程为 DIK107＋700，位于线路左侧，斜井长为 655 m，采用双车道无轨运输形式，竣工后作为避难所使用；3 号斜井与正洞交汇里程为 DIK110＋500，位于线路左侧，斜井长为 440 m，采用双车道无轨运输形式，正洞施工完成后进行封堵。隧道 2 号斜井工区为高瓦斯工区，为解决瓦斯隧道施工通风问题，降低隧道施工及运营安全风险，在 DIK107＋350 线位右侧侧向设置 1 座深 76.5 m、内径 3 m 的通风竖井，施工完成后井口采用预制钢筋混凝土板封闭，但预留运营通风风道功能。

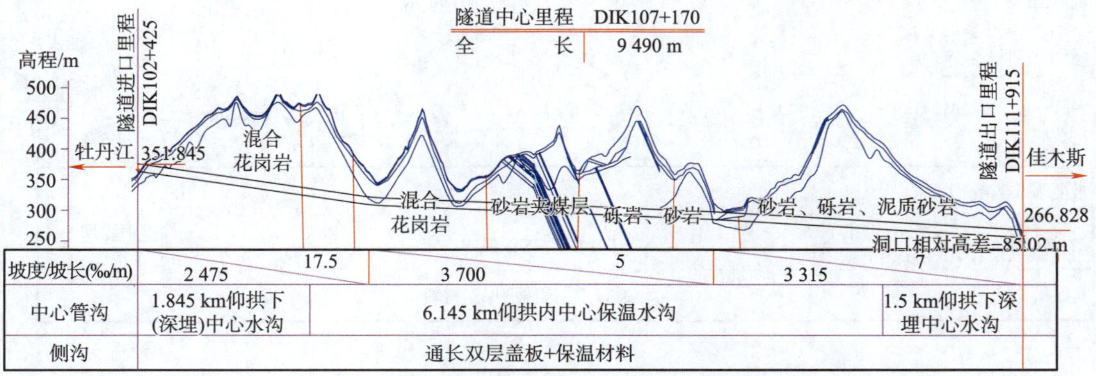

图 2-6　麻山隧道纵断面示意图

隧道进口（DIK102＋425～＋925）长 500 m 段（高洞口端）和出口（DIK110＋415～DIK111＋915）长 1 500 m 段（低洞口端）设置内径为 80 cm 的仰拱下深埋中心水沟；距隧道进口 500 ～1 845 m 范围（DIK102＋925～DIK104＋270）长 1 345 m 段（高洞口端段）设置内径为 80 cm 的仰拱下中心水沟；距隧道进口 1 845～1 995 m 范围（DIK104＋270～＋420）长 150 m 段设置内径为 60 cm 的仰拱内水沟过渡段中心保温水沟，顺接仰拱下中心水沟与仰拱内中心保温水沟；其余段落设置内径为 60 cm 的仰拱内中心保温水沟。隧道内通长设置双侧保温水沟。

(7)七星峰隧道

七星峰隧道位于黑龙江省双鸭山市集贤县及佳木斯市桦南县境内完达山山脉七星砬子北麓，穿越七星峰国家级森林公园、七星峰省级地质公园和七星峰省级森林公园。隧道起讫里程 DK307＋778～DK318＋069，全长 10 291 m，洞身最大埋深约 423.5 m，隧道于 2021 年 12 月正式开通运营。隧址区最冷月平均气温为－17.61 ℃，历年年平均气温为 4.04 ℃，历年极端最低气温为－35.1 ℃，累年土壤最大冻结深度为 2.4 m。

隧道进口长 9 596 m 段位于直线上，出口端 DK317＋273.594～DK318＋069 长约 795 m 段位于半径为 5 500 m 的右偏曲线上。隧道线位走向大致为西南～东北，与冬季主风向成正交。隧道由进口至出口的纵坡：25‰的上坡，坡长 172 m；5‰的上坡，坡长 1 900 m；9.7‰的下坡，坡长 8 219 m。隧道进、出口高差为－65.91 m。隧道纵断面示意如图 2-7 所示。

隧道设置 2 座斜井作为辅助坑道。1 号斜井与正洞交汇里程为 DK311＋425，位于线路右侧，斜井长度 571 m，采用双车道无轨运输形式，竣工后作为避难所使用；2 号斜井与正洞交汇里程为 DK314＋650，位于线路左侧，斜井长度 705 m，采用双车道无轨运输形式，竣工后作为避难所使用。

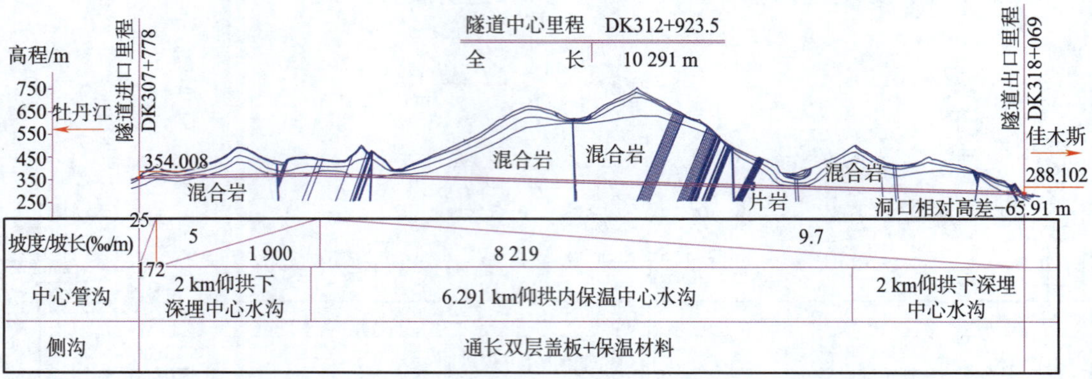

图 2-7 七星峰隧道纵断面示意图

隧道进口 DK307＋778～DK309＋778 长 2 000 m 段和出口 DK316＋069～DK318＋069 长 2 000 m 段设置内径为 80 cm 的仰拱下深埋中心水沟，隧道剩余段落设置内径为 60 cm的仰拱内保温中心水沟。隧道内通长设置双侧保温排水沟。

2. 测点沿横断面布置

为区别隧道洞内、侧沟内及中心管沟（通过保温检查井）的温度变化，在隧道内测点横断面上布设不多于 3 个温度测点，采用温度测试仪对每个测点开展连续的温度测试，并及时导出数据进行分析。

由于洞内运行高速动车组列车，为确保运营安全，测点 1 固定于侧沟盖板下方，主要用于监测洞内温度场变化；测点 2 设置于侧沟内，保温侧沟段应固定在下层盖板下部，主要用于监测采取保温措施后侧沟内的温度变化情况：测点 3 一般固定在中心检查井的爬梯上，主要用于监测中心管沟和检查井内温度变化情况。测点安装如图 2-8～图 2-12 所示。

3. 测点沿纵断面布置

为便于在隧道内定位，洞内、侧沟及中心管沟内的温度测点一般结合内检查井位置布设，沿隧道内纵向布设原则如下：

(1)洞内温度测点 1 纵向断面布设分别由隧道两端洞口内第一个检查井位置开始，沿线路纵向间隔 8 个检查井（长约 240 m）布设一个断面。

(2)侧沟温度测点 2 纵向断面布设由隧道两端洞口内第一个检查井位置开始，沿线路纵向间隔 16 个检查井（长约 480 m）布设一个断面。

(3)距洞口 2 km 范围段的中心沟和检查井的测点 3 纵向断面布设分别由隧道两端洞口内第一个检查井位置开始，沿线路纵向间隔 8 个检查井（长约 240 m）布设一个断面：剩余洞身段沿线路纵向间隔 16 个检查井（长约 480 m）布设一个断面。

(4)此外，在永久辅助坑道(作为避难所和紧急出口)与隧道交汇处、隧道中心深埋水沟与中心保温水沟转换处、隧道内最高点处有条件时增设洞内温度测点 1、侧沟温度测点 2 及中心管沟和检查井内温度测点 3 的断面。

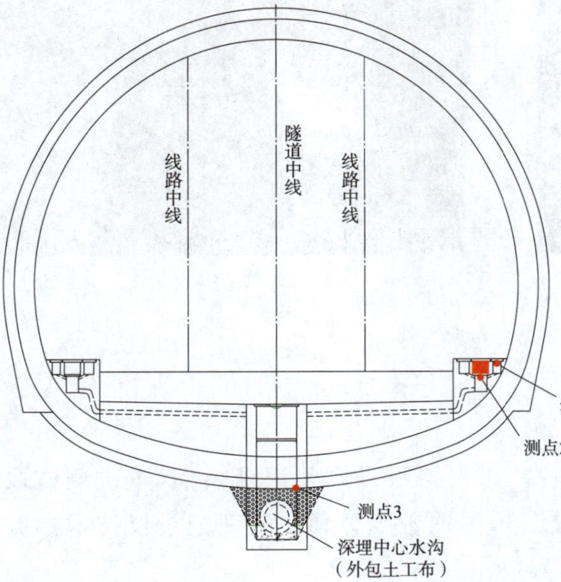

图 2-8　设置仰拱下(深埋)中心水沟段洞内温度测点横断面布置示意图

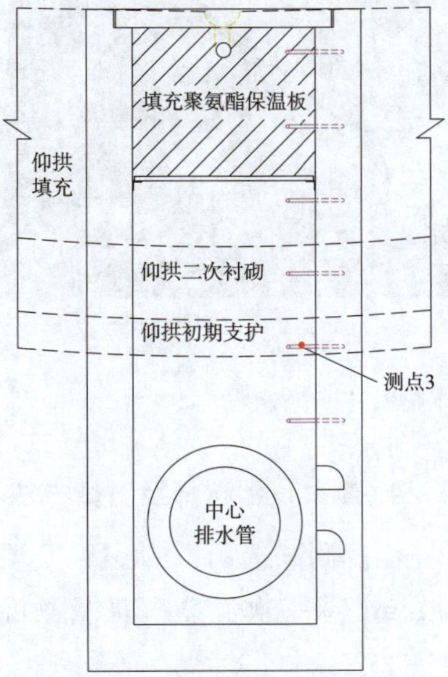

图 2-9　仰拱下(深埋)中心保温检查井内测点 3 布置示意图

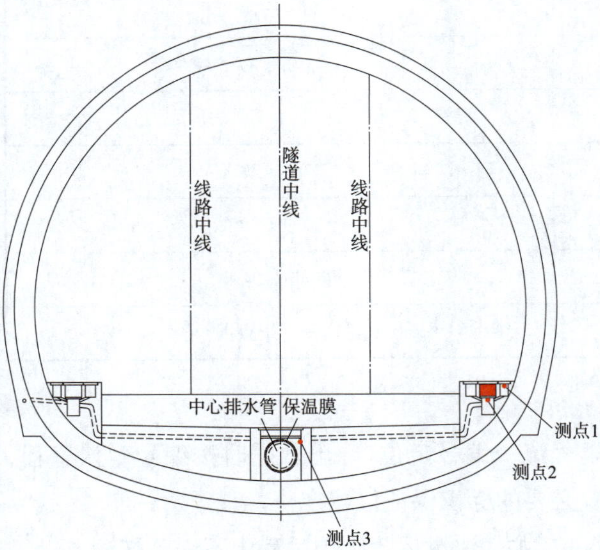

图 2-10　设置仰拱内保温中心水沟段洞内温度测点横断面布置示意图

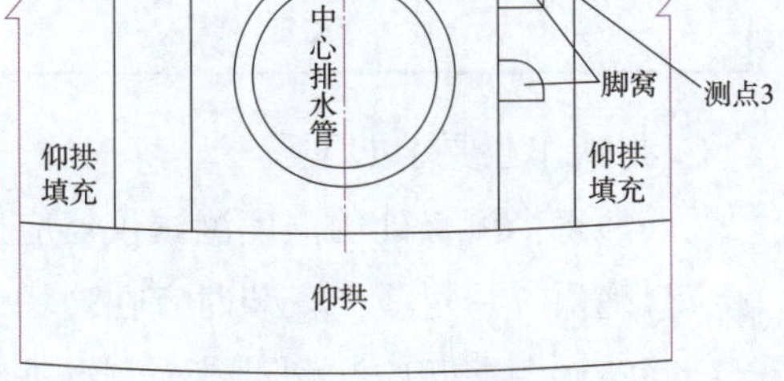

图 2-11　仰拱内中心保温检查井内测点 3 布置示意图

(a) 测点1布设

(b) 测点3布设

图 2-12　测点布设实景

4. 测试仪器选择及测试方法

温度测试选用 Testo174T 温度记录仪。该仪器可以调整记录频率(本次测试取每30 min记录一次温度),且量测温度范围较广,提取数据方便。温度记录仪技术参数详见表 2-2。

表 2-2　Testo174T 温度记录仪技术参数

传感器类型	内置 NTC 温度传感器
量程	−30～+70 ℃
精度	±0.5 ℃
分辨率	0.1 ℃
存储温度	−30～+70 ℃
操作温度	−30～+70 ℃
测量频次	1 min～24 h
存储量	16 000 个数据

测试作业要求如下:

(1)每个测点处的温度测试仪器应按里程统一编号定位,导出数据时按编号确认里程、位置,确保一一对应。安装时宜在现场设置必要的标识保证仪器定位。

(2)量测期间应注意对各个测点进行保护,尤其注意运营维护过程中不得破坏测点。

(3)每次取出仪器时,应及时导出数据,并做好记录,避免因环境变化而导致温度测试数据失实。

2.1.2　隧道洞内气温变化规律

结合东北高纬度寒区不同长度、不同走向等条件的运营铁路隧道或在建贯通铁路隧道洞内温度场的现场测试数据，分析寒区隧道洞内温度场变化规律，验证隧道抗防冻效果。

在 2017—2022 年期间，共获得了 7 座典型隧道不同月份的洞内温度测试数据，经整理分析如下。

1. 洞内气温典型断面时程变化规律

结合典型隧道的洞内温度测试数据，选取距隧道进、出口最近测点的有效温度数据以及洞身气温最高或略高于 0 ℃的有效温度测点数据，绘制洞内典型断面温度随时间变化曲线，如图 2-13～图 2-19 所示。

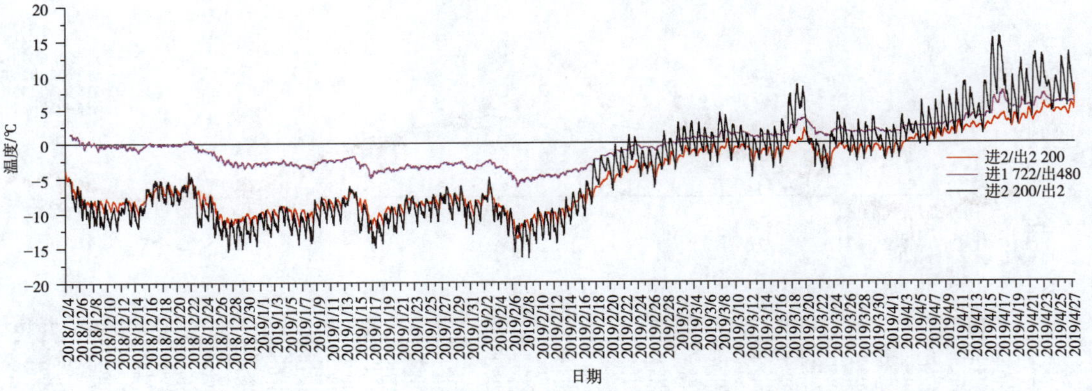

图 2-13　马北隧道洞内典型断面温度时程变化曲线(2018/12/4—2019/4/27)

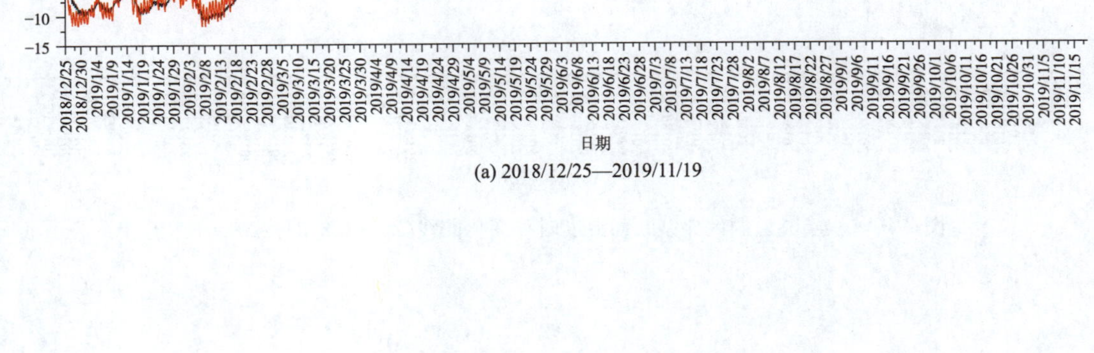

(a) 2018/12/25—2019/11/19

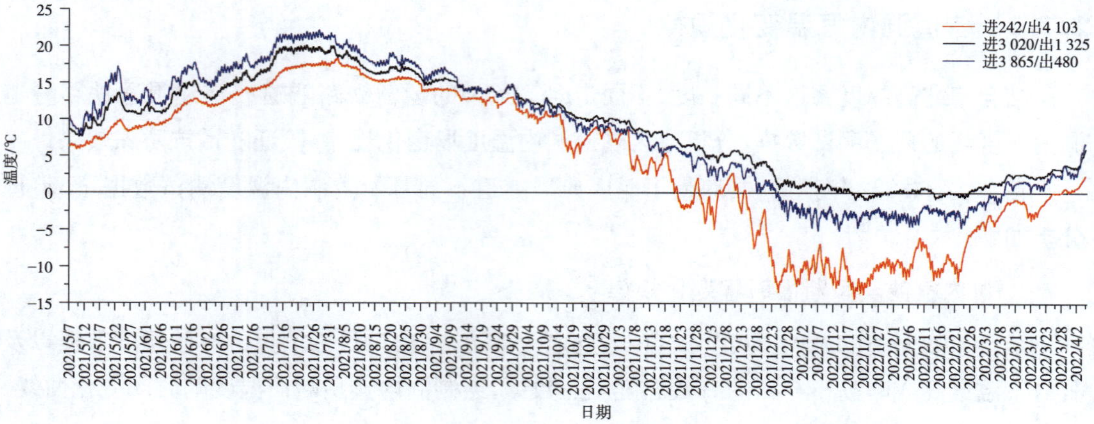

(b) 2021/5/7—2022/4/5

图 2-14　鲜丰隧道洞内典型断面温度时程变化曲线

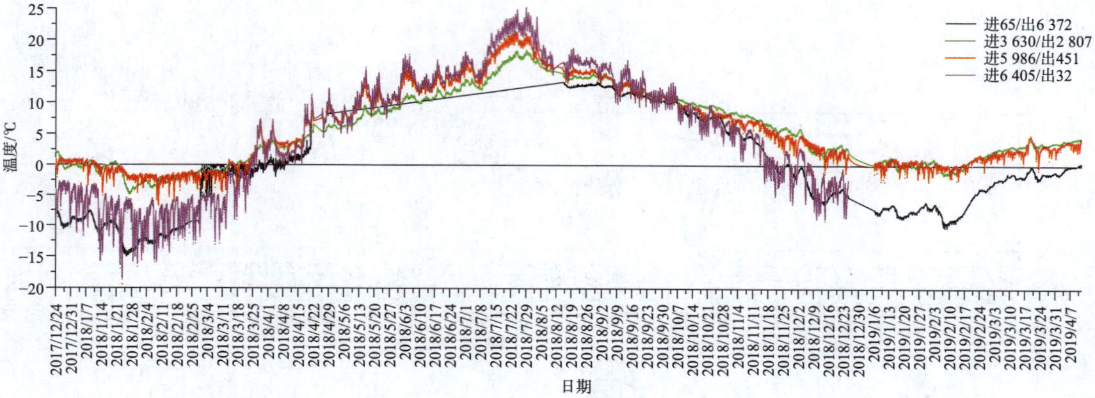

图 2-15　红房子隧道洞内典型断面温度时程变化曲线(2017/12/24—2019/4/12)

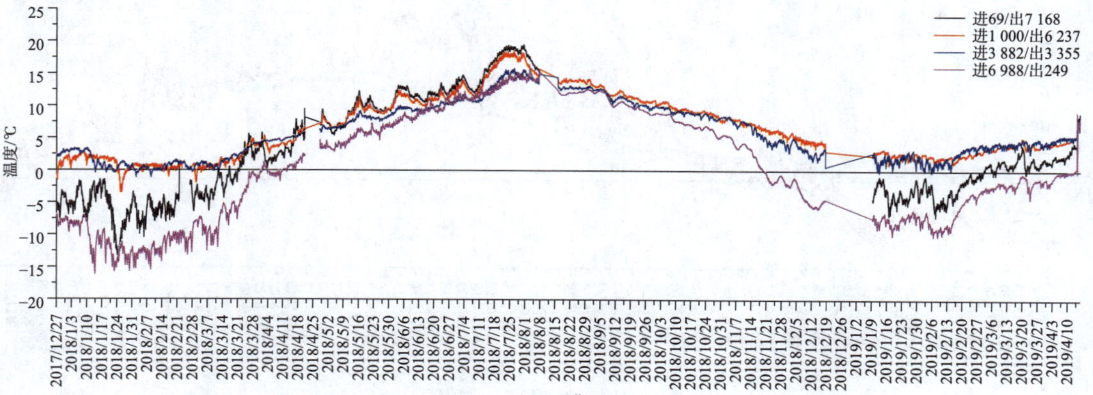

图 2-16　双丰隧道洞内典型断面温度时程变化曲线(2017/12/24—2019/4/12)

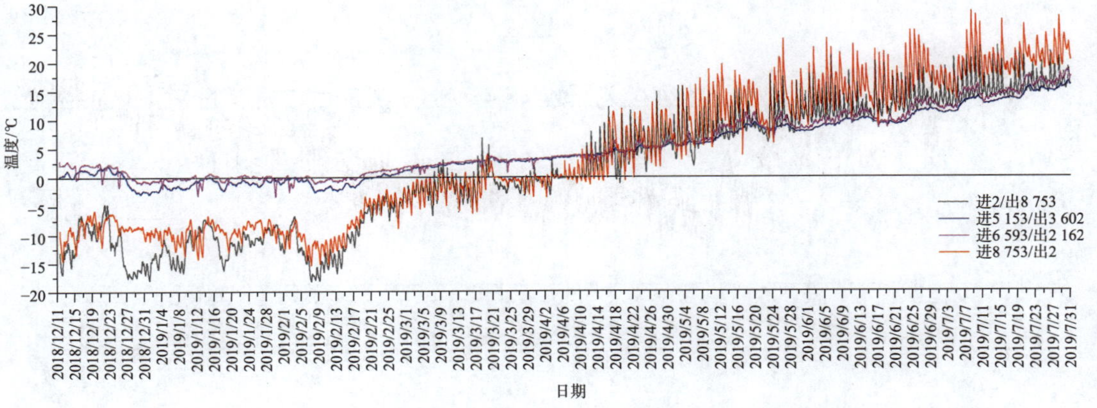

图 2-17　虎峰岭隧道洞内典型断面温度时程变化曲线(2018/12/11—2019/7/31)

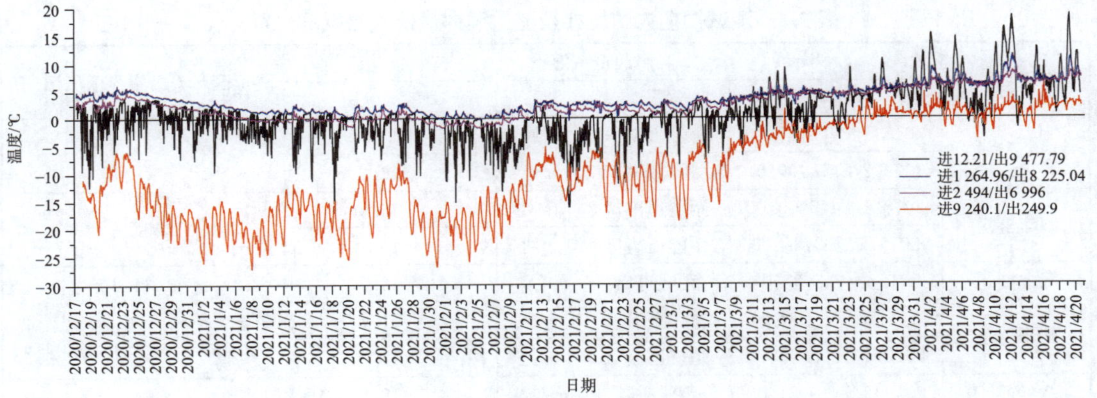

(a) 2020/12/17—2021/4/20

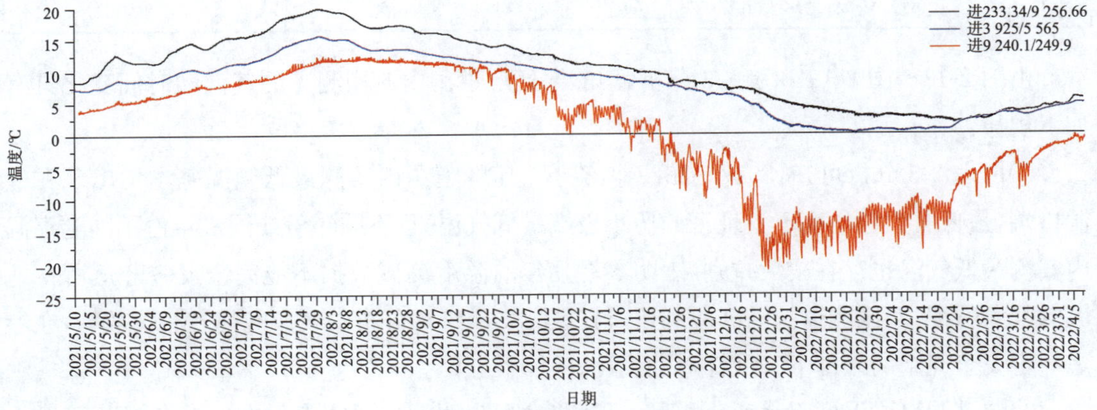

(b) 2021/5/10—2022/4/8

图 2-18　麻山隧道洞内典型断面温度时程变化曲线

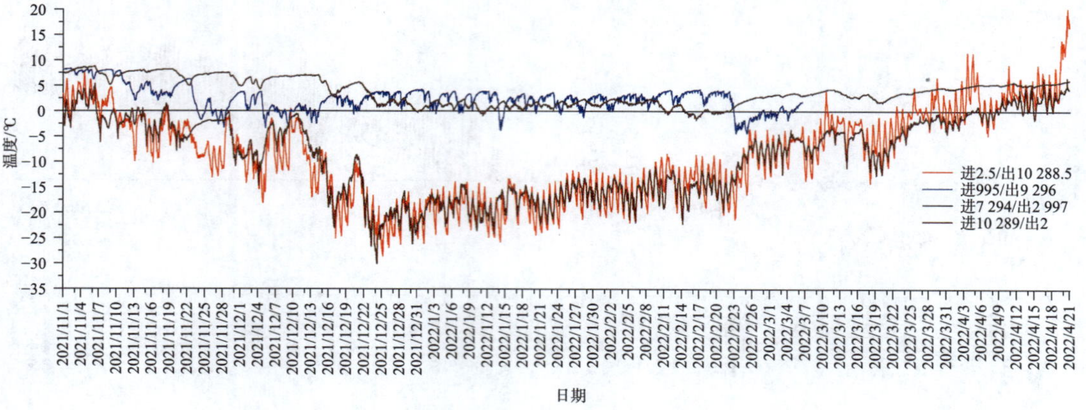

图 2-19　七星峰隧道洞内典型断面温度时程变化曲线(2021/11/1—2022/4/21)

统计 2017—2022 年间 7 座典型隧道不同测试周期内出现最低气温情况详见表 2-3。

表 2-3　测试周期内 7 座典型隧道洞内最低气温概况一览

隧道名称	实测最低气温			隧址区历年极端最低气温/℃
	时间	位置(有效测点)	气温/℃	
红房子隧道	2018/1/26,8:37:00	距隧道进口 65 m 处	−15.0	−36.5
	2019/2/8,14:00:00	距隧道进口 65 m 处	−10.2	
双丰隧道	2018/1/14,7:00:00	距隧道出口 249 m 处	−16.0	−32.6
	2019/2/7,7:25:00	距隧道出口 250 m 处	−10.1	
马北隧道	2019/2/9,5:03:00	距隧道出口 2 m 处	−16.5	−34.8
鲜丰隧道	2019/2/7,7:00:00	距隧道出口 53 m 处	−11.7	−38.5
	2022/1/19,8:05:00	距隧道进口 242 m 处	−14.3	
虎峰岭隧道	2019/2/7,10:21:00	距隧道进口 2 m 处	−18.2	−34.8
麻山隧道	2021/1/8,7:29:00	距隧道出口 249.9 m 处	−28.5	−37.4
	2021/12/25,7:00:00	距隧道出口 249.9 m 处	−21.2	
七星峰隧道	2021/12/24,7:59:00	距隧道出口 2 m 处	−30.0	−35.1

由图 2-13～图 2-19 和表 2-3 分析可知,寒区隧道洞内典型测点的气温随时间变化具有如下规律:

①由表 2-3 分析可知,2017—2022 年冬季 7 座隧道洞内实测最低气温基本均出现在低洞口端,最低气温值均高于隧址区的历年极端最低气温,且不同年份或同一年份不同隧道洞内实测最低气温也存在较大差别,表明零星几年的温度测试数据不能完全反应隧道所在地区的气象特征,寒区隧道抗防冻应利用所在区域多年统计分析的气象规律及相关数据,在考虑一定安全冗余的条件下开展针对性设计。

②隧道洞口段温度起伏变化明显大于洞身段,表明洞口段在春融期及入冬时频繁发生冻融循环,隧道洞口一定范围段是寒区长大隧道抗防冻的重点,分析其产生原因,是由于冬季邻近隧道洞口段受洞外环境气温剧烈变化的影响程度明显大于洞身段。

③不同测试周期内的 7 座隧道冬季洞身段气温明显高于洞口段，由隧道洞口沿纵向至洞身存在明显的回温现象，其中长为 2.202 km 的马北隧道在 2018—2019 年冬季最冷时出现了隧道通长范围洞内气温均低于 0 ℃的现象，而长为 4.345 km 的鲜丰隧道在 2018—2019 年冬季最冷时隧道内局部范围出现洞内气温略高于 0 ℃的现象，但在 2021—2022 年冬季最冷时隧道通长范围出现洞内气温均低于 0 ℃的现象。

④综合图 2-14、图 2-15、图 2-16 和图 2-18 分析可知，当以年为时间单位时，分析隧道洞内典型测点的气温时程曲线基本呈正弦或余弦曲线形式变化，且每年基本在气温最热月 7 月前后达到正温峰值，并在气温最冷月 1 月前后达到负温峰值。

⑤7 座典型隧道所在地区每年 3 月、4 月为春融期，邻近隧道洞口的气温反复在冰点上下剧烈波动，随之产生的反复冻融循环可能不利于隧道抗防冻。

2. 洞内温度沿纵向分布规律

(1)日平均气温沿隧道纵向变化规律

运营实践表明：高纬度寒区隧道冻害目前主要发生在春融期，少部分发生在入冬后的冻结初期。而区域气象规律显示，黑龙江省中东部地区每年基本在 10 月前后正式进入冬季，此后环境气温逐渐降低，至次年 1 月份一般达到最低值，而后气温开始回升，大约至次年 4 月底至 5 月初时气温稳定在 0 ℃以上，其中 3 月、4 月一般为春融期。结合 7 座隧道洞内有效温度测试数据，统计分析各测点日平均气温后，按月份绘制洞内日平均气温沿隧道纵向变化曲线，如图 2-20～图 2-27 所示。

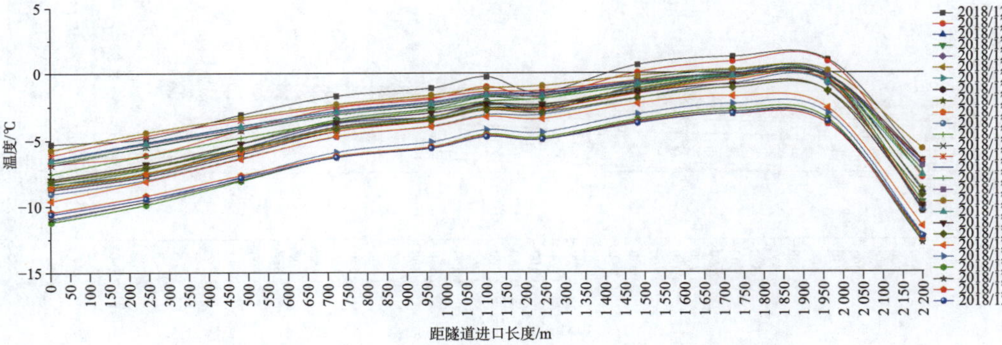

(a) 2018年12月

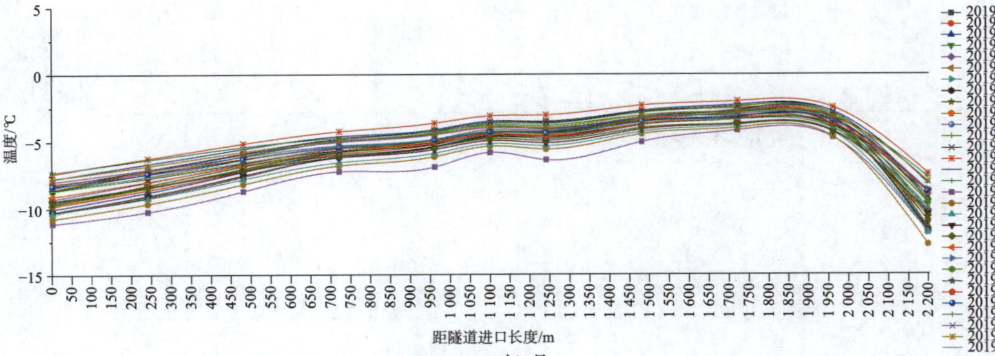

(b) 2019年1月

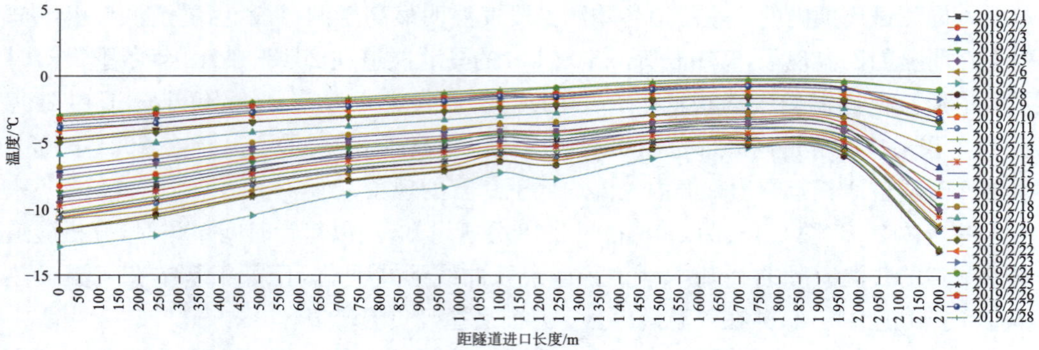

(c) 2019年2月

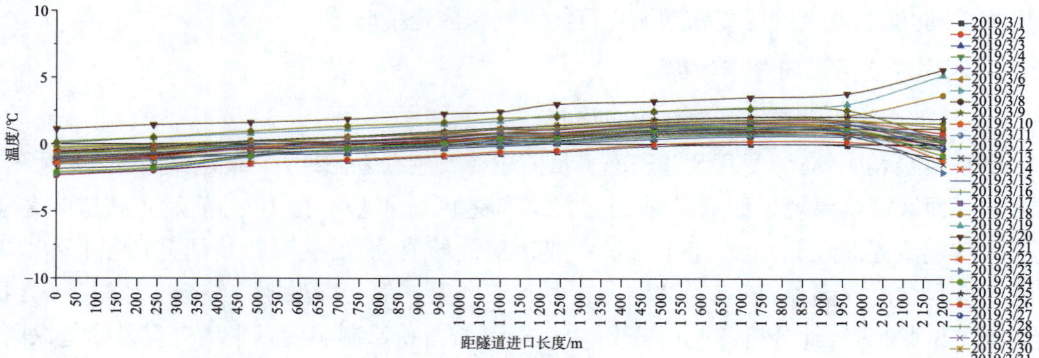

(d) 2019年3月

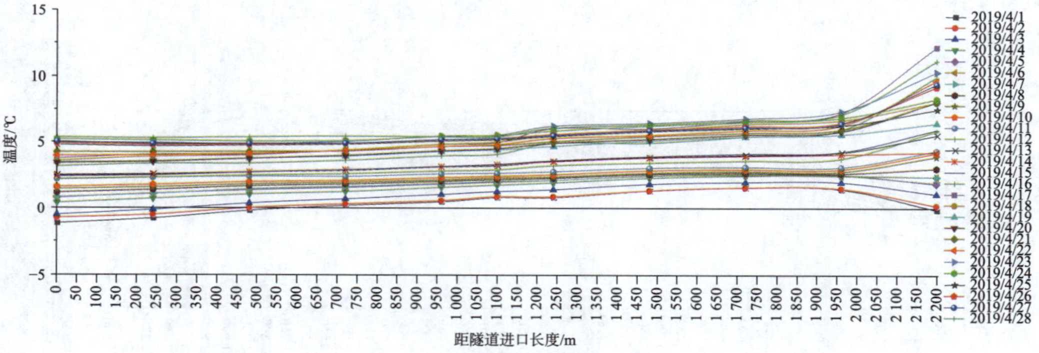

(e) 2019年4月

图 2-20 马北隧道各月洞内日平均气温沿隧道纵向变化曲线(2018 年 12 月—2019 年 4 月)

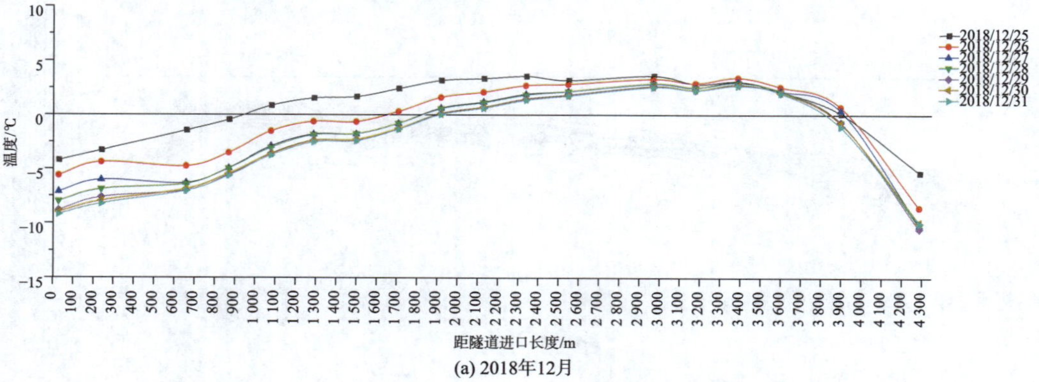

(a) 2018年12月

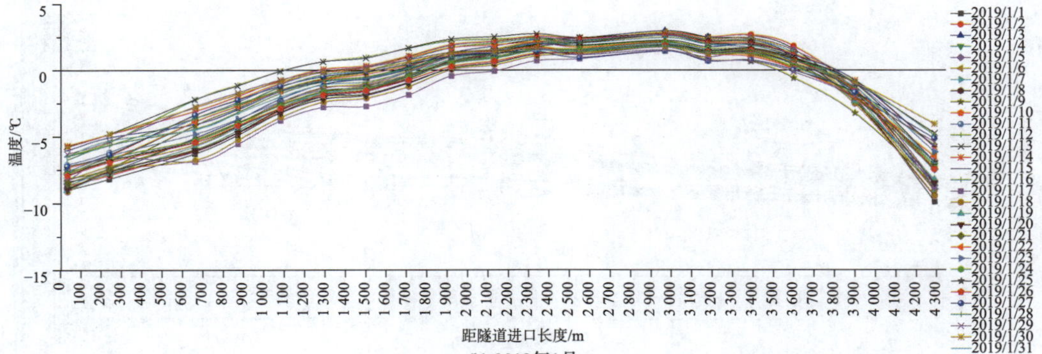

(b) 2019年1月

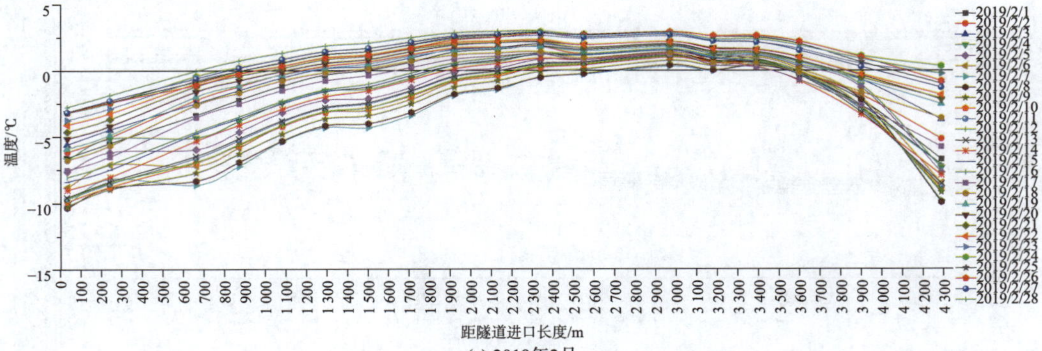

(c) 2019年2月

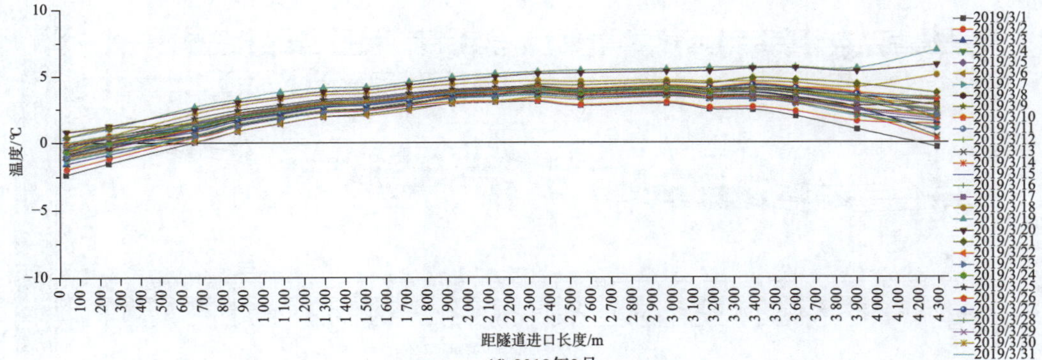

(d) 2019年3月

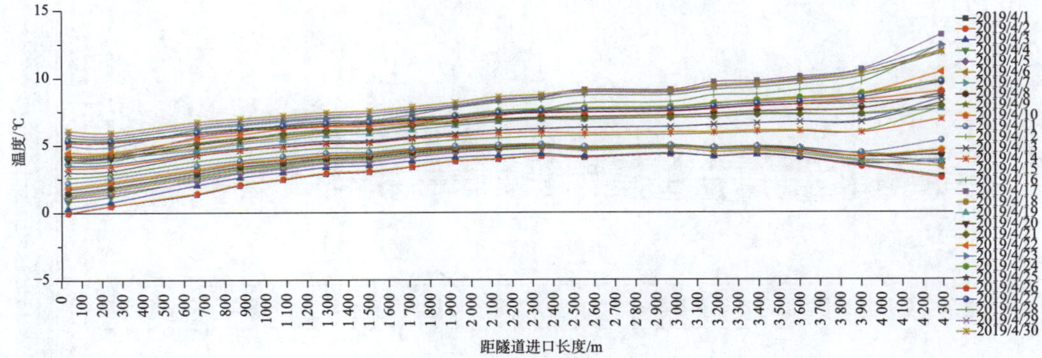

(e) 2019年4月

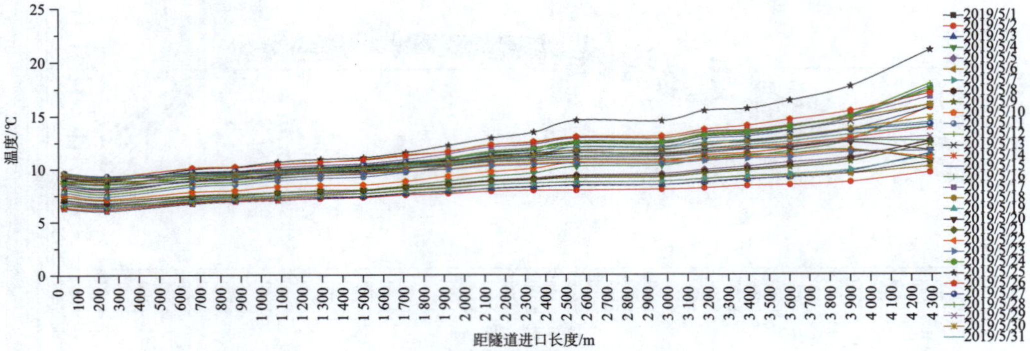

(f) 2019年5月

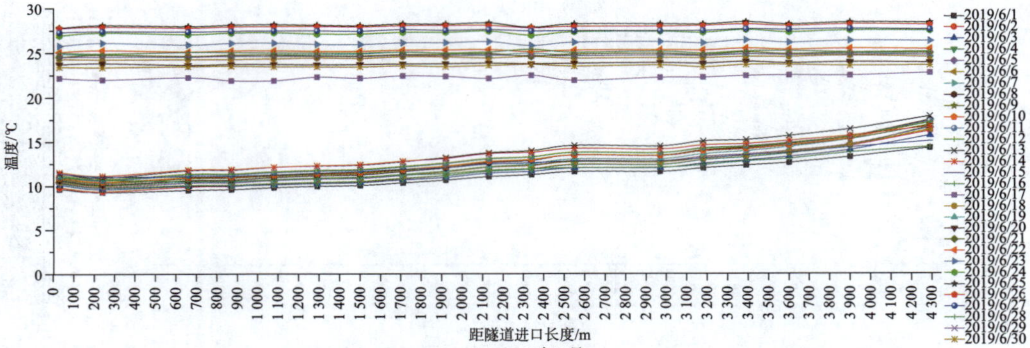

(g) 2019年6月

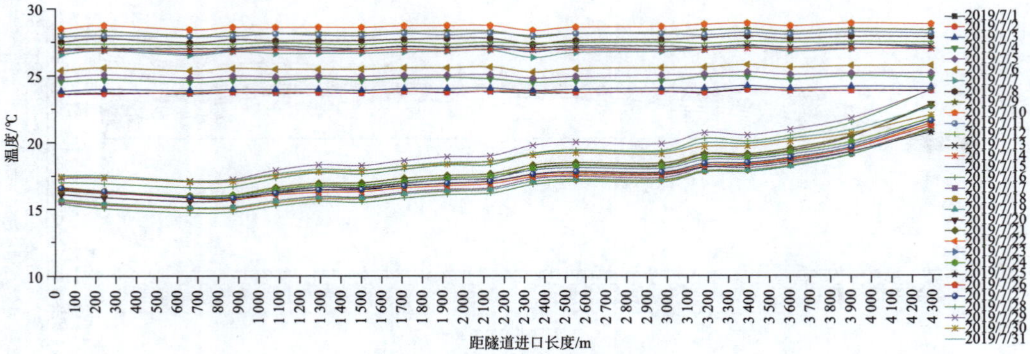

(h) 2019年7月

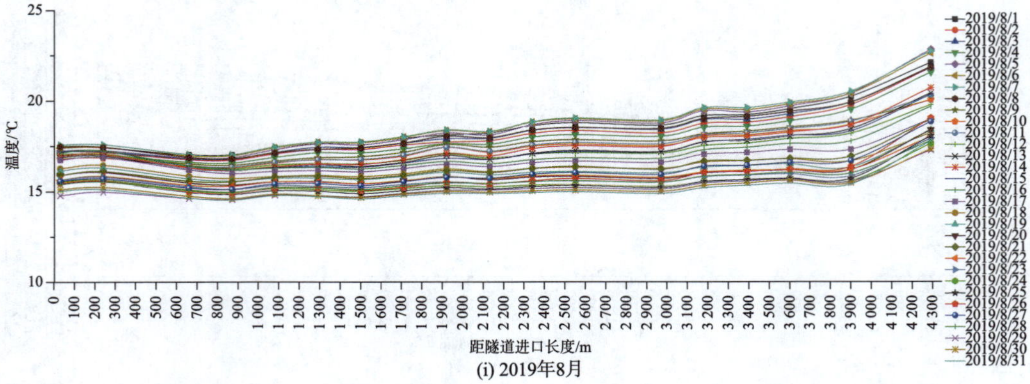

(i) 2019年8月

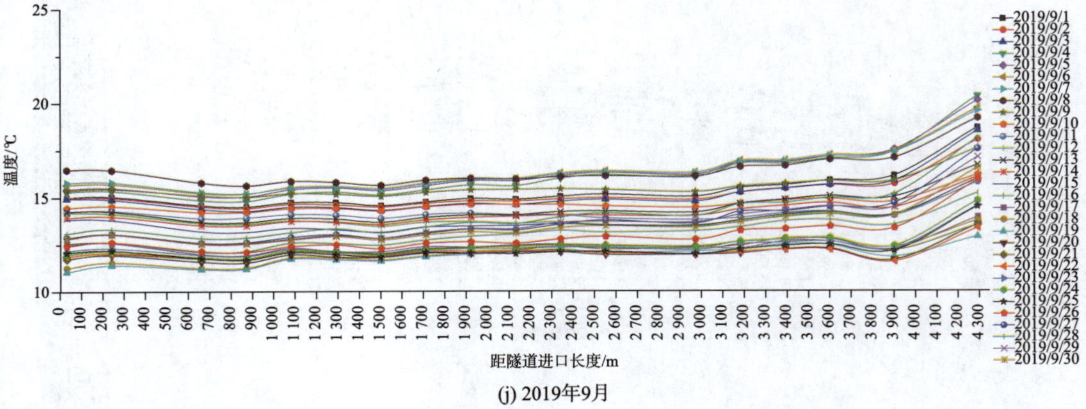

(j) 2019年9月

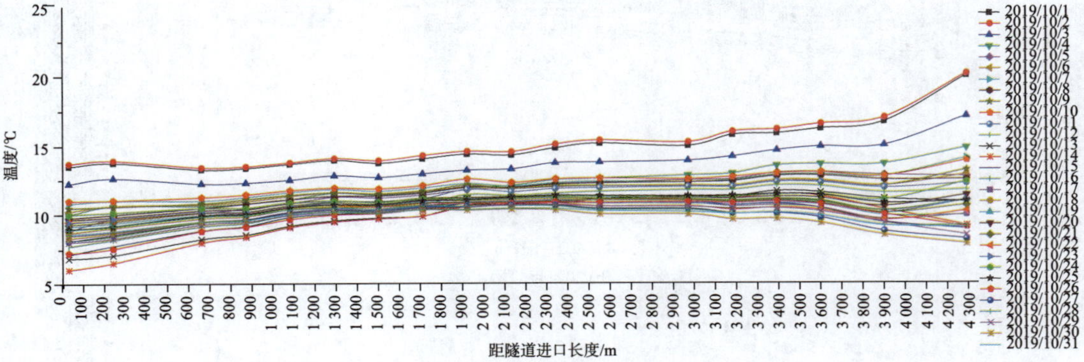

(k) 2019年10月

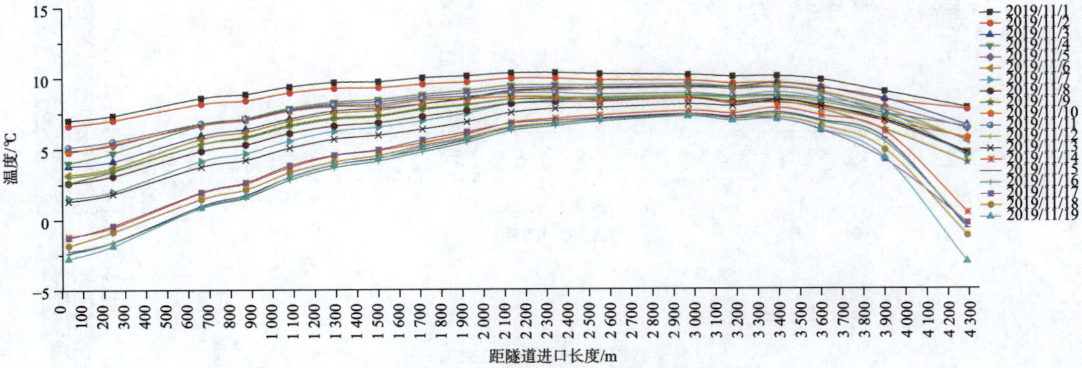

(l) 2019年11月

图 2-21　鲜丰隧道各月洞内日平均气温沿隧道纵向变化曲线(2018 年 12 月—2019 年 11 月)

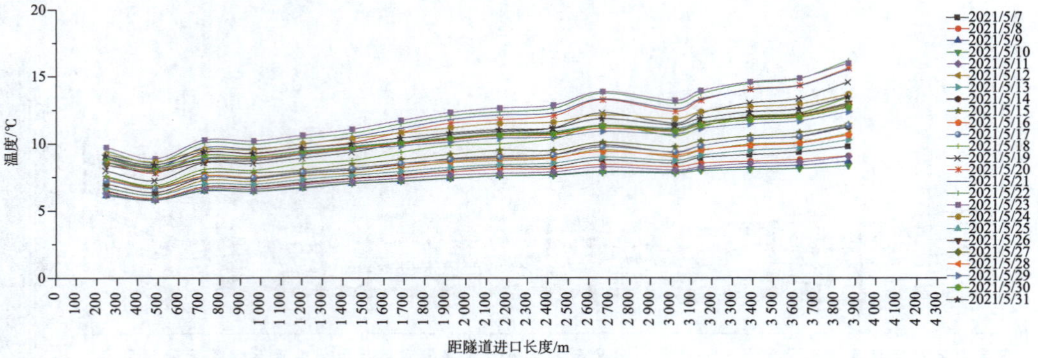

(a) 2021年5月

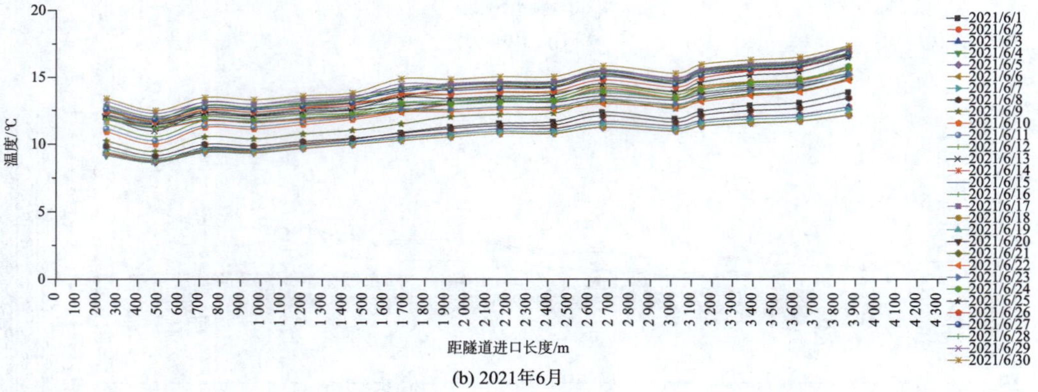

(b) 2021年6月

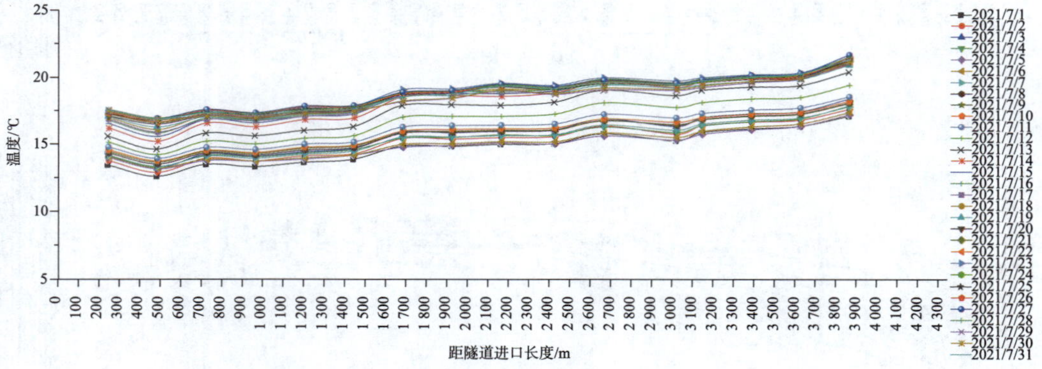

(c) 2021年7月

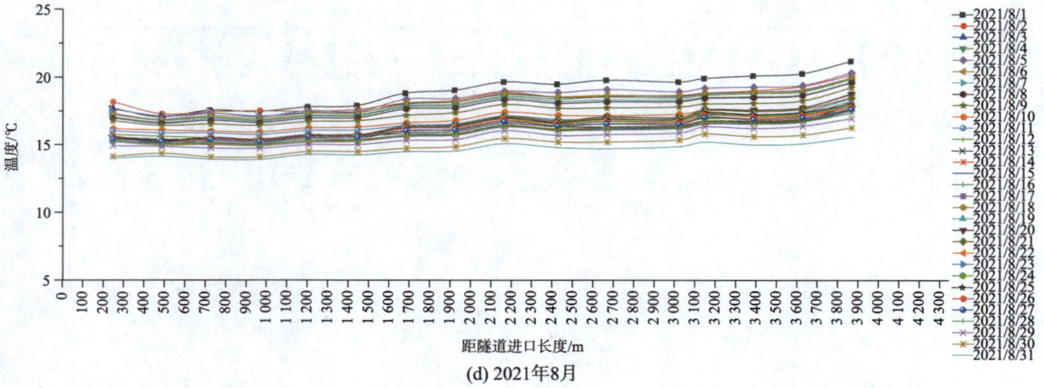

(d) 2021年8月

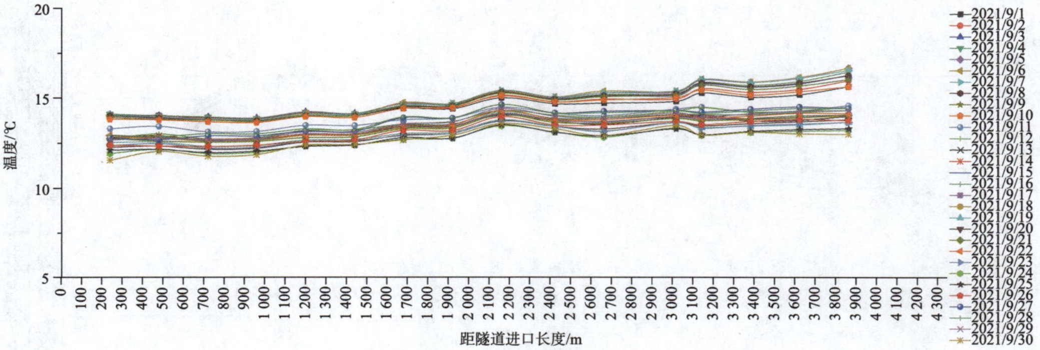

(e) 2021年9月

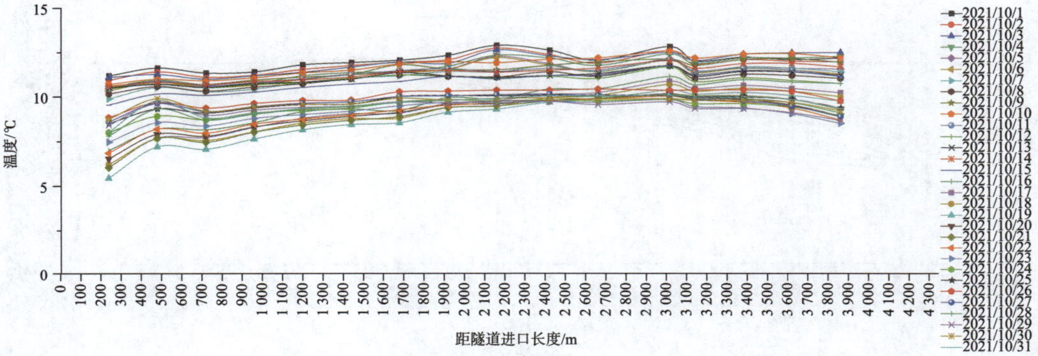

(f) 2021年10月

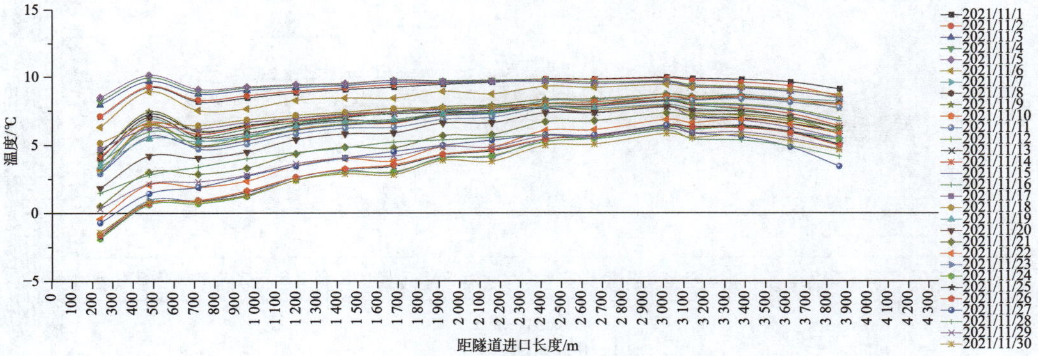

(g) 2021年11月

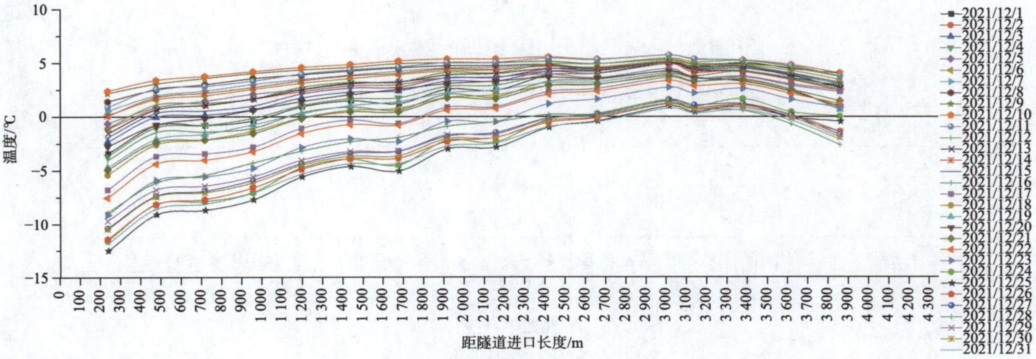

(h) 2021年12月

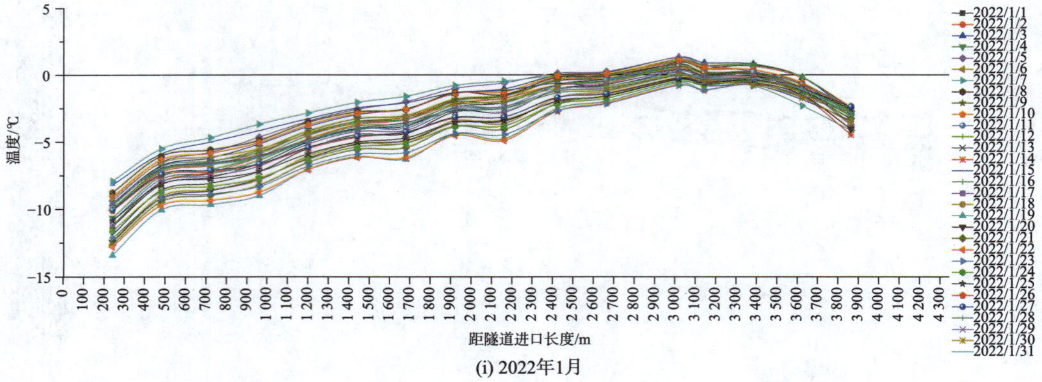

(i) 2022年1月

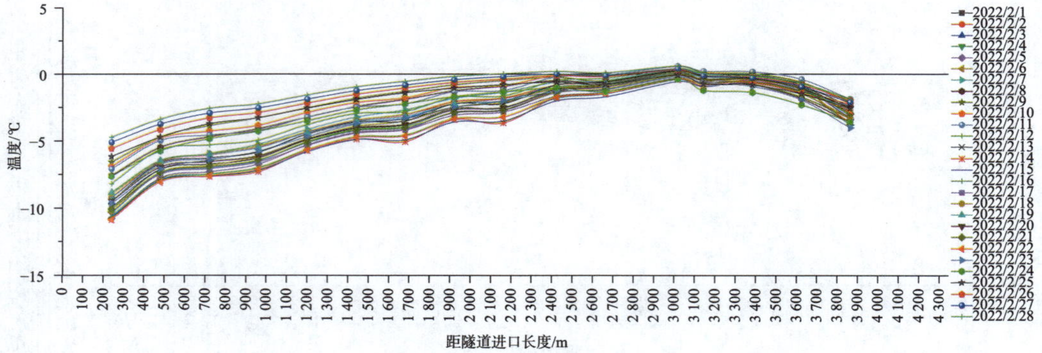

(j) 2022年2月

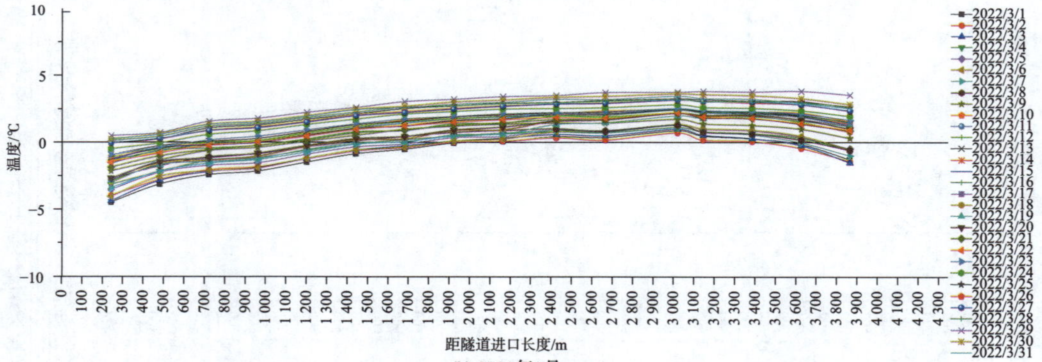

(k) 2022年3月

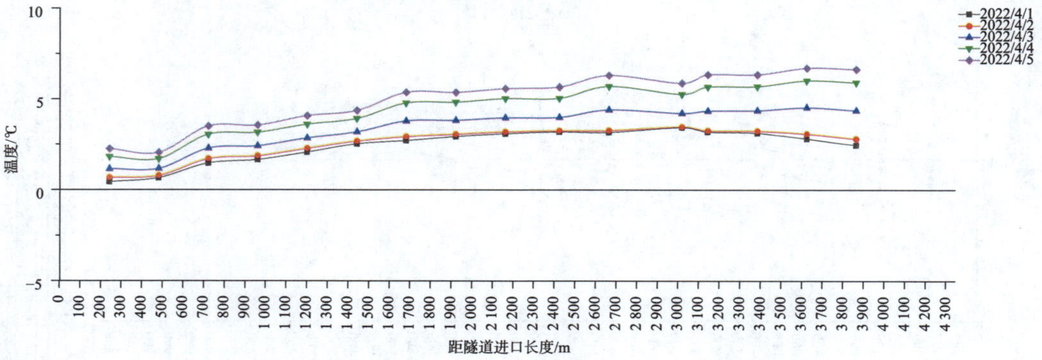

(l) 2022年4月

图 2-22　鲜丰隧道各月洞内日平均气温沿隧道纵向变化曲线(2021 年 5 月—2022 年 4 月)

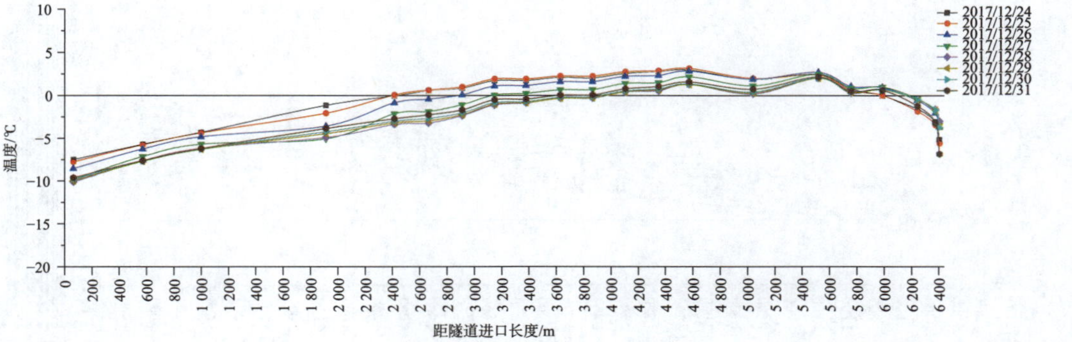

(a) 2017年12月

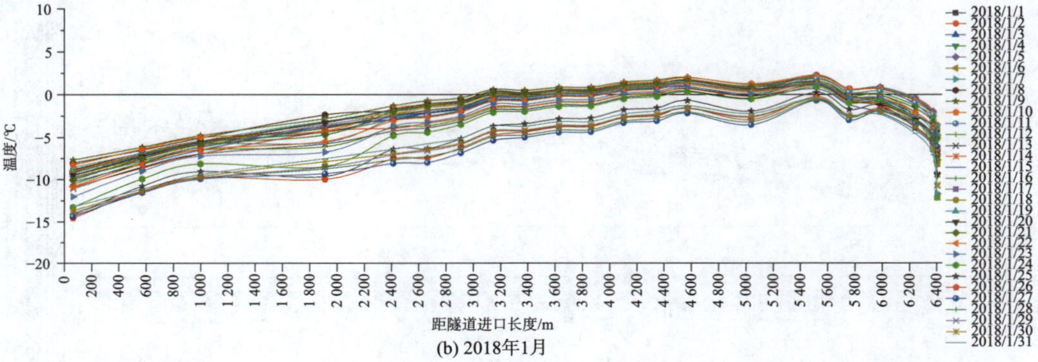

(b) 2018年1月

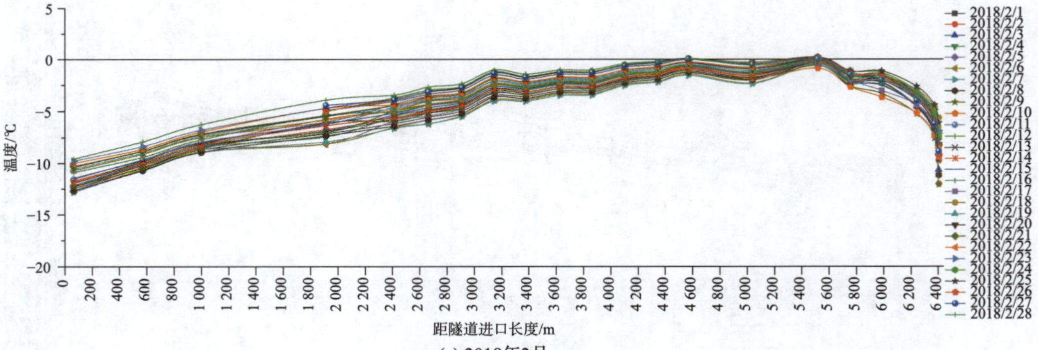

(c) 2018年2月

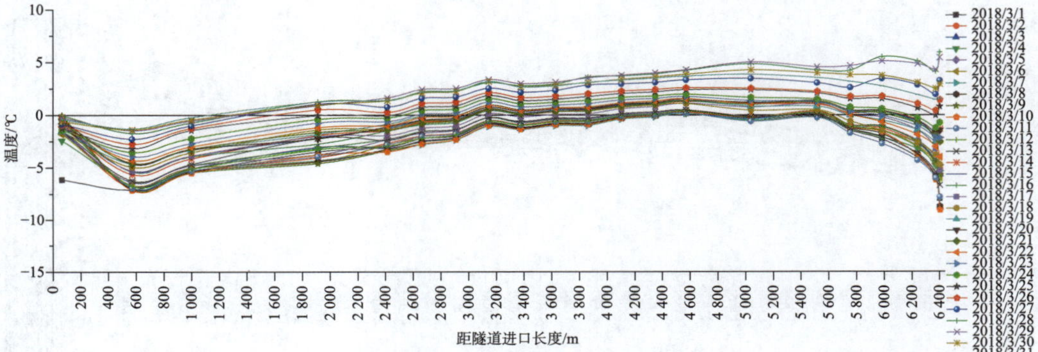

(d) 2018年3月

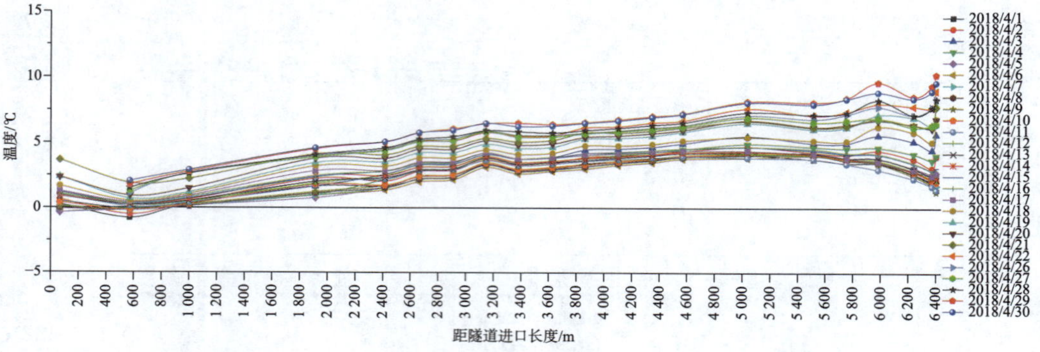

(e) 2018年4月

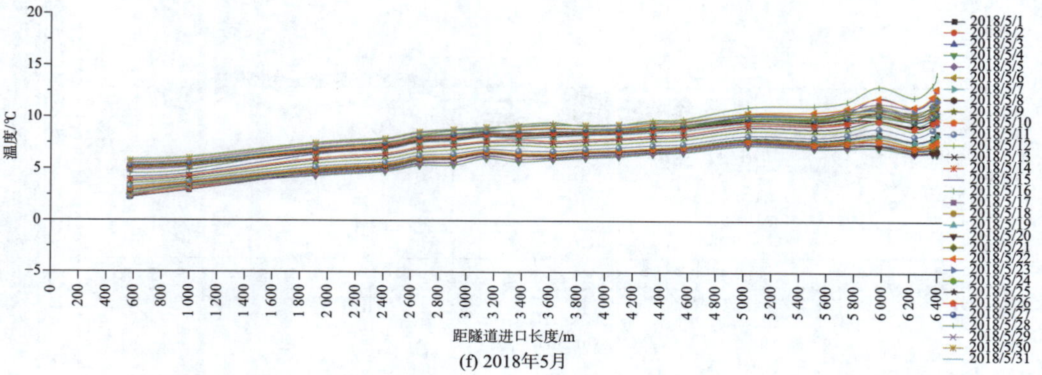

(f) 2018年5月

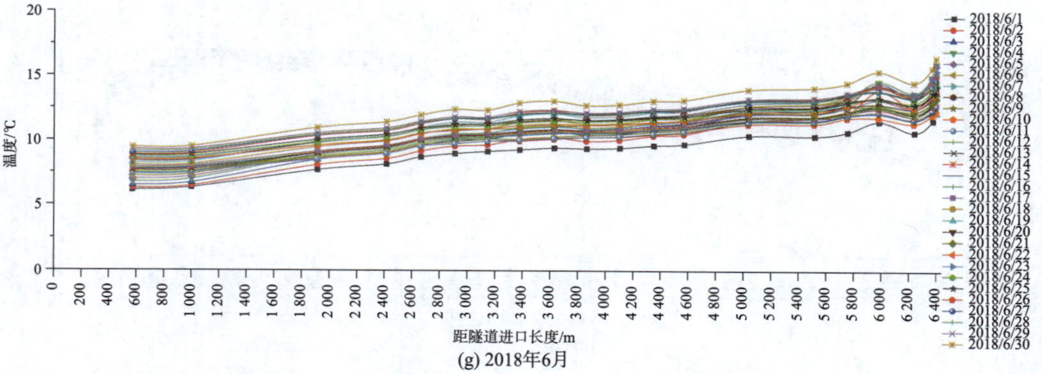

(g) 2018年6月

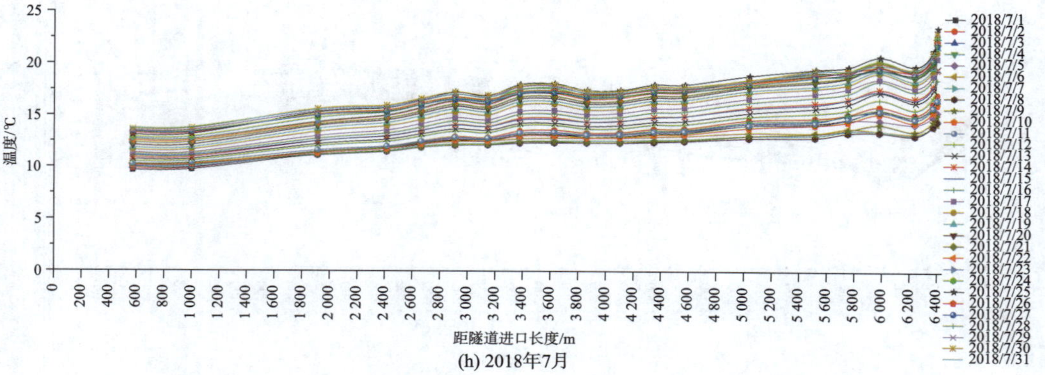

(h) 2018年7月

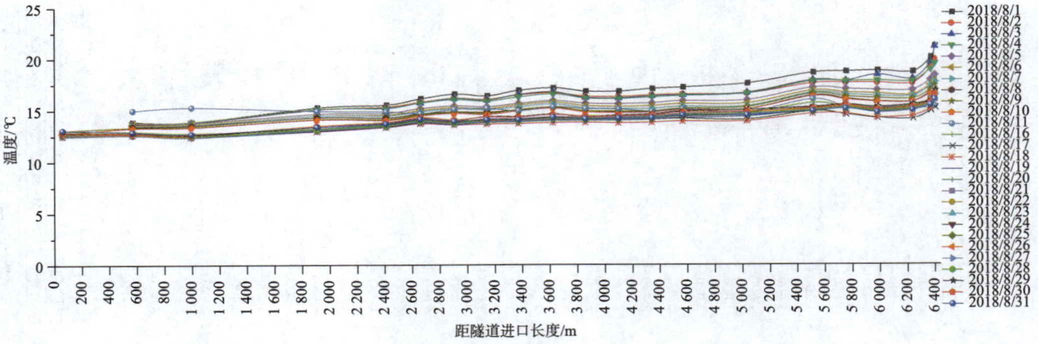

(i) 2018年8月

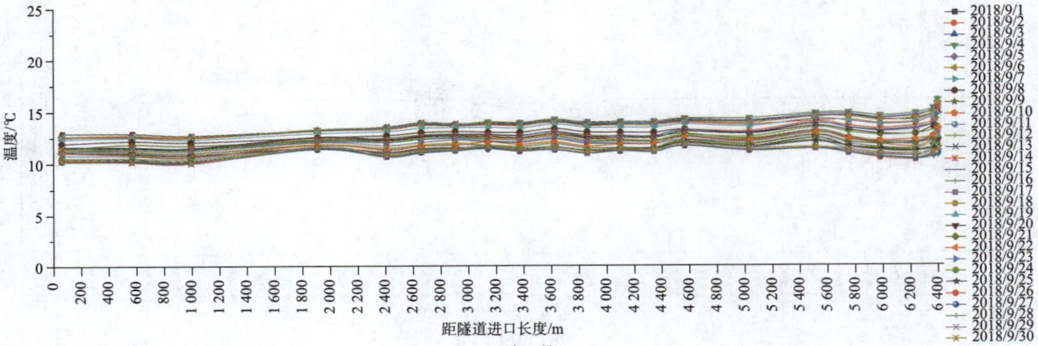

(j) 2018年9月

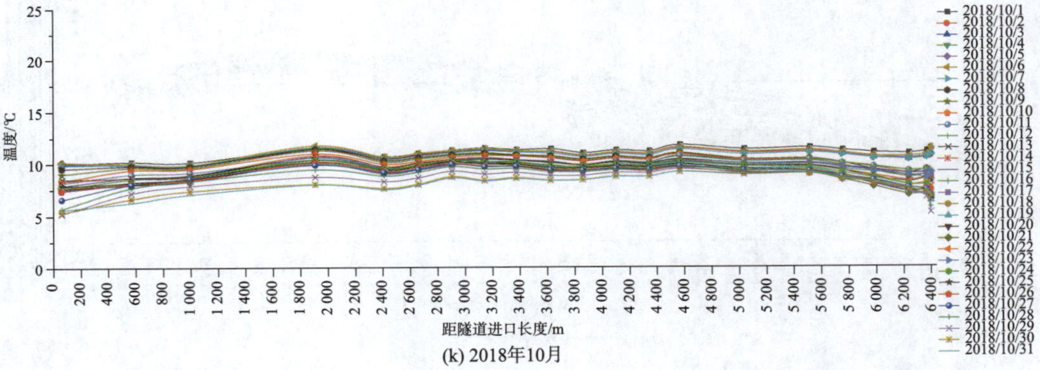

(k) 2018年10月

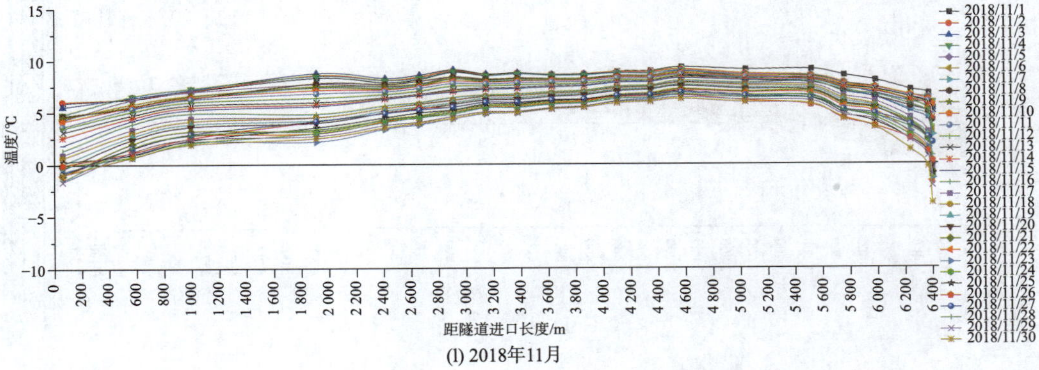

(l) 2018年11月

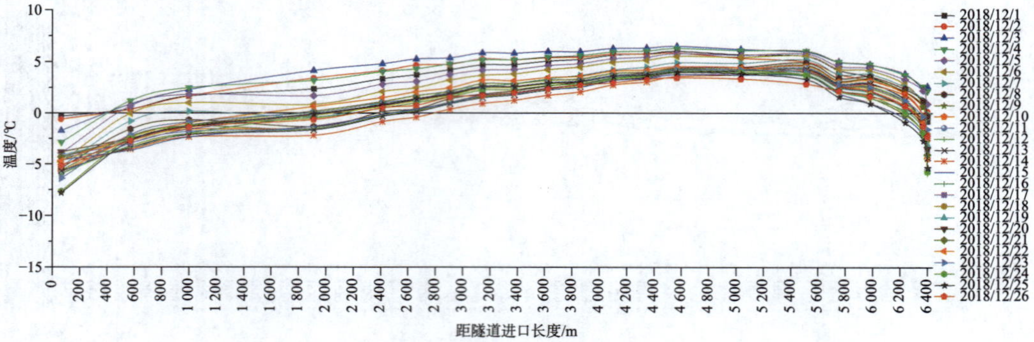

(m) 2018年12月

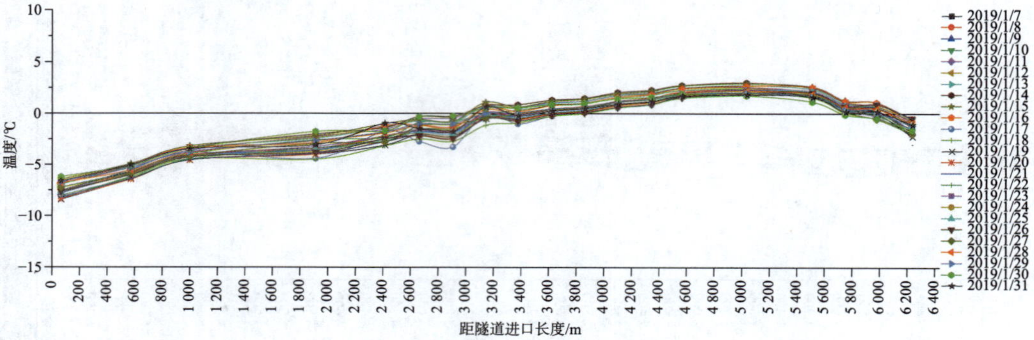

(n) 2019年1月

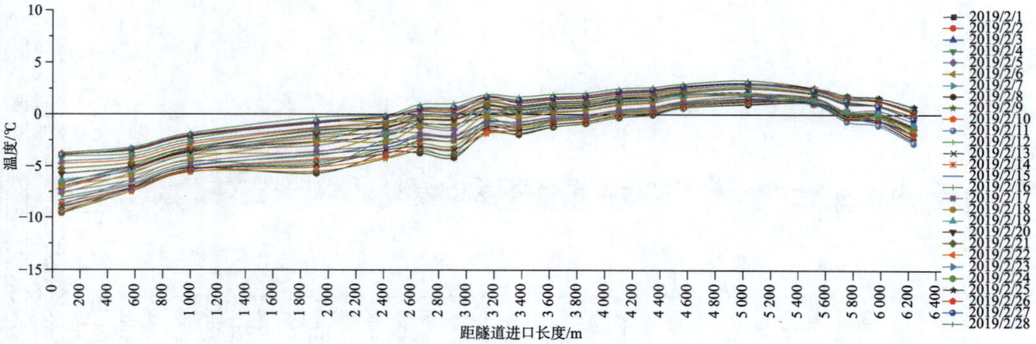

(o) 2019年2月

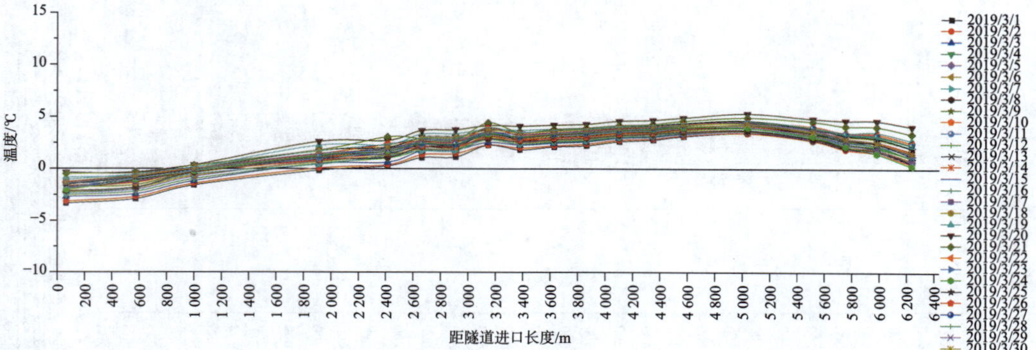

(p) 2019年3月

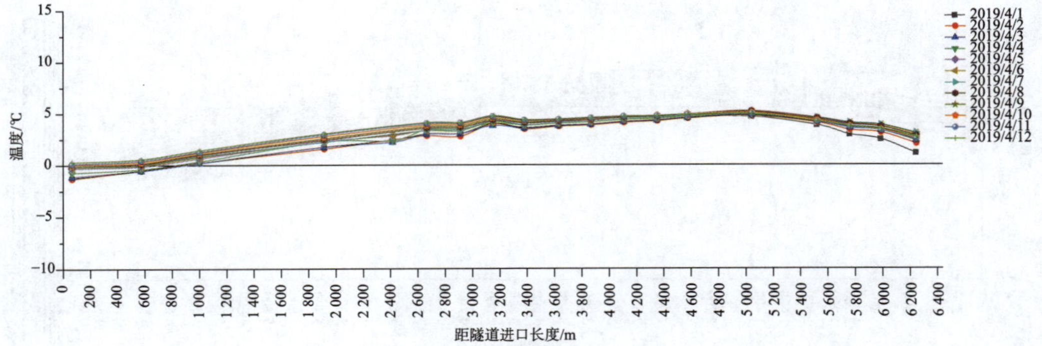

(q) 2019年4月

图 2-23　红房子隧道各月洞内日平均气温沿隧道纵向变化曲线(2017 年 12 月—2019 年 4 月)

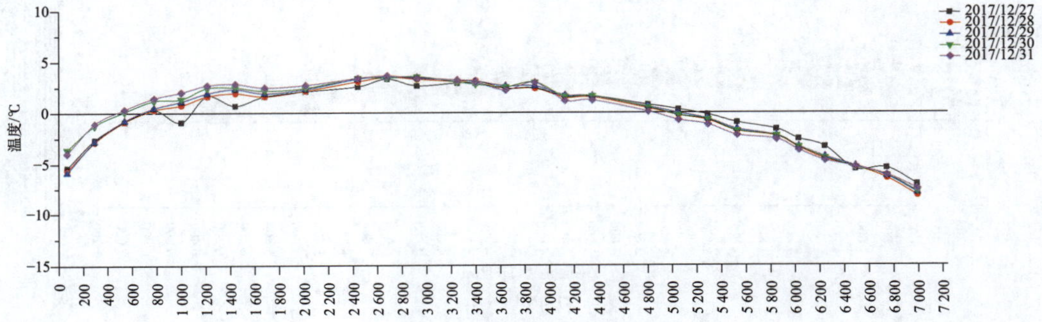

(a) 2017年12月

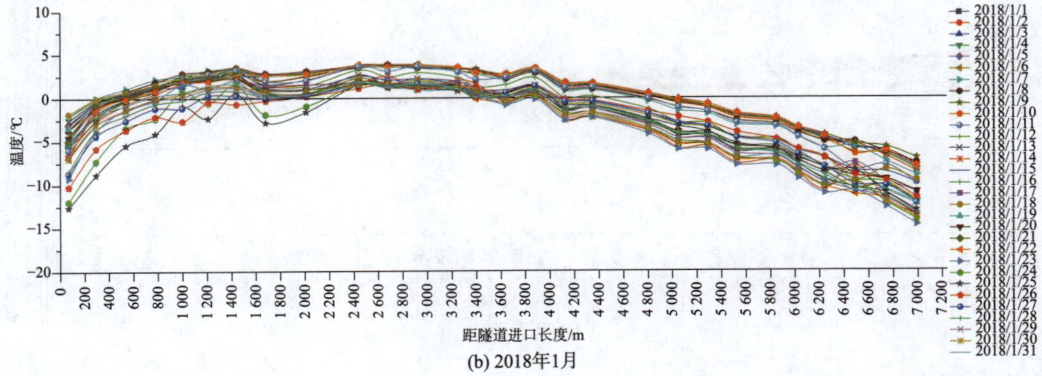

(b) 2018年1月

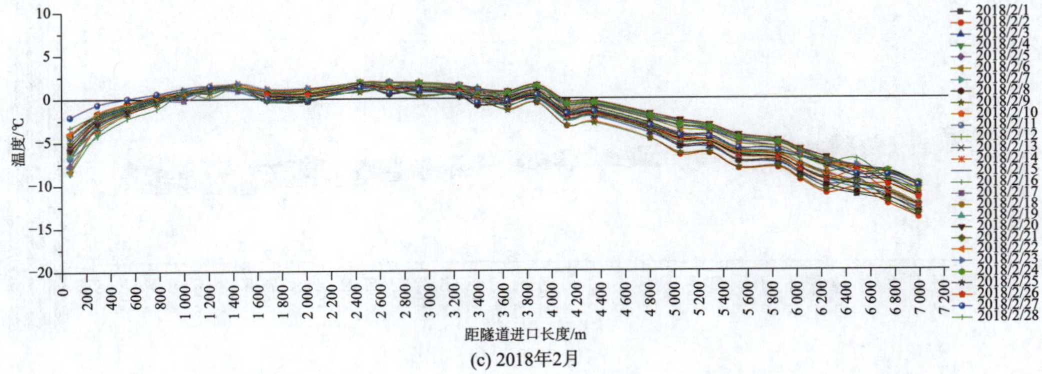

(c) 2018年2月

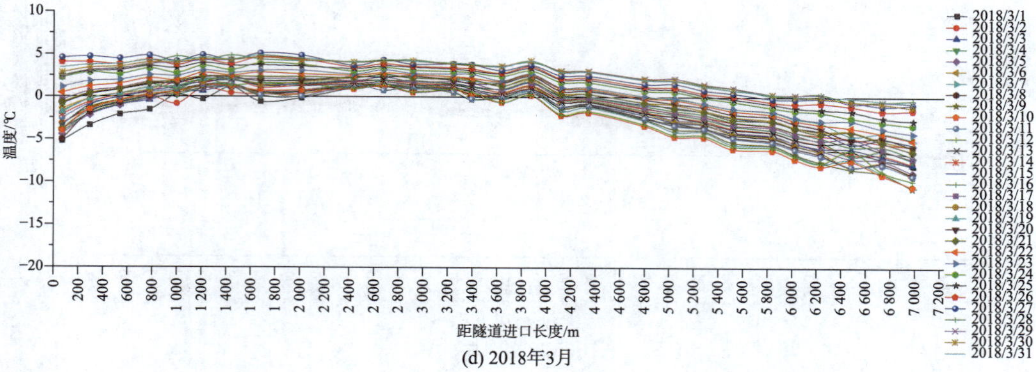

(d) 2018年3月

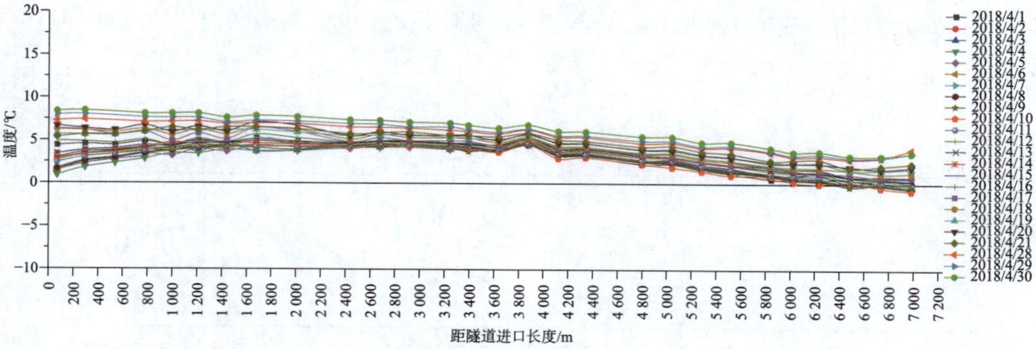

(e) 2018年4月

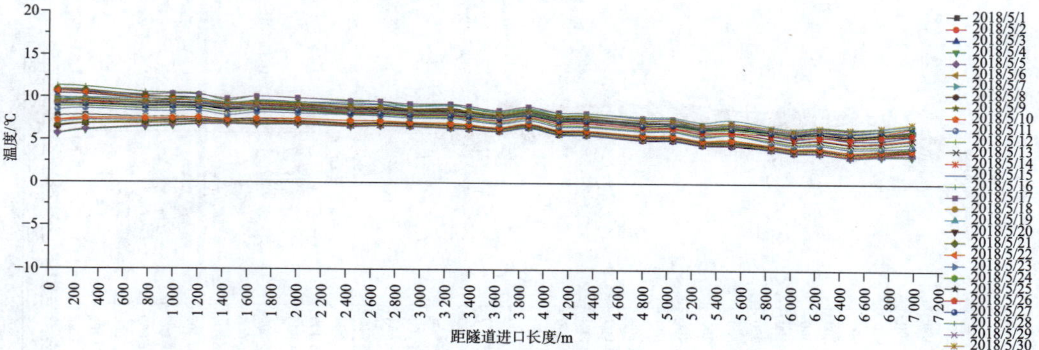

(f) 2018年5月

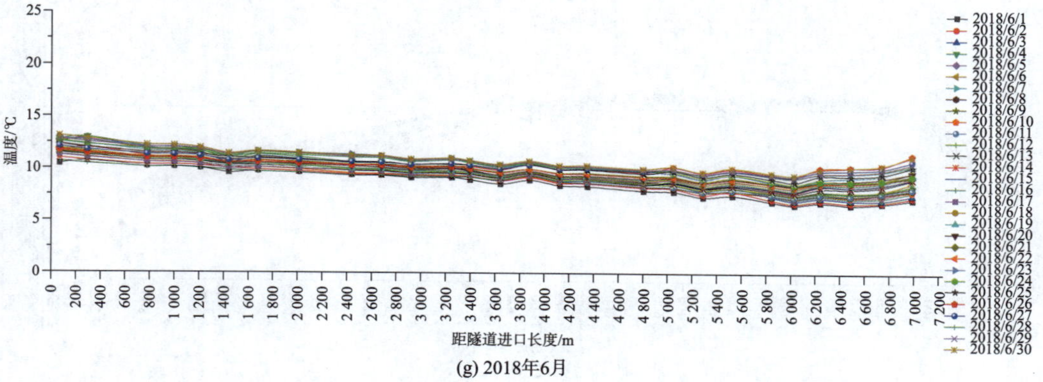

(g) 2018年6月

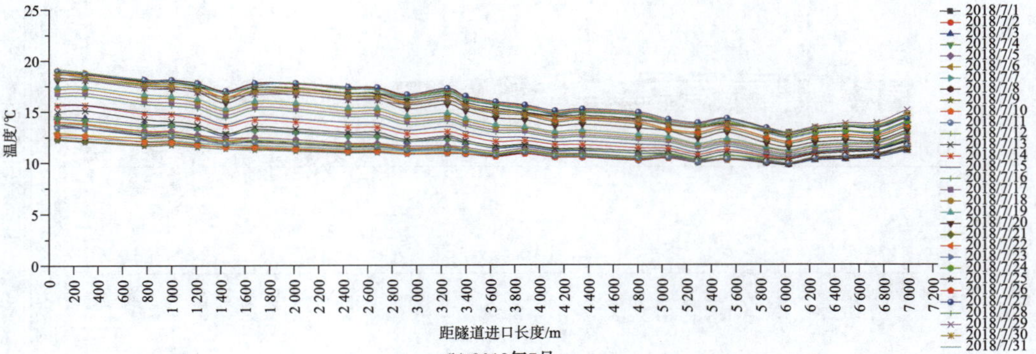

(h) 2018年7月

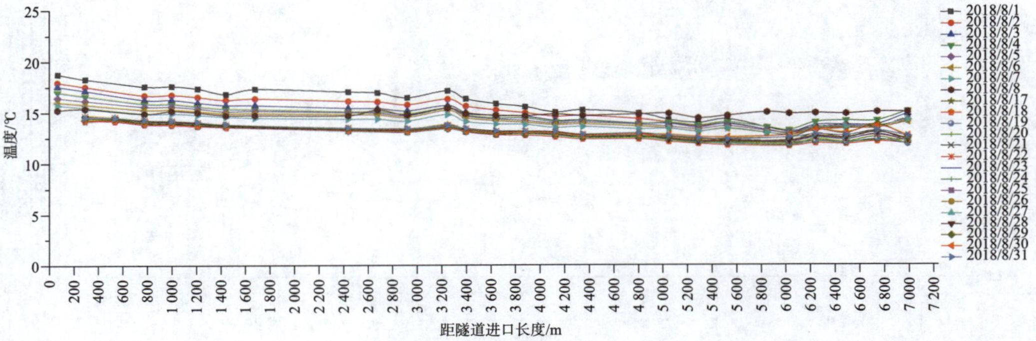

(i) 2018年8月

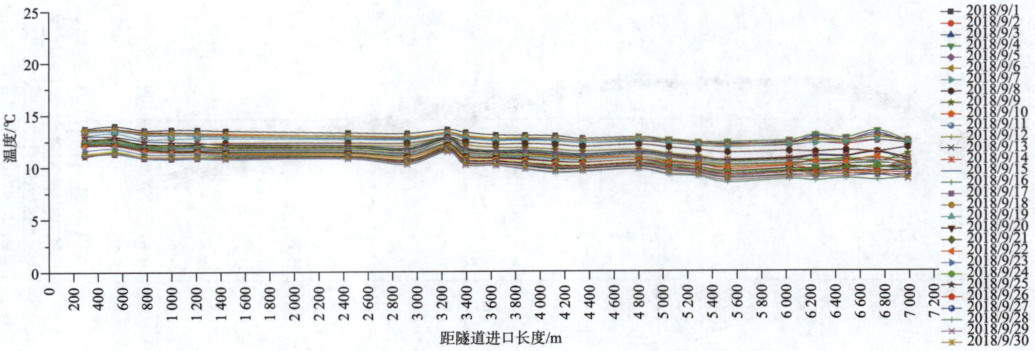

(j) 2018年9月

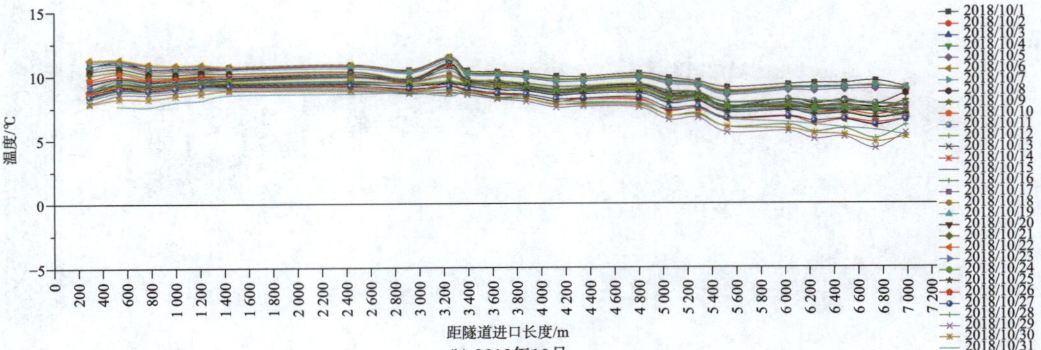

(k) 2018年10月

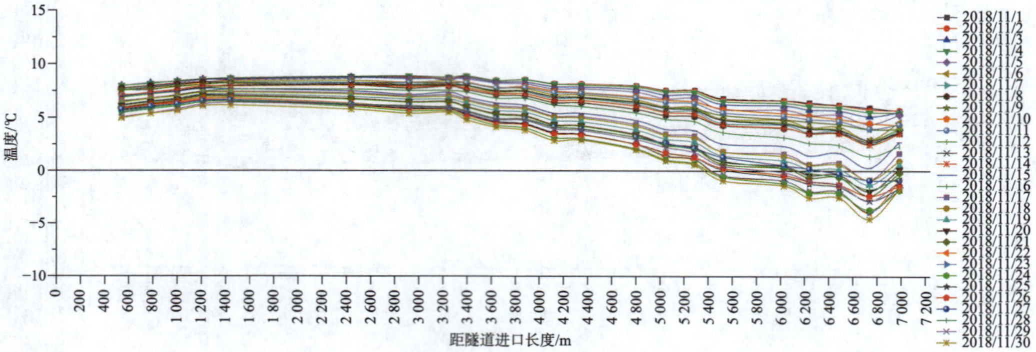

(l) 2018年11月

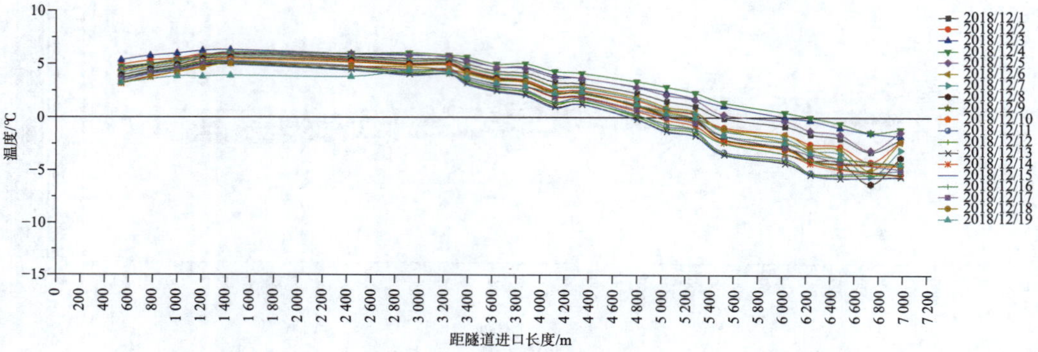

(m) 2018年12月

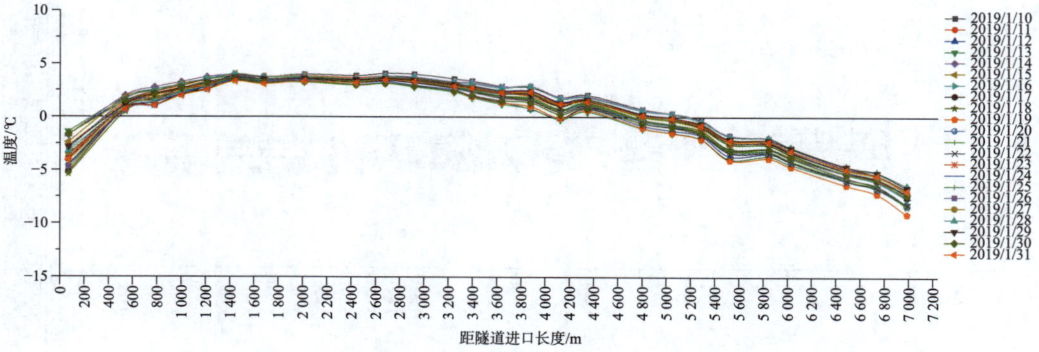

(n) 2019年1月

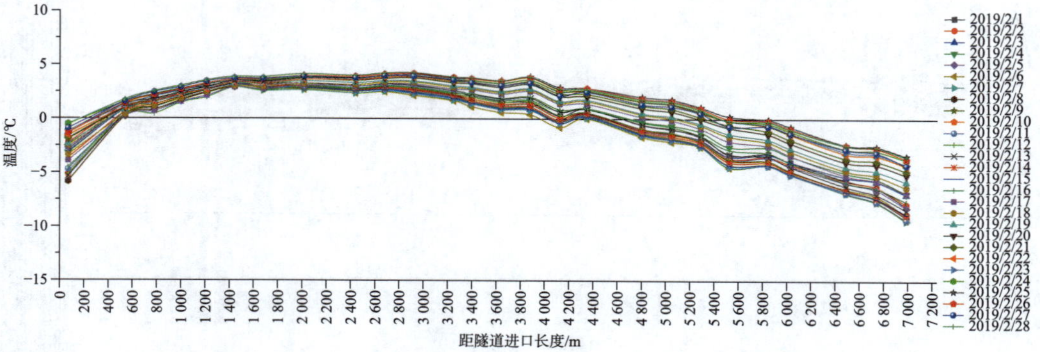

(o) 2019年2月

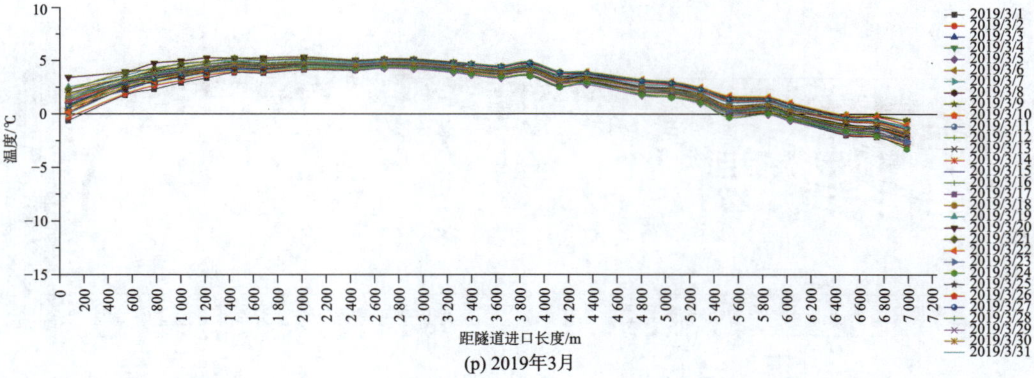

(p) 2019年3月

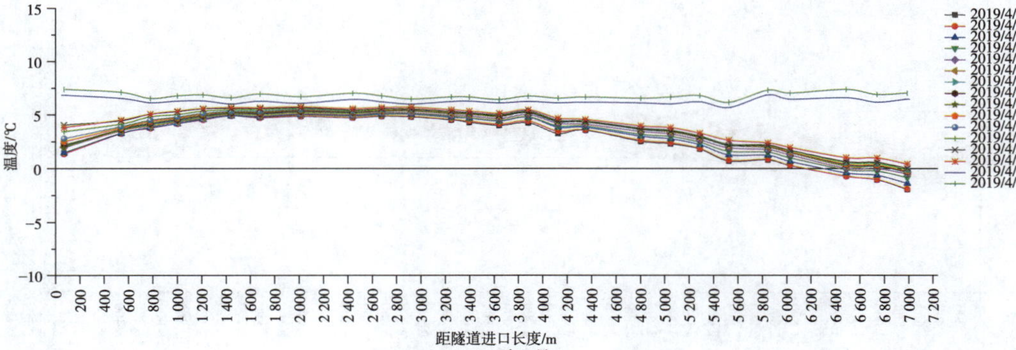

(q) 2019年4月

图 2-24　双丰隧道各月洞内日平均气温沿隧道纵向变化曲线(2017 年 12 月—2019 年 4 月)

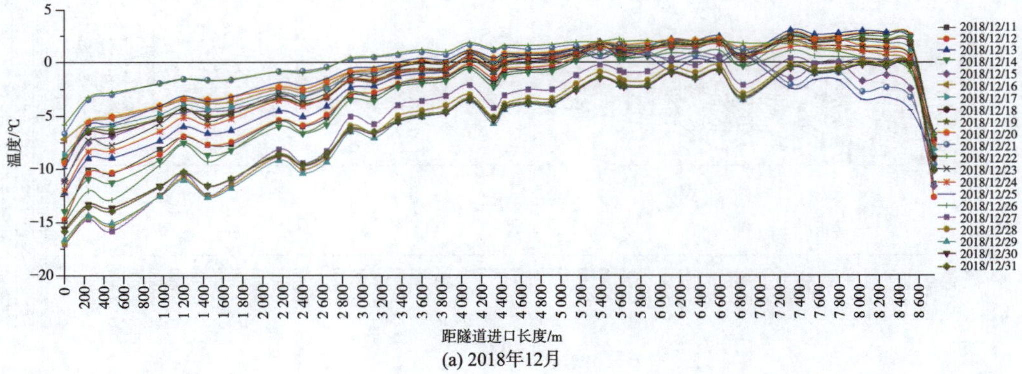

(a) 2018年12月

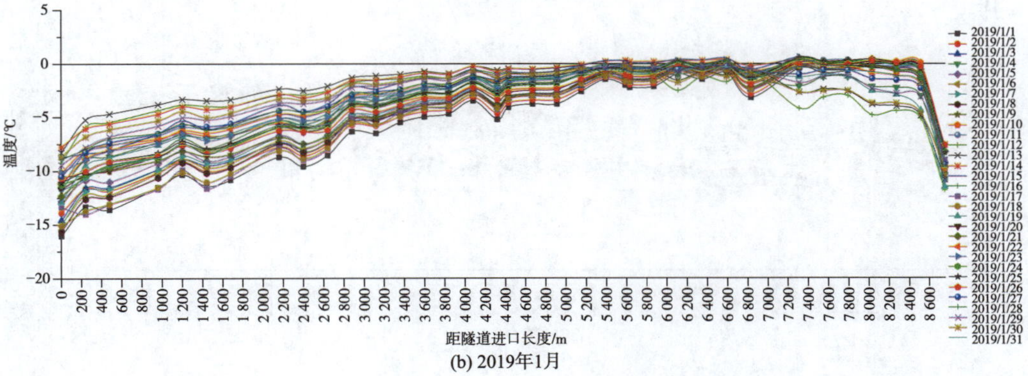

(b) 2019年1月

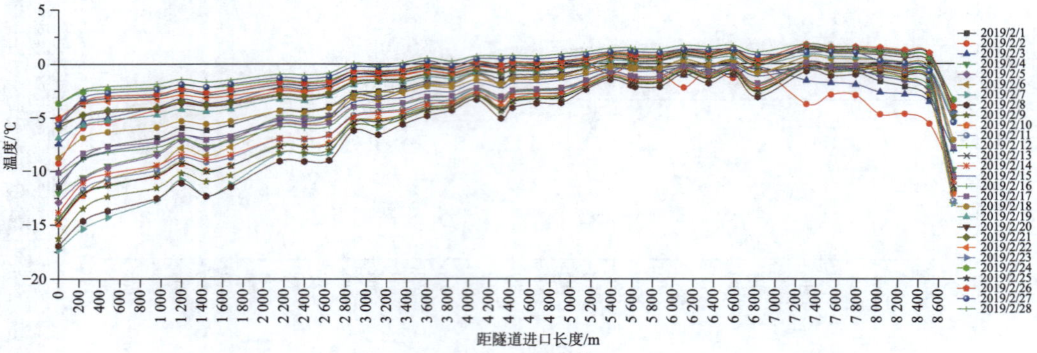

(c) 2019年2月

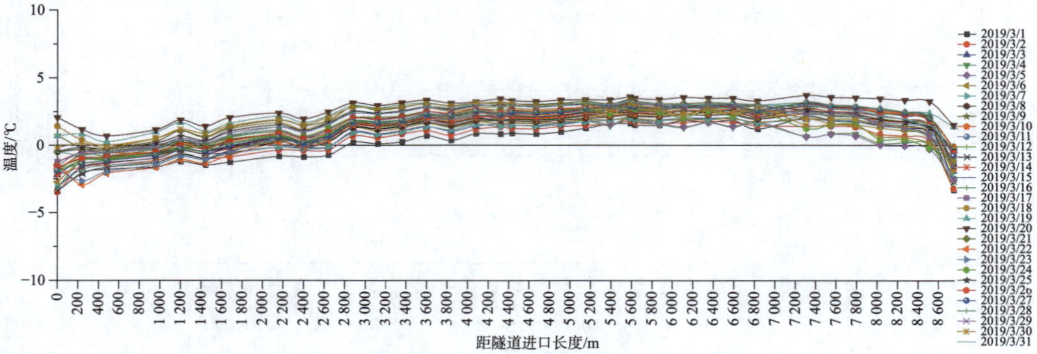

(d) 2019年3月

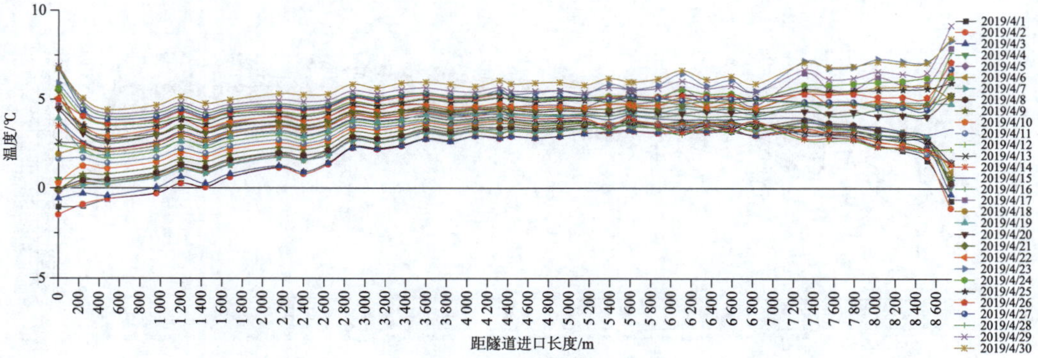

(e) 2019年4月

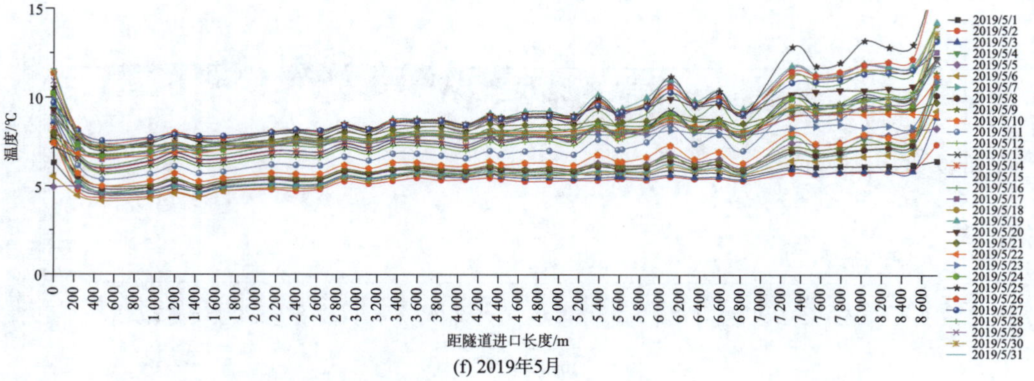

(f) 2019年5月

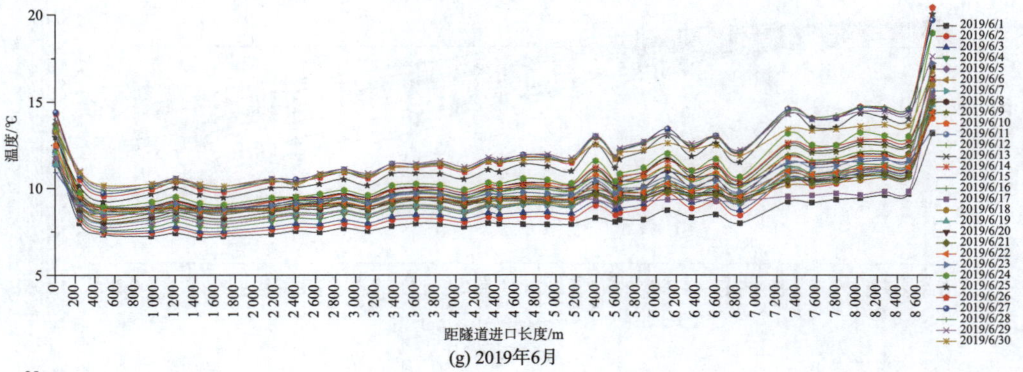

(g) 2019年6月

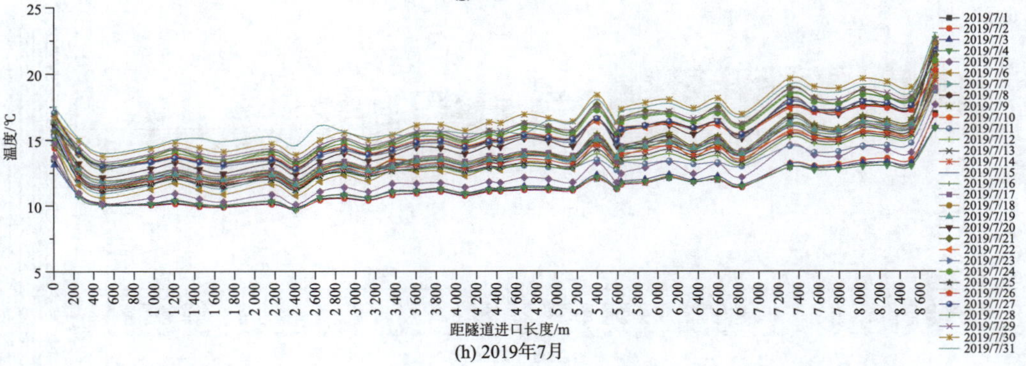

(h) 2019年7月

图 2-25　虎峰岭隧道各月洞内日平均气温沿隧道纵向变化曲线(2018 年 12 月—2019 年 7 月)

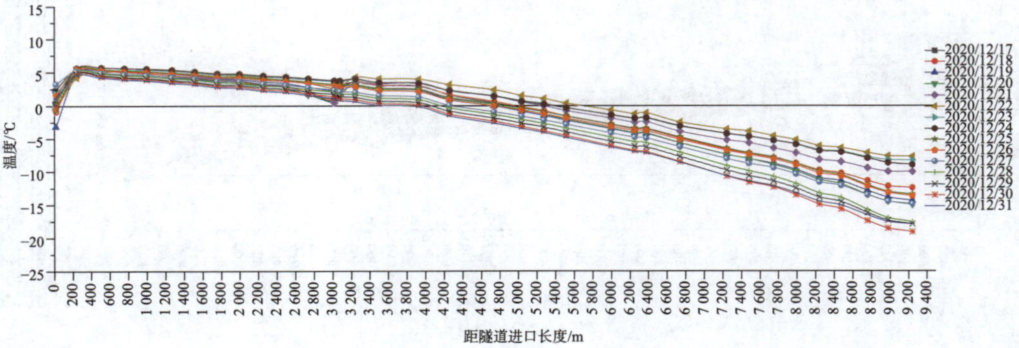

(a) 2020年12月

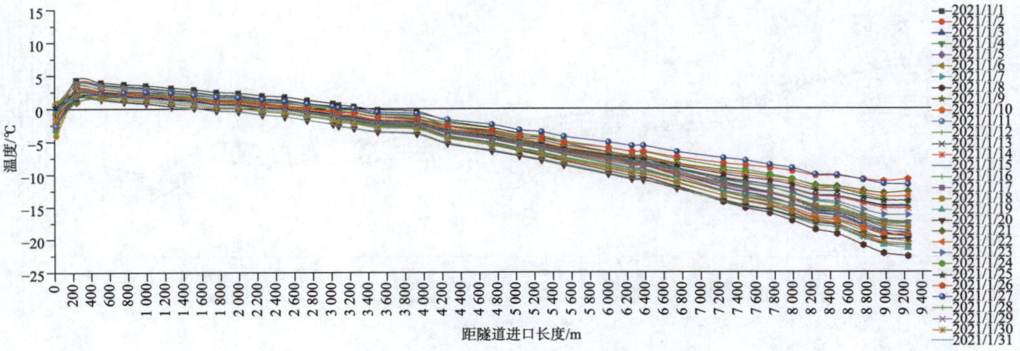

(b) 2021年1月

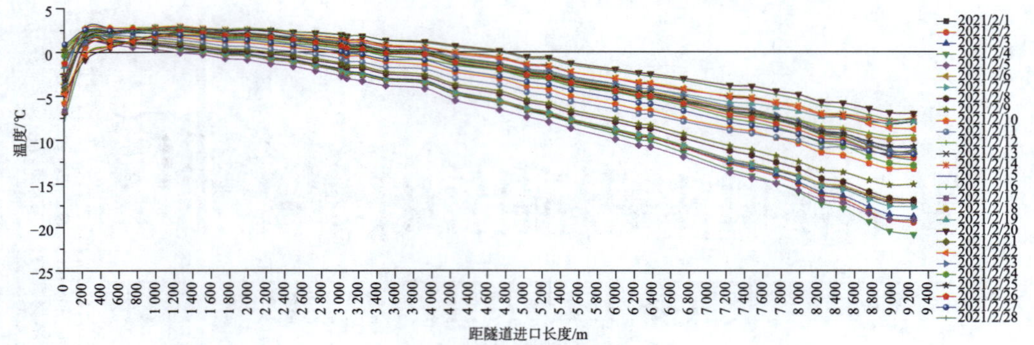

(c) 2021年2月

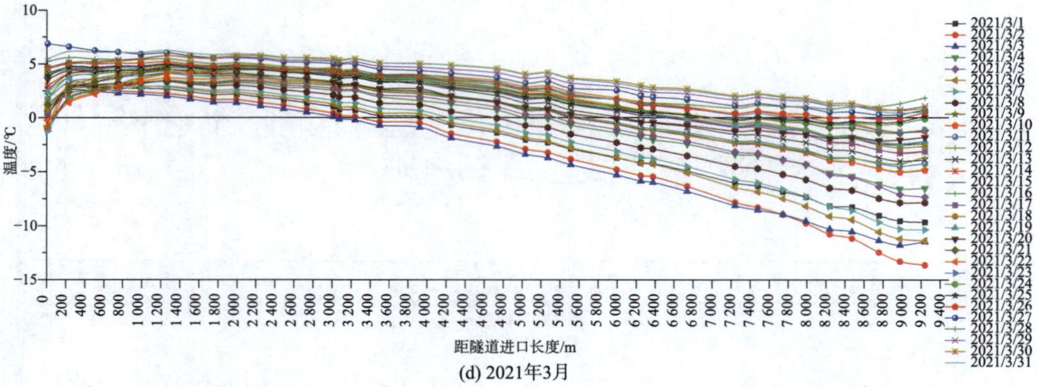

(d) 2021年3月

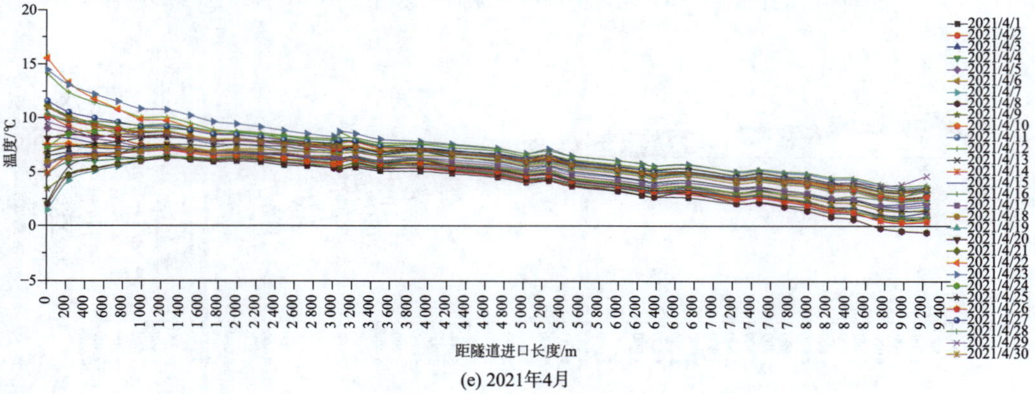

(e) 2021年4月

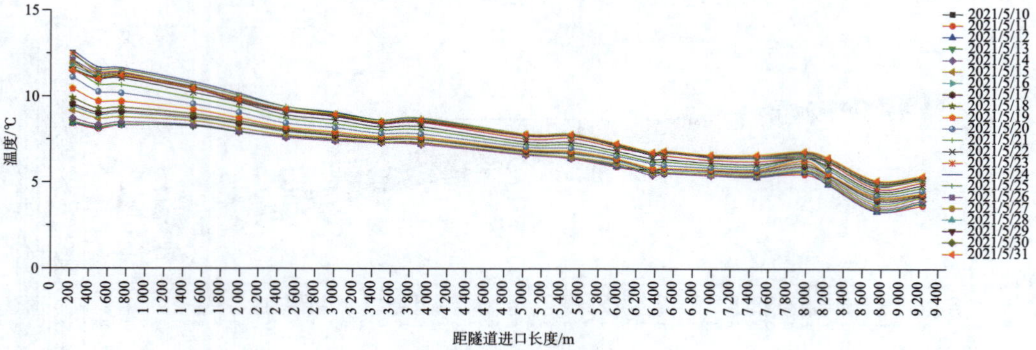

(f) 2021年5月

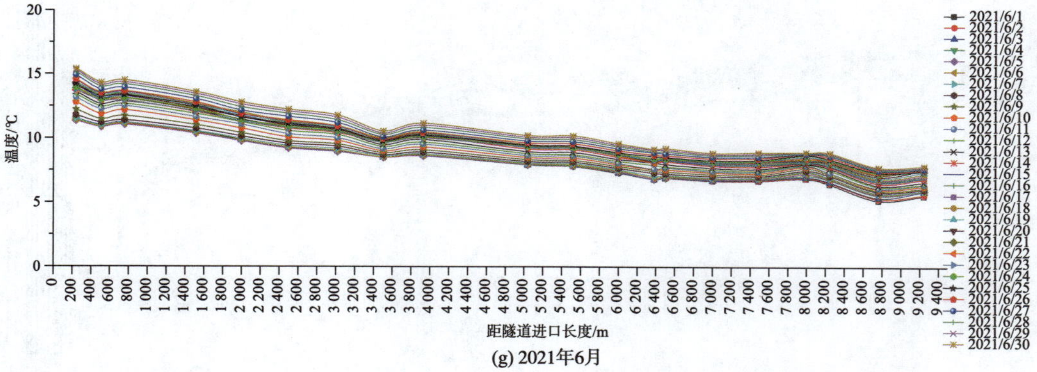

(g) 2021年6月

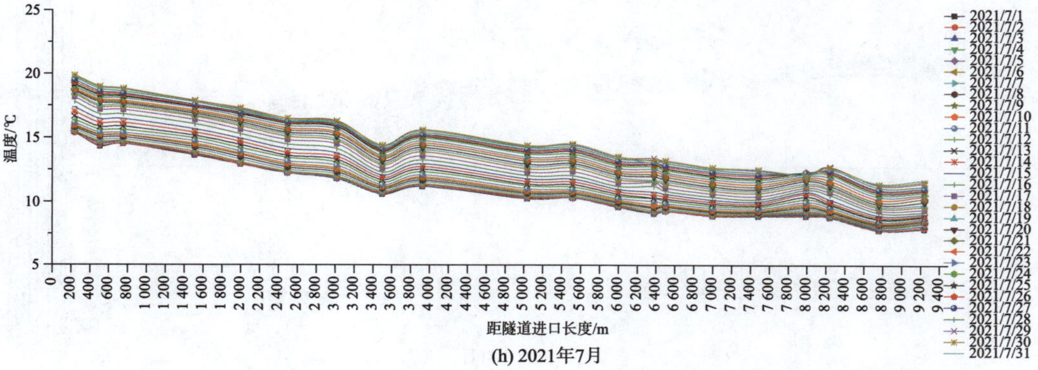

(h) 2021年7月

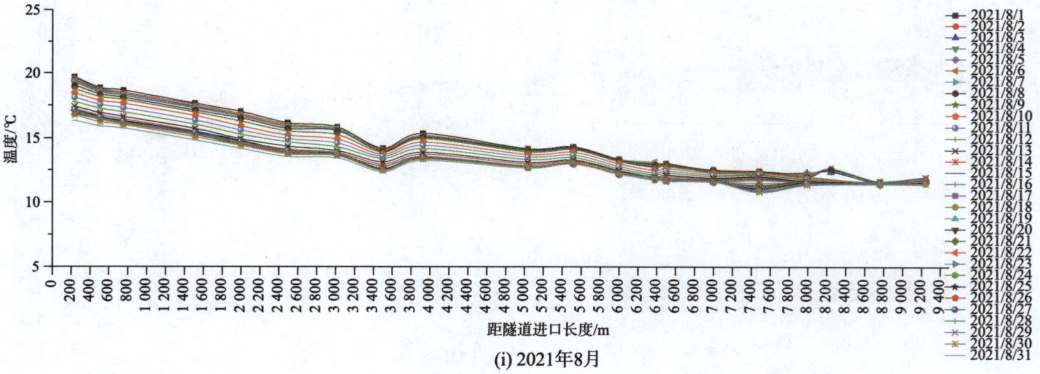

(i) 2021年8月

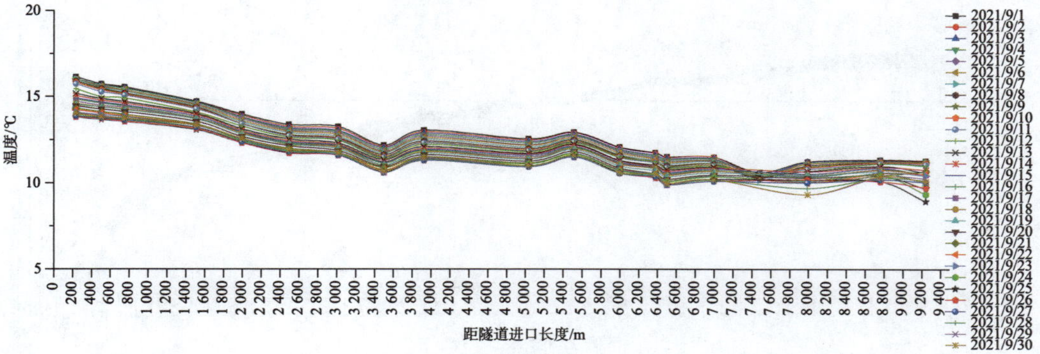

(j) 2021年9月

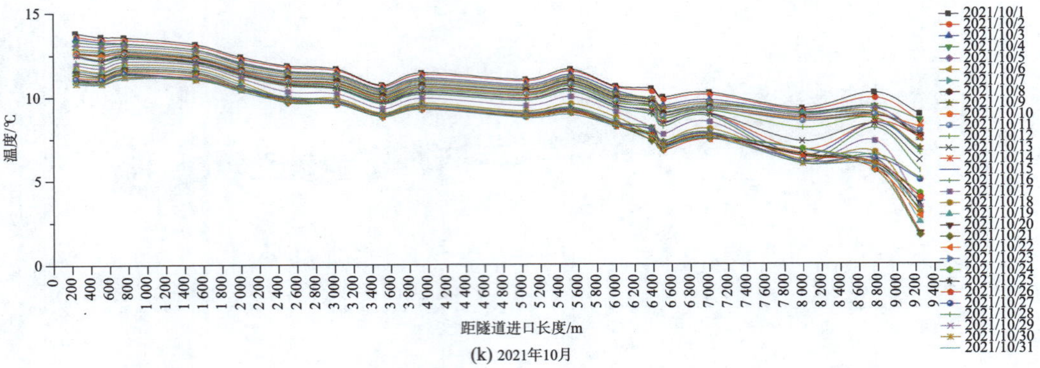

(k) 2021年10月

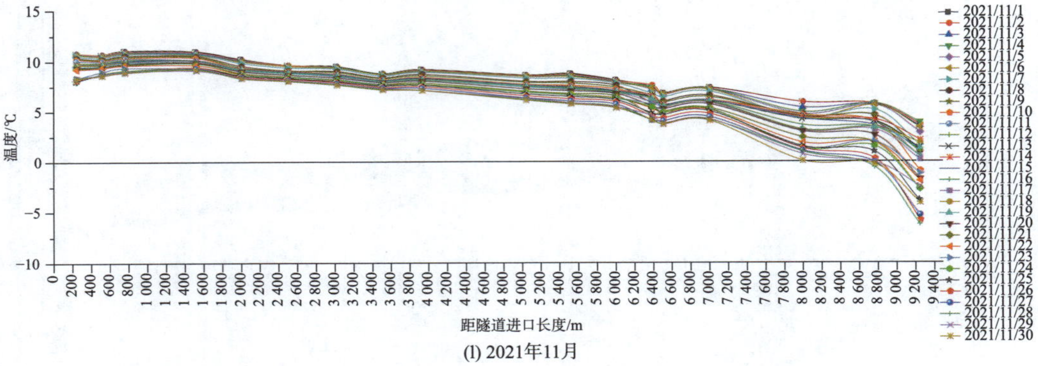

(l) 2021年11月

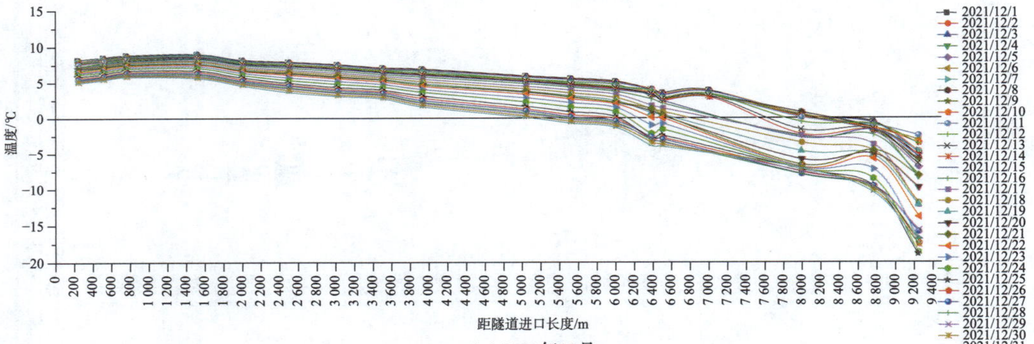

(m) 2021年12月

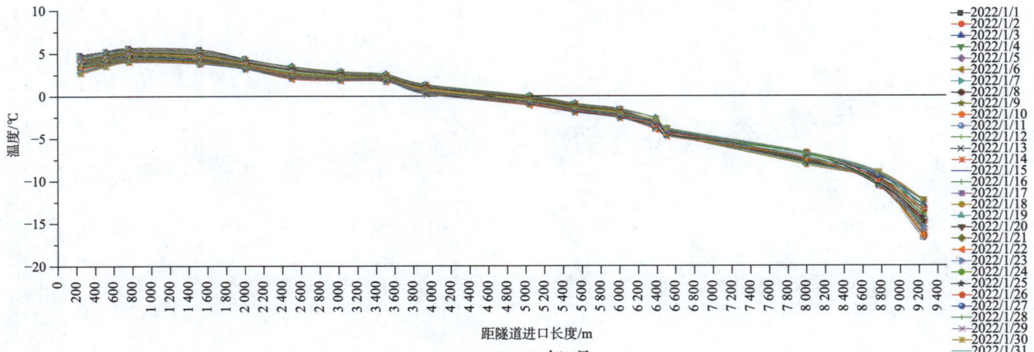

(n) 2022年1月

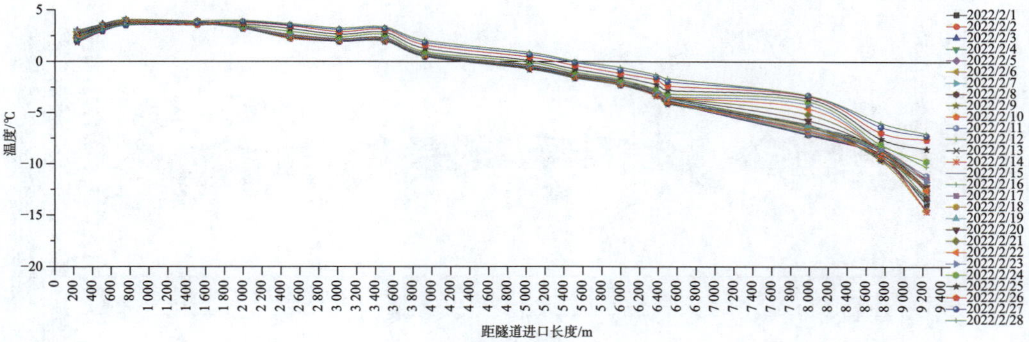

(o) 2022年2月

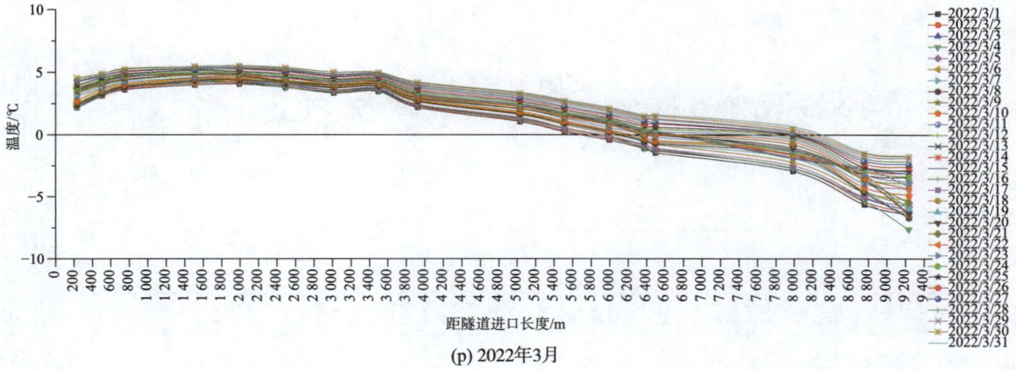

(p) 2022年3月

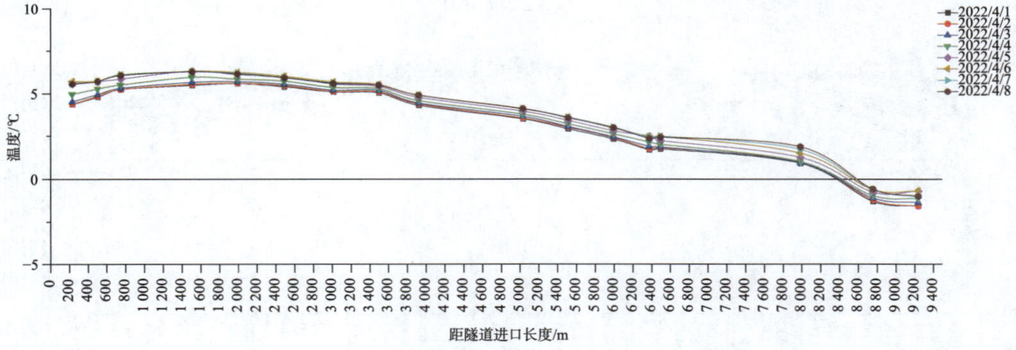

(q) 2022年4月

图 2-26　麻山隧道各月洞内日平均气温沿隧道纵向变化曲线(2020 年 12 月—2022 年 4 月)

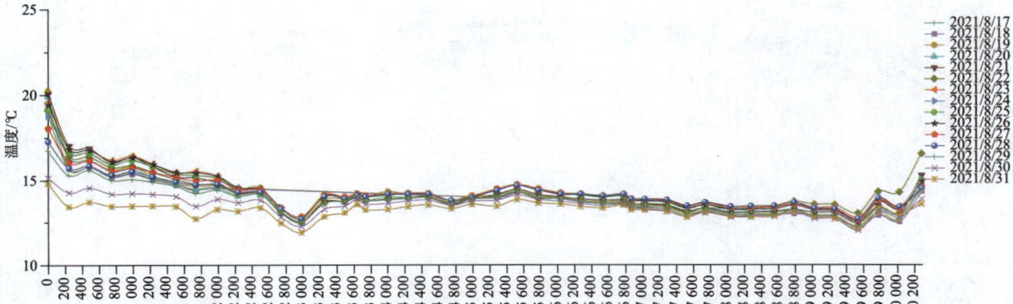

(a) 2021年8月

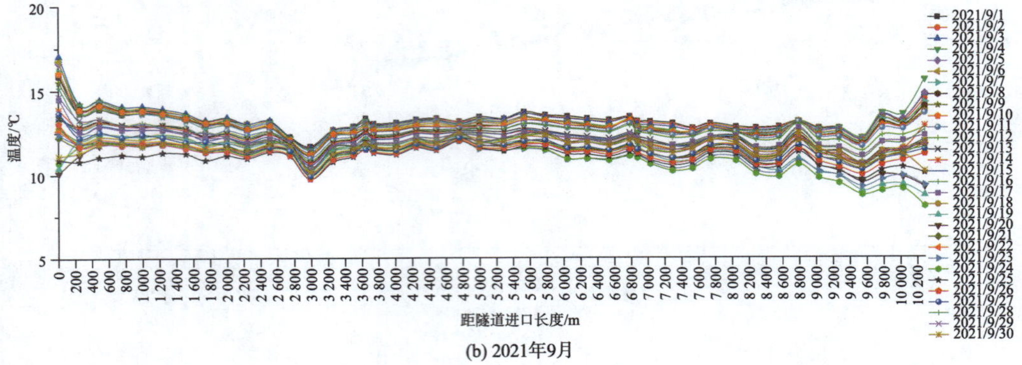

(b) 2021年9月

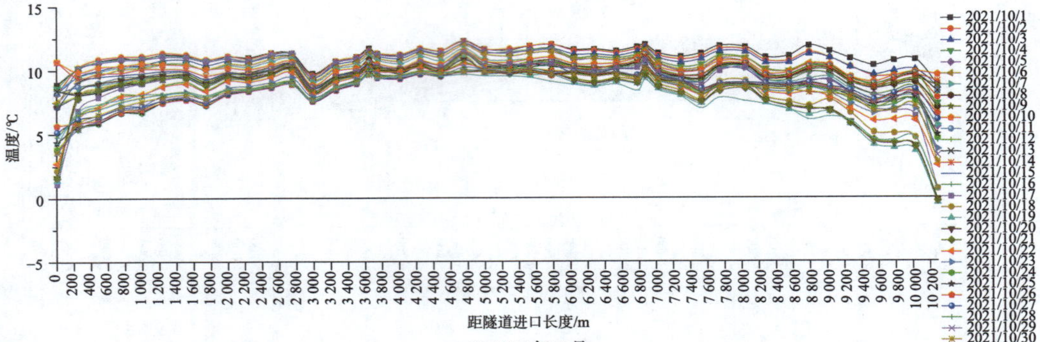

(c) 2021年10月

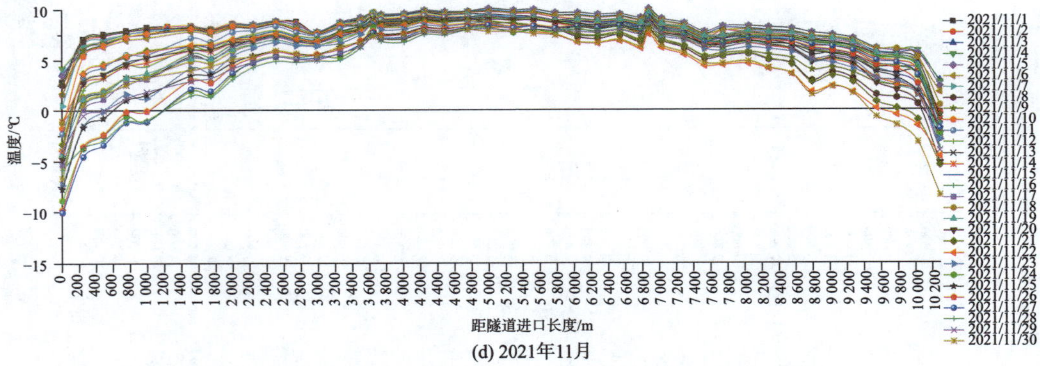

(d) 2021年11月

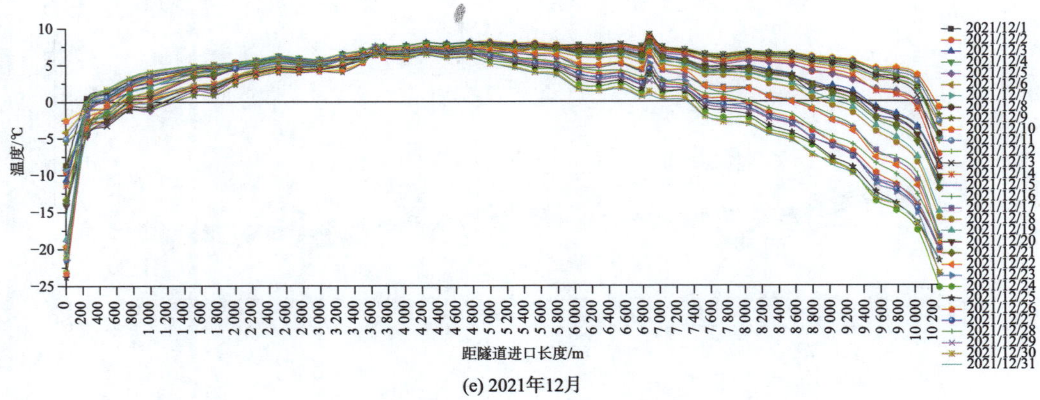

(e) 2021年12月

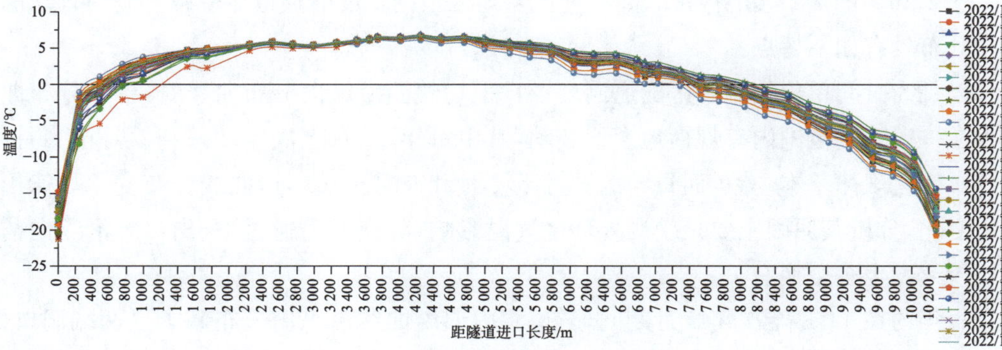

(f) 2022年1月

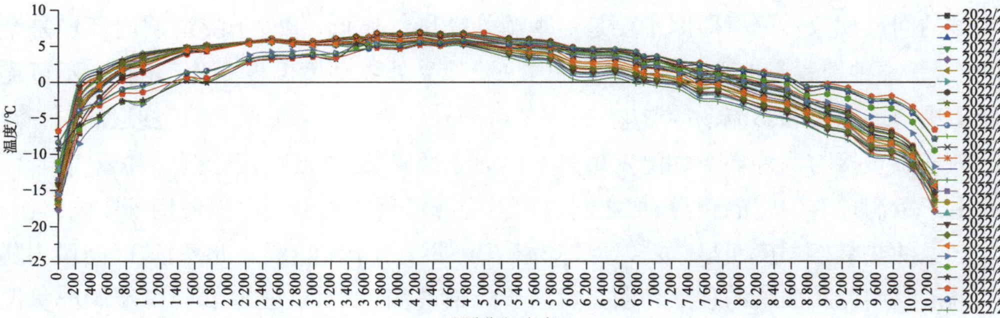

(g) 2022年2月

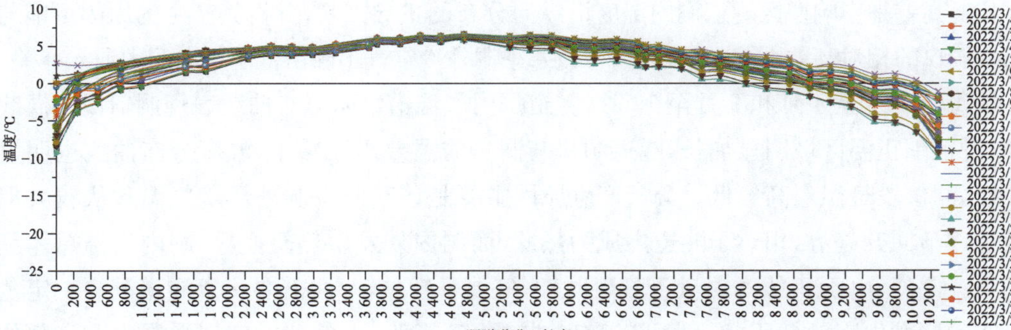

(h) 2022年3月

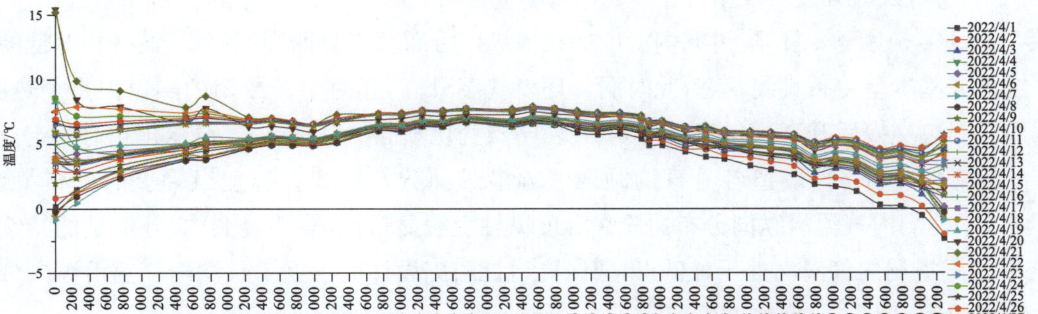

(i) 2022年4月

图 2-27　七星峰隧道各月洞内日平均气温沿隧道纵向变化曲线(2021 年 8 月—2022 年 4 月)

由图 2-20～图 2-27 分析可知，高纬度严寒地区不同长度的隧道冬季各月洞内日均温度沿纵向分布具有如下特点：

①以月为时间单位绘制寒区隧道洞内各日平均气温沿纵向分布曲线时，各日分布曲线表现为在一定温度范围内有规律地上下波动，其中每年 11 月至次年 2 月和 5 月至 8 月间，曲线分布变化规律基本一致，而每年的 3 月至 4 月和 9 月至 10 月，曲线分布变化规律出现较大的变化，分析其原因主要是受洞外环境气温影响，隧道洞内通过进、出口等沿纵向与洞外环境持续发生热交换有关。

②每年约在 11 月至次年 2 月期间，隧道洞内温度曲线沿纵向分布基本呈两端洞口低、洞身相对高的抛物线形，表明冬季寒区中长及以上隧道洞内气温分布由洞口沿纵向至洞身具有明显的回温现象。分析原因主要是冬季洞外环境气温低，相对于隧道洞内环境是个冷源，而隧道是一种埋置于地下的建筑物，洞内气温除受外界环境温度变化影响外，不可避免还受隧道周边地温场和渗流场等影响：当入冬后洞外环境气温降低时，邻近隧道洞口一定范围的洞内气温直接与洞外环境气温发生热交换而立即降低，并迅速接近洞外环境气温；而隧道洞身由于距洞口有一定的距离，加之洞内气温受隧道周边地温场和渗流场等影响，且与洞外环境气温的热交换程度明显减弱，导致降温幅度明显小于洞口段。此外，该时间段内隧道洞内气温沿纵向分布曲线的顶点均明显偏向于隧道高洞口端，且隧道低洞口端洞内负温区域明显长于高洞口端，而温度曲线在高洞口端的升高变化速率明显大于低洞口端，表明隧道洞口相对高差是影响寒区隧道洞内温度沿纵向分布的主导因素，分析其产生的原因可能与隧道两端洞口的相对高差引起的气压差，导致寒季洞外冷空气不断由低洞口向洞内涌入有关。

③每年 3 月至 4 月和 9 月至 10 月，隧道洞内气温沿纵向分布曲线表现洞口段气温起伏大，洞身范围正温区域明显加长，隧道洞口与洞身的温差逐渐减小，温度分布曲线也明显趋于平缓，洞口段气温忽高忽低。分析产生原因主要是该时间段洞外环境气温起伏较大但总体是呈逐渐回升趋势，相对于隧道内成为热源，而洞内外发生热交换后，洞内气温总体呈上升趋势。此外，由于 3 月、4 月处于春融时期，气温日较差较大，需要注意隧道洞口一定范围段可能频繁发生冻融循环，不利于隧道结构抗防冻，因此，工务部门应加强洞内重点部位的观测和巡检，及时处置突发事件。

④每年 5 月至 8 月，隧道洞内温度曲线沿纵向分布基本呈两端洞口高、洞身相对低的抛物线形或基本呈一条直线状态，此时洞外环境气温升高，相对于较封闭的隧道内是个热源，洞内气温热交换后升高，但与洞外环境气温剧烈变化不同的是，洞内气温变化相对稳定。

⑤对比分析 7 座隧道各月日均洞内气温沿纵向分布曲线在温度纵轴上的分布关系，1 月日平均洞内气温沿纵向分布曲线在温度纵轴上明显最低，表明经洞内、外能量的持续交换，1 月隧道洞内气温已处于最低点，寒区隧道抗防冻设计应根据 1 月洞内气温沿纵向分布曲线规律确定设防段落和工程措施。

⑥对比麻山隧道 2020 年冬季和 2021 年冬季的洞内温度沿纵向分布曲线发现，2020 年冬季的洞内温度沿纵向分布曲线明显较 2021 年更加扁平，且 2020 年冬季邻近隧道低洞口端的

洞内负温区域范围也明显更长。对比 2021 年冬季的隧道状态，分析产生问题的主要原因是 2020 年冬季时隧道处于贯通但未开通运营状态，由于施工需要分布于洞身侧向设置的 3 座斜井和 1 座竖井均保持敞开状态，隧道洞口与辅助坑道井口和竖井口均存在较大的高差引起的烟囱效应，使得洞内外热交换大大增强。这种情况表明运营期设置紧急出口或避难所等永久辅助坑道的长大隧道，井底设置的防护门保持常闭状态有利于隧道洞身的保温和防寒抗冻。

⑦统计资料表明：2022 年 1 月七星峰隧道测试洞口极端低温为－30 ℃，月平均气温为－11.69 ℃；而 2019 年 1 月虎峰岭隧道测试洞口极端低温为－18.2 ℃，月平均气温为－18.27 ℃，但七星峰隧道(长 10 291 m)洞身正温范围明显长于虎峰岭隧道(长 8 755 m)。分析认为产生该现象的原因可能与隧道线位和隧道所在地区冬季主风向的位置关系相关，其中七星峰隧道线位走向与隧道所在地区冬季主风向基本呈正交关系，而虎峰岭隧道线位走向基本与隧道所在地区冬季主风向一致，表明隧道线位与隧道所在地区冬季主风向的位置关系是影响寒区隧道洞内气温沿纵向分布规律的重要因素。当隧道线位与隧道所在地区冬季主风向基本一致时，隧道洞内温度沿纵向分布曲线的顶点明显偏于高洞口端，隧道低洞口端洞内负温区范围明显增长。

⑧牡佳铁路于 2021 年 12 月 6 日正式开通运营，开通初期铁路日开行列车对数为 8 对，对比麻山、七星峰隧道开通前后的实测洞内沿纵向温度场分布曲线可以发现，列车运营对洞内温度沿纵向分布的影响不明显。分析原因主要是低密度的高速列车运营引起的活塞风属于短时效应，其影响远远小于冬季洞口高差引起的持续不断的自然风由低洞口向高洞口端的流动引起的热交换，仅当列车密度足够大时才可能对洞内温度场分布产生较明显的影响。

(2)月平均气温沿隧道纵向变化规律

考虑以温度为纵轴、沿隧道纵向为横轴的寒区隧道洞内日平均气温沿纵向分布曲线，在每日具有基本一致的变化规律并在一定范围内上下波动，加之短期测试分析的气象规律不具代表性，可能不利于确定寒区隧道洞内气温沿纵向分布包络曲线指导抗防冻设计，现进一步统计分析 7 座隧道洞内各测点的各月平均气温值，绘制洞内月平均气温沿纵向分布曲线，如图 2-28～图 2-35 所示。

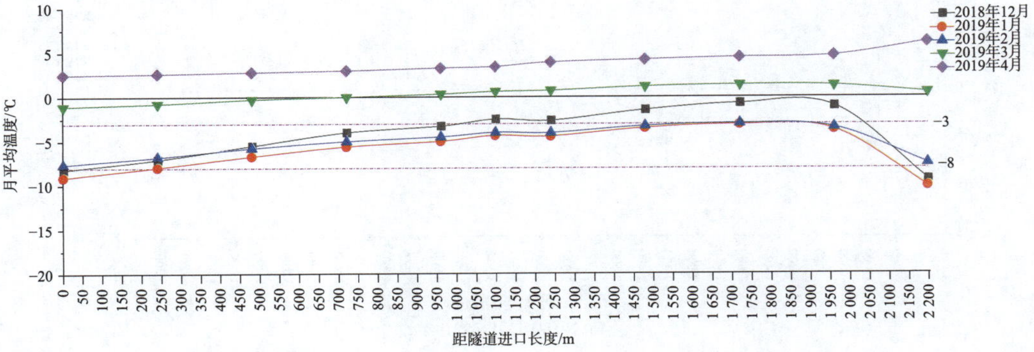

图 2-28　马北隧道洞内实测各月平均气温沿纵向分布曲线(2018 年 12 月—2019 年 4 月)

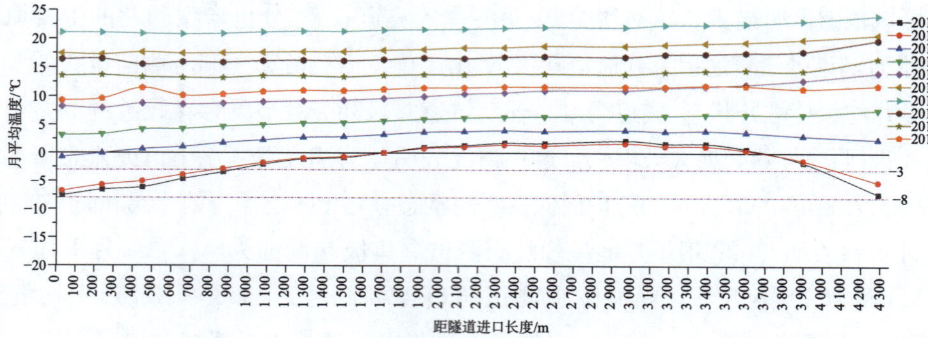

(a) 2019年1—10月

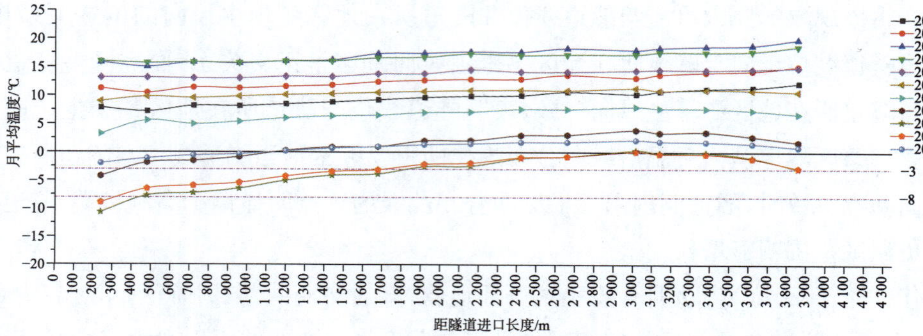

(b) 2021年5月—2022年3月

图 2-29　鲜丰隧道洞内实测各月平均气温沿纵向分布曲线

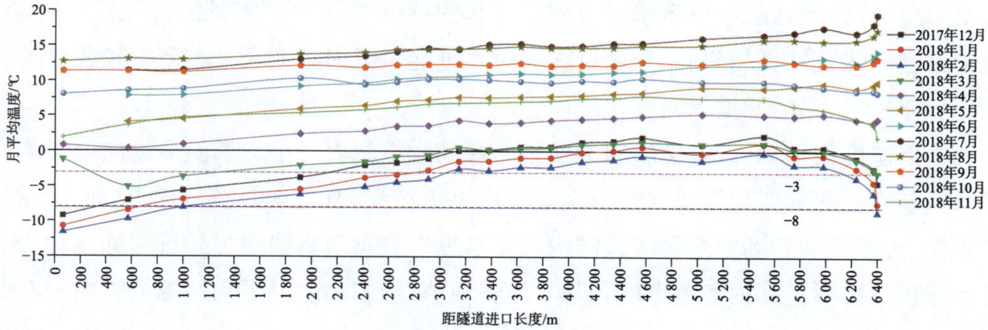

(a) 2017年12月—2018年11月

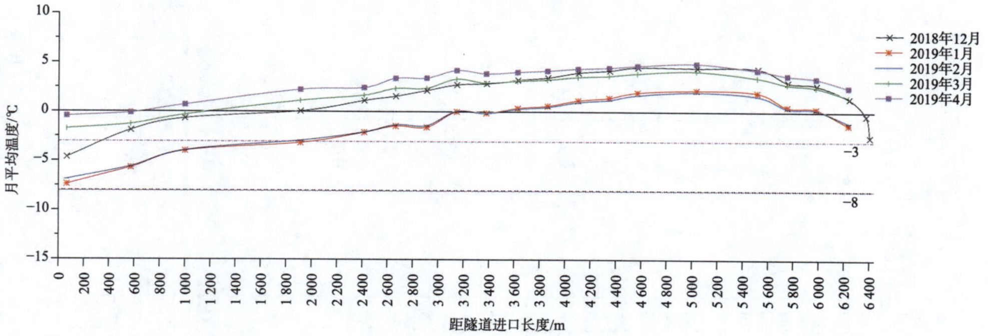

(b) 2018年12月—2019年4月

图 2-30　红房子隧道洞内实测各月平均气温沿纵向分布曲线

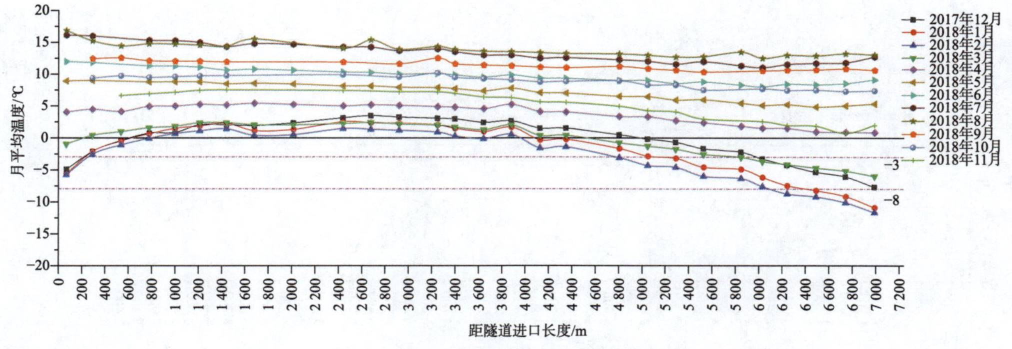

(a) 2017年12月—2018年11月

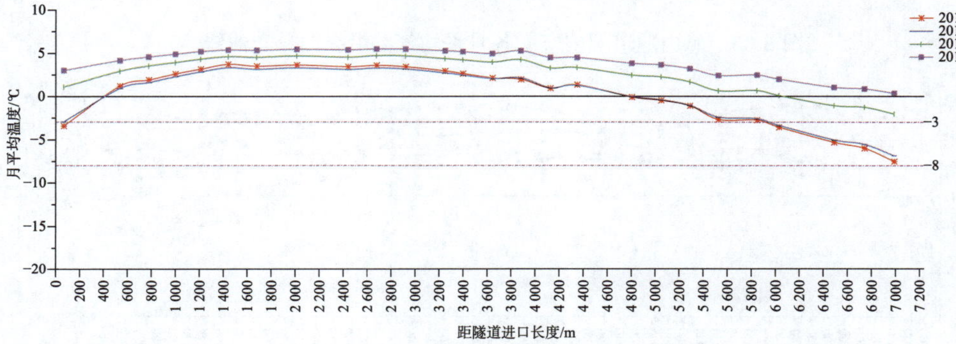

(b) 2019年1—4月

图 2-31　双丰隧道洞内实测各月平均气温沿纵向分布曲线

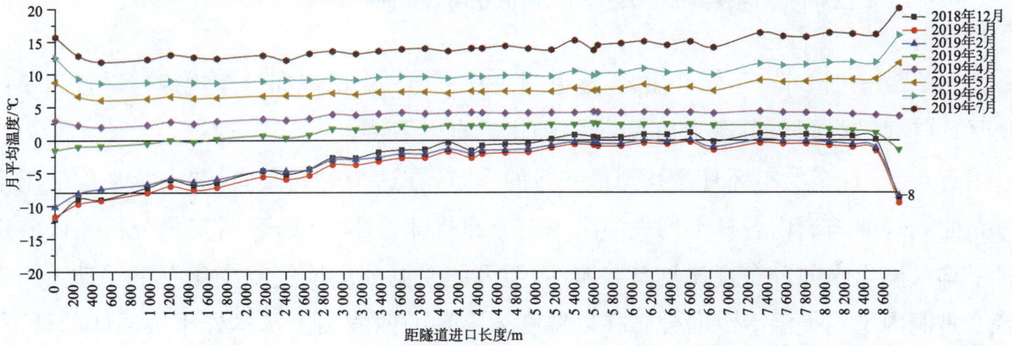

图 2-32　虎峰岭隧道洞内实测各月平均气温沿纵向分布曲线(2018 年 12 月—2019 年 7 月)

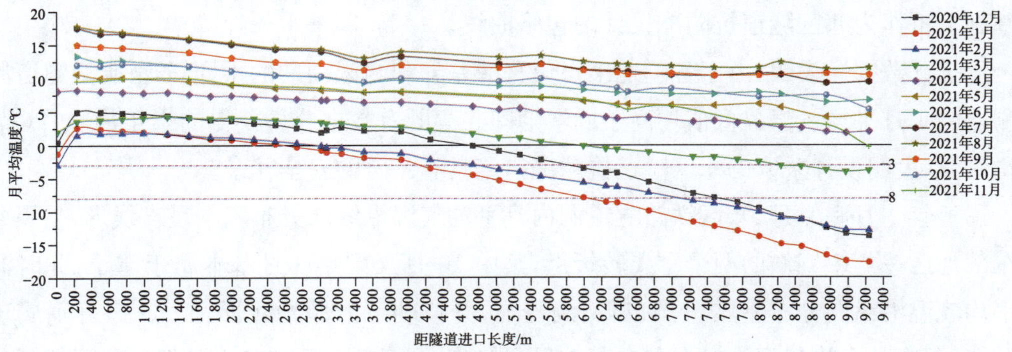

(a) 2020年12月—2021年11月

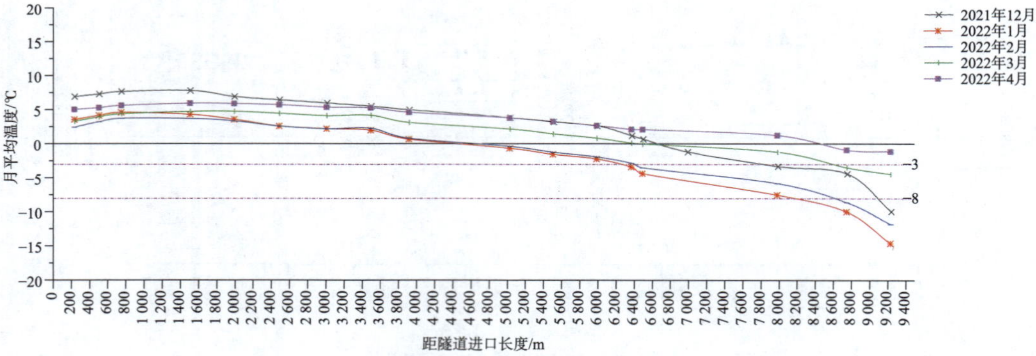

(b) 2021年12月—2022年4月

图 2-33 麻山隧道洞内实测各月平均气温沿纵向分布曲线

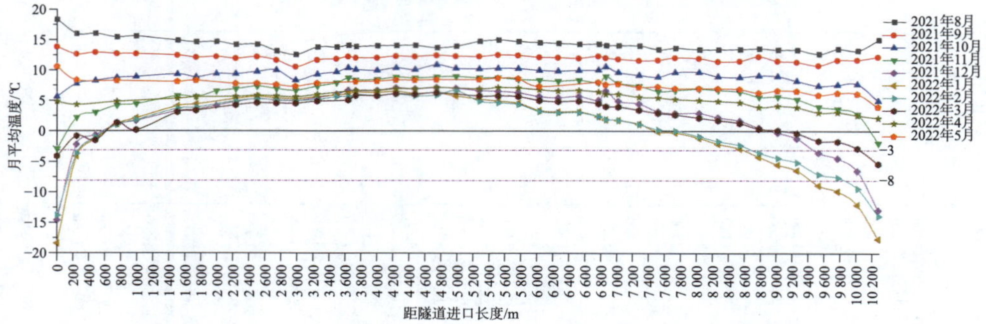

图 2-34 七星峰隧道洞内实测各月平均气温沿纵向分布曲线图(2021 年 8 月—2022 年 5 月)

由图 2-28～图 2-34 分析可知，各隧道洞内月平均气温沿纵向分布规律与以月为单位洞内日平均气温沿纵向分布规律基本一致，但也具有以下特点：

①每年 12 月至次年 2 月是我国最寒冷的季节，在这个时间段内，洞内月平均气温沿纵向分布曲线规律与洞内各日平均气温沿纵向分布规律基本一致，表明实测分析寒区隧道洞内月平均气温沿纵向分布规律具有普遍性，但可能受洞外环境气温变化上下浮动。而 1 月或者 2 月洞内平均气温沿纵向分布在以温度为纵轴的曲线图上基本处于负温区的最下端，且曲线形状基本一致，表明实测寒区隧道洞内 1 月平均气温沿纵向分布规律在进一步修正的基础上可作为寒区隧道抗防冻设计的包络曲线。

②统计数据还表明，由于各隧道工点位置的差异和测试周期的不同，7 座典型隧道洞内各测点的 1 月平均气温最低值均高于勘察期间收集既有数据分析获得的累年最冷月(1 月)平均气温，表明设计采取的寒区隧道抗防冻措施具有一定的安全冗余。

③每年 4 月和 9 月，寒区铁路隧道洞内月平均气温沿纵向分布基本呈直线形，是黑龙江中东部地区一年中气候的两个重要转折点，其中 10 月至次年 3 月基本属于寒季，此时洞内月平均气温沿纵向分布基本呈洞口低、洞身高，开口朝下的抛物线形，而 5—8 月则属于热季，此时洞内月平均气温沿纵向分布基本呈洞口高、洞身低且开口朝上的抛物线形或近似于

一条直线。

3. 隧道洞内气温沿纵向分布计算公式

前述分析表明，寒区隧道洞内气温沿纵向分布的主导因素是洞口相对高差，而线位走向与隧道所在地区的冬季主风向的关系是影响寒区隧道洞内气温沿纵向分布的重要影响因素，为确保获得的寒区隧道洞内气温沿纵向分布规律具有统一性，克服洞口相对高差对洞内温度场沿纵向分布的影响，7 座隧道统一按洞口海拔由低到高绘制洞内各月平均气温沿纵向分布曲线，并进行曲线拟合，拟合后如图 2-35～图 2-41 所示。

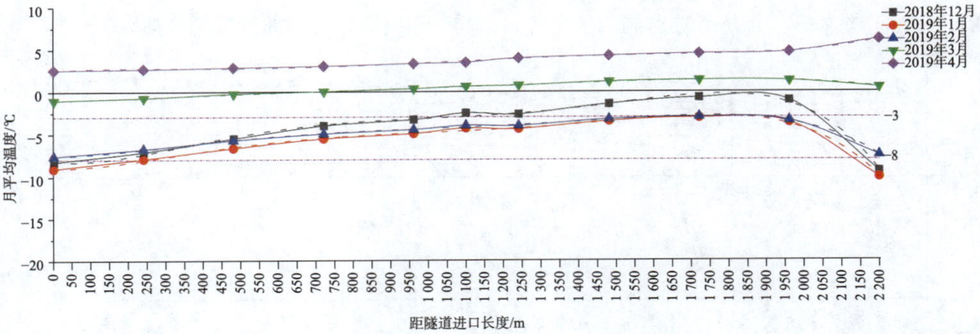

图 2-35　马北隧道洞内实测各月平均气温沿纵向分布曲线及拟合曲线（2018 年 12 月—2019 年 4 月）

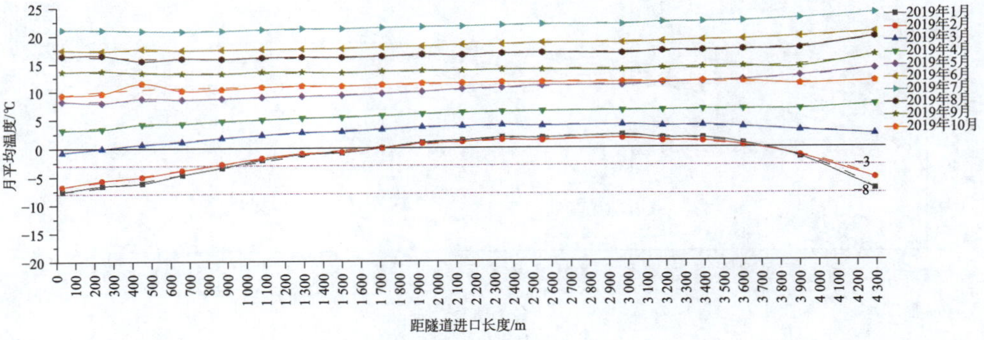

(a) 2019年1—10月

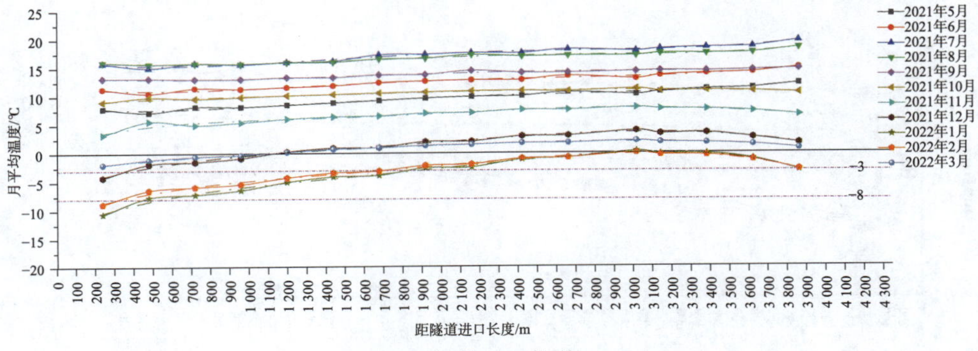

(b) 2021年5月—2022年3月

图 2-36　鲜丰隧道洞内实测各月平均气温沿纵向分布曲线及拟合曲线

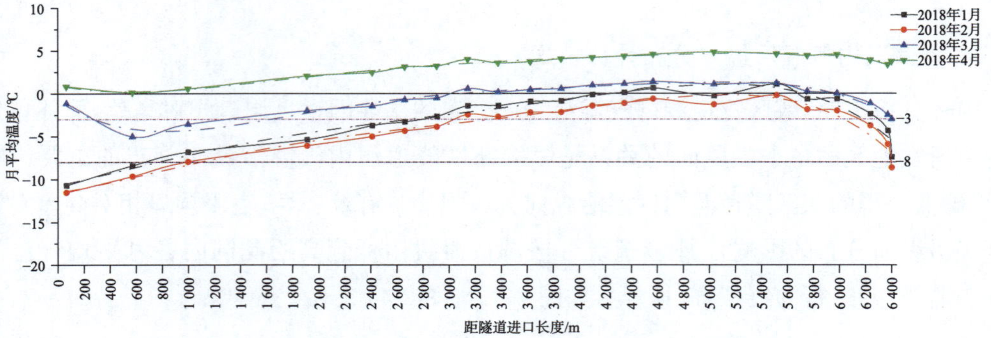

图 2-37　红房子隧道洞内实测各月平均气温沿纵向分布曲线及拟合曲线

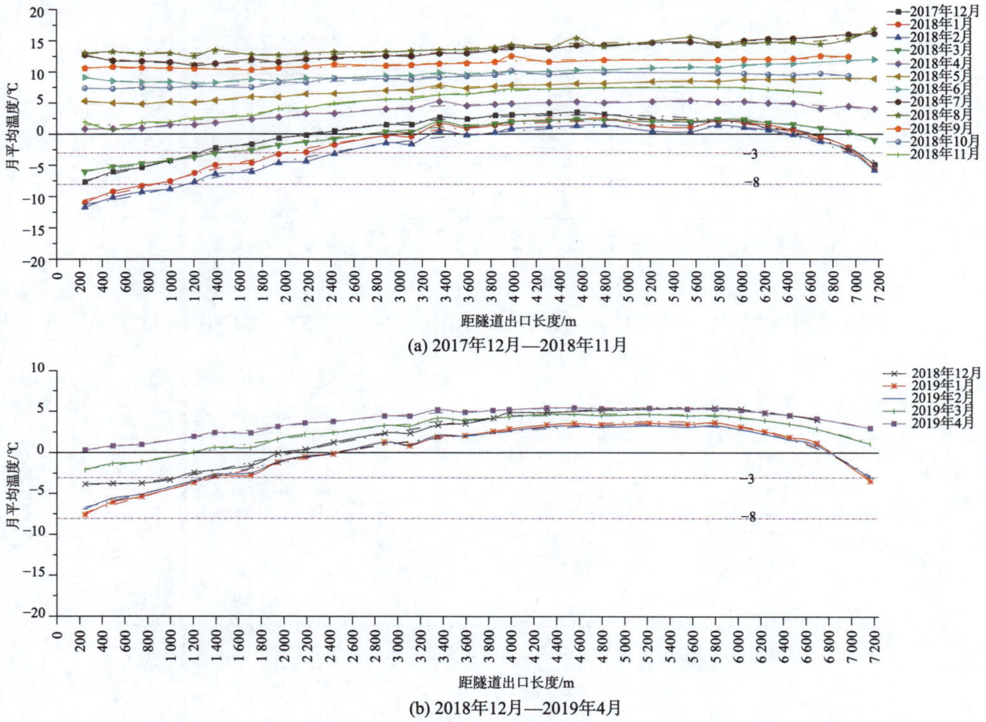

(a) 2017年12月—2018年11月

(b) 2018年12月—2019年4月

图 2-38　双丰隧道洞内实测各月平均气温沿纵向分布曲线及拟合曲线

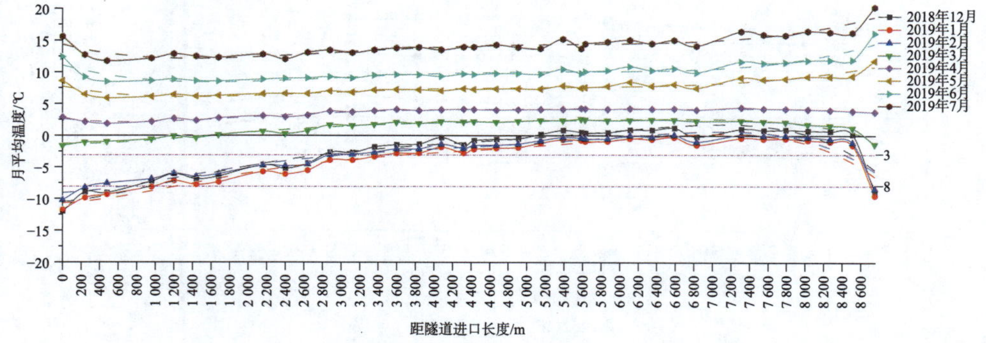

图 2-39　虎峰岭隧道洞内实测各月平均气温沿纵向分布曲线及拟合曲线

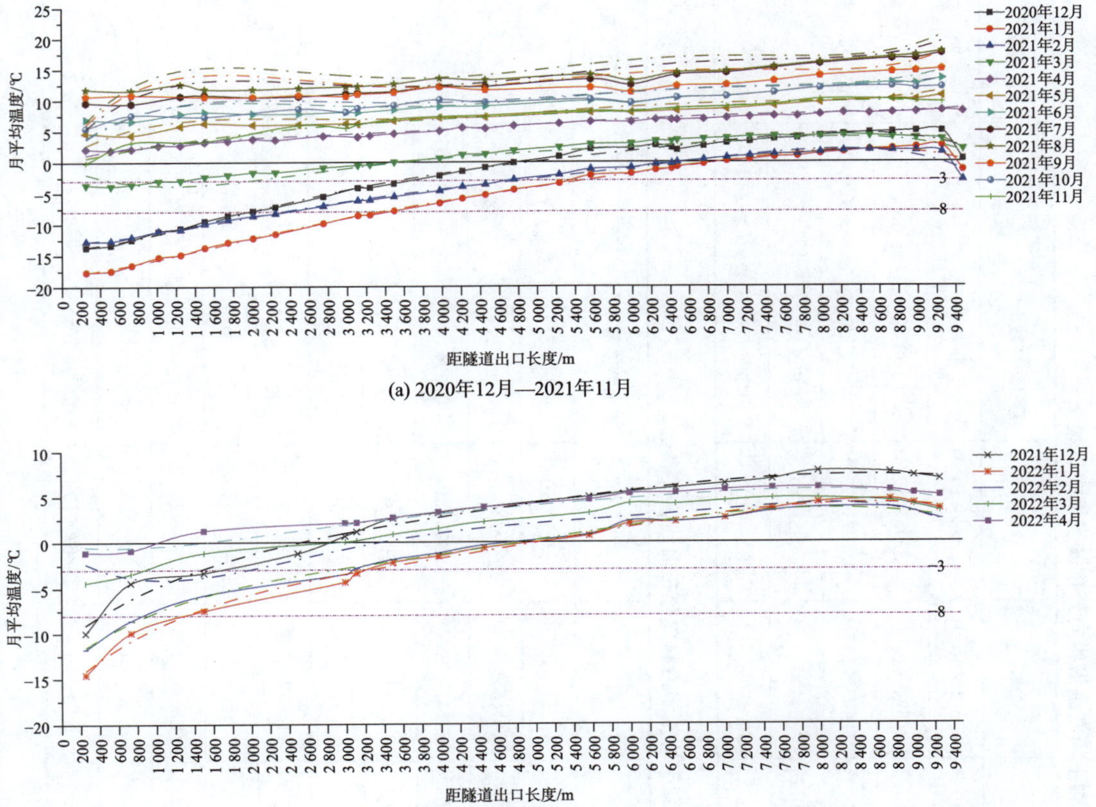

(a) 2020年12月—2021年11月

(b) 2021年12月—2022年4月

图 2-40　麻山隧道洞内实测各月平均气温沿纵向分布曲线及拟合曲线

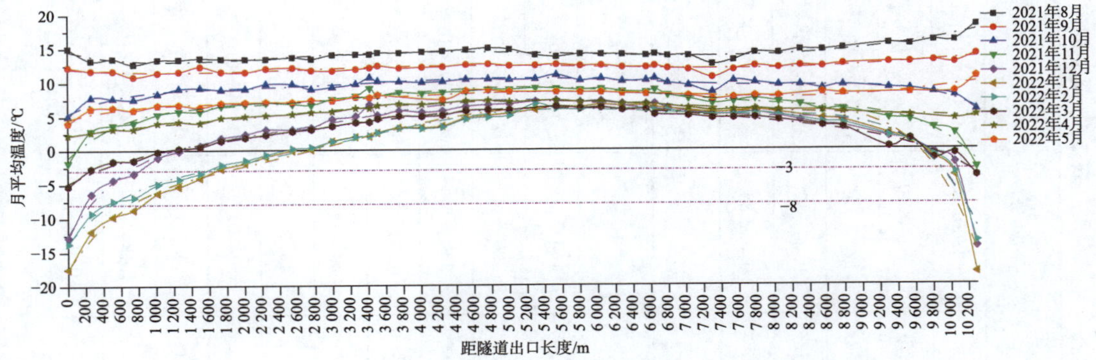

图 2-41　七星峰隧道洞内实测各月平均气温沿纵向分布曲线及拟合曲线

实测 7 座典型隧道洞内各月平均气温沿纵向分布曲线经回归分析后，确定可采用不超过 6 阶的多项式(2-1)进行曲线拟合，具有较高的相关系数，拟合后各实测隧道洞内各月平均气温沿纵向分布曲线要素见表 2-4～表 2-10。

$$y=a+b_1x+b_2x^2+b_3x^3+b_4x^4+b_5x^5+b_6x^6 \tag{2-1}$$

表 2-4　马北隧道洞内各月实测平均气温沿纵向分布曲线相关参数

月份	截距 a	b_1	b_2	b_3	b_4	b_5	复相关系数 R^2	实测月平均气温/℃	实测位置
2018 年 12 月	−8.172 04	−0.003 89	4.447×10^{-5}	-6.759×10^{-8}	4.051×10^{-11}	-8.479×10^{-15}	0.987	−8.25	距进口 2 m 处
2019 年 1 月	−9.022 76	-5.617×10^{-4}	2.711×10^{-5}	-4.330×10^{-8}	2.664×10^{-11}	-5.706×10^{-15}	0.989 3	−9.07	
2019 年 2 月	−7.584 52	5.980×10^{-4}	1.592×10^{-5}	-2.590×10^{-8}	1.608×10^{-11}	-3.477×10^{-15}	0.993 13	−7.6	
2019 年 3 月	−1.041 72	0.001 19	1.701×10^{-6}	-2.949×10^{-9}	2.044×10^{-12}	-4.993×10^{-16}	0.995 86	−1.03	
2019 年 4 月	2.504 56	0.002 85	-1.050×10^{-5}	1.591×10^{-8}	-9.150×10^{-12}	1.809×10^{-15}	0.986 71	2.54	

表 2-5　鲜丰隧道洞内各月实测平均气温沿纵向分布曲线相关参数

月份	截距 a	b_1	b_2	b_3	b_4	b_5	复相关系数 R^2	实测月平均气温/℃	实测位置
2019 年 1 月	−7.652 91	2.180×10^{-3}	6.095×10^{-6}	-4.499×10^{-9}	1.257×10^{-12}	-1.320×10^{-16}	0.995 56	−7.61	距进口 2 m 处
2019 年 2 月	−6.872 18	3.630×10^{-3}	2.772×10^{-6}	-2.428×10^{-9}	6.949×10^{-13}	-7.477×10^{-17}	0.996 05	−6.79	
2019 年 3 月	−0.803 84	3.360×10^{-3}	-3.617×10^{-7}	-1.847×10^{-10}	5.241×10^{-14}	-5.358×10^{-18}	0.994 87	−0.69	
2019 年 4 月	3.001 1	0.002 88	-1.808×10^{-6}	1.059×10^{-9}	-3.128×10^{-13}	3.291×10^{-17}	0.991 28	3.18	
2019 年 5 月	8.102 29	9.325×10^{-4}	-7.987×10^{-7}	8.963×10^{-10}	-3.109×10^{-13}	3.523×10^{-17}	0.989 52	8.23	
2019 年 6 月	17.418 51	3.160×10^{-5}	-1.943×10^{-7}	4.435×10^{-10}	-1.688×10^{-13}	1.981×10^{-17}	0.987 5	17.45	
2019 年 7 月	21.209 75	−0.001 22	1.442×10^{-6}	-4.372×10^{-10}	3.198×10^{-14}	3.558×10^{-18}	0.990 08	21.13	
2019 年 8 月	16.517 31	−0.001 85	1.439×10^{-6}	-8.991×10^{-11}	-1.268×10^{-13}	2.377×10^{-17}	0.950 74	16.4	
2019 年 9 月	13.614 66	-2.428×10^{-4}	-7.993×10^{-7}	1.088×10^{-9}	-4.008×10^{-13}	4.705×10^{-17}	0.933 23	13.57	
2019 年 10 月	9.156 36	0.004 53	-5.327×10^{-6}	3.098×10^{-9}	-7.942×10^{-13}	7.267×10^{-17}	0.745 76	9.28	

续上表

月份	截距 a	b_1	b_2	b_3	b_4	b_5	复相关系数 R^2	实测月平均气温/℃	实测位置
2021 年 5 月	8.125 32	−0.002 77	4.414×10^{-6}	-1.889×10^{-9}	3.158×10^{-13}	-1.466×10^{-17}	0.968 62	7.82	距进口 242 m 处
2021 年 6 月	11.772 51	−0.003 85	5.320×10^{-6}	-2.305×10^{-9}	4.038×10^{-13}	-2.137×10^{-17}	0.954 7	11.25	
2021 年 7 月	16.565 37	−0.004 7	5.660×10^{-6}	-1.973×10^{-9}	2.061×10^{-13}	5.432×10^{-18}	0.958 82	15.83	
2021 年 8 月	16.405 45	−0.001 96	1.285×10^{-6}	3.746×10^{-10}	-3.365×10^{-13}	5.093×10^{-17}	0.962 51	16.02	
2021 年 9 月	13.528 47	−0.001 71	1.561×10^{-6}	-1.538×10^{-10}	-1.139×10^{-13}	2.191×10^{-17}	0.928 86	13.15	
2021 年 10 月	8.643 38	0.002 48	-1.939×10^{-6}	1.051×10^{-9}	-2.681×10^{-13}	2.379×10^{-17}	0.923 08	9.02	
2021 年 11 月	1.471 99	0.011 2	-1.152×10^{-5}	5.986×10^{-9}	-1.406×10^{-12}	1.185×10^{-16}	0.918 97	3.28	
2021 年 12 月	−6.520 65	0.012 44	-9.897×10^{-6}	4.454×10^{-9}	-9.012×10^{-13}	6.022×10^{-17}	0.981 88	−4.21	
2022 年 1 月	−13.298 6	1.438×10^{-2}	-1.046×10^{-5}	4.300×10^{-9}	-7.211×10^{-13}	2.759×10^{-17}	0.986 27	−10.62	
2022 年 2 月	−11.141 81	0.012 14	-9.021×10^{-6}	3.855×10^{-9}	-7.004×10^{-13}	3.465×10^{-17}	0.986 51	−8.9	
2022 年 3 月	−2.726 7	0.003 8	-1.481×10^{-6}	3.856×10^{-10}	-3.160×10^{-14}	-4.848×10^{-18}	0.991 87	−1.95	

表 2-6　红房子隧道洞内实测各月平均气温沿纵向分布曲线相关参数

月份	截距 a	b_1	b_2	b_3	b_4	b_5	复相关系数 R^2	实测月平均气温/℃	实测位置
2018 年 1 月	−10.692 6	3.150×10^{-3}	1.005×10^{-6}	-8.591×10^{-10}	2.123×10^{-13}	-1.742×10^{-17}	0.935	−10.7	距进口 65 m 处
2018 年 2 月	−11.509 5	2.240×10^{-3}	1.940×10^{-6}	-1.249×10^{-9}	2.806×10^{-13}	-2.166×10^{-17}	0.945 99	−11.5	
2018 年 3 月	−0.715 63	-1.066×10^{-2}	1.006×10^{-5}	-3.490×10^{-9}	5.449×10^{-13}	-3.213×10^{-17}	0.946 37	−1.12	
2018 年 4 月	1.007 48	−0.003 03	3.652×10^{-6}	-1.285×10^{-9}	1.992×10^{-13}	-1.164×10^{-17}	0.979 2	0.86	

表 2-7　双丰隧道洞内实测各月平均气温沿纵向分布曲线相关参数

月份	截距 a	b_1	b_2	b_3	b_4	b_5	复相关系数 R^2	实测月平均气温/℃	实测位置
2018 年 1 月	−10.776 99	7.904×10^{-4}	4.003×10^{-6}	-1.697×10^{-9}	2.731×10^{-13}	-1.593×10^{-17}	0.976 84	−10.91	距出口 249 m 处
2018 年 2 月	−11.227 6	-3.335×10^{-4}	4.377×10^{-6}	-1.709×10^{-9}	2.646×10^{-13}	-1.509×10^{-17}	0.980 04	−11.64	
2018 年 3 月	−5.823 32	-1.682×10^{-5}	2.339×10^{-6}	-8.456×10^{-10}	1.216×10^{-13}	-6.581×10^{-18}	0.987 14	−5.97	
2018 年 4 月	0.653 77	−0.001 12	2.038×10^{-6}	-6.527×10^{-10}	8.632×10^{-14}	-4.300×10^{-18}	0.984 93	0.44	
2018 年 5 月	5.714	−0.002 35	2.34×10^{-6}	-6.97×10^{-10}	9.05×10^{-14}	-4.34×10^{-18}	0.989 96	5.33	
2018 年 6 月	9.786 75	−0.003 3	2.41×10^{-6}	-6.58×10^{-10}	8.09×10^{-14}	-3.65×10^{-18}	0.982 24	9.17	
2018 年 7 月	13.384 74	−0.003 67	2.18×10^{-6}	4.56×10^{-10}	4.11×10^{-14}	-1.24×10^{-18}	0.975 41	12.75	
2018 年 8 月	12.514 9	0.002 36	-2.77×10^{-6}	1.18×10^{-9}	-1.98×10^{-13}	1.15×10^{-17}	0.831 72	13.06	
2018 年 9 月	10.764 06	-8.99×10^{-5}	-3.26×10^{-7}	2.72×10^{-10}	-5.78×10^{-14}	3.80×10^{-18}	0.861 27	10.6	
2018 年 10 月	7.464 31	-3.96×10^{-4}	5.16×10^{-7}	-6.74×10^{-11}	-3.07×10^{-15}	5.92×10^{-19}	0.934 63	7.41	
2018 年 11 月	1.970 32	−0.002 18	2.96×10^{-6}	-9.07×10^{-10}	1.20×10^{-13}	-6.14×10^{-18}	0.983 63	1.98	
2018 年 12 月	−3.405 32	−0.002 63	3.94×10^{-6}	-1.21×10^{-9}	1.60×10^{-13}	-8.27×10^{-18}	0.995 14	−3.84	
2019 年 1 月	−8.098 76	0.003 2	9.96×10^{-7}	-6.32×10^{-10}	1.21×10^{-13}	-8.29×10^{-18}	0.991 38	−7.53	
2019 年 2 月	−7.270 53	0.002 39	1.32×10^{-6}	-6.83×10^{-10}	1.21×10^{-13}	-7.79×10^{-18}	0.992 94	−6.83	
2019 年 3 月	−2.190 9	9.73×10^{-4}	1.23×10^{-6}	-5.00×10^{-10}	7.64×10^{-14}	-4.46×10^{-18}	0.881 13	−2.01	
2019 年 4 月	0.188 12	7.75×10^{-4}	9.25×10^{-7}	-3.68×10^{-10}	5.41×10^{-14}	-3.04×10^{-18}	0.990 41	0.37	

表 2-8　虎峰岭隧道洞内实测各月平均气温沿纵向分布曲线相关参数

月份	截距 a	b_1	b_2	b_3	b_4	b_5	复相关系数 R^2	实测月平均气温/℃	实测位置
2018 年 12 月	−10.527 17	0.001 36	1.941×10^{-6}	-8.283×10^{-10}	1.267×10^{-13}	-6.690×10^{-18}	0.892 52	−12.03	距进口 2 m 处
2019 年 1 月	−10.589 47	6.273×10^{-4}	2.071×10^{-6}	-8.205×10^{-10}	1.223×10^{-13}	-6.375×10^{-18}	0.906 62	−11.69	
2019 年 2 月	−8.964 16	5.835×10^{-4}	1.877×10^{-6}	-7.604×10^{-10}	1.149×10^{-13}	-6.035×10^{-18}	0.900 88	−10.14	
2019 年 3 月	−1.144 26	-2.868×10^{-4}	1.226×10^{-6}	-4.253×10^{-10}	5.821×10^{-14}	-2.867×10^{-18}	0.938 8	−1.5	
2019 年 4 月	2.734 36	−0.001 58	1.527×10^{-6}	-4.266×10^{-10}	4.980×10^{-14}	-2.112×10^{-18}	0.950 12	2.97	
2019 年 5 月	7.861 83	−0.003	1.776×10^{-6}	-3.934×10^{-10}	3.714×10^{-14}	-1.189×10^{-18}	0.859 41	8.72	
2019 年 6 月	11.232 93	−0.004 11	2.085×10^{-6}	-3.953×10^{-10}	2.967×10^{-14}	-5.753×10^{-19}	0.799 77	12.56	
2019 年 7 月	14.473 72	−0.003 78	2.085×10^{-6}	-4.126×10^{-10}	3.300×10^{-14}	-7.698×10^{-19}	0.812 6	15.69	

表 2-9　麻山隧道洞内实测各月平均气温沿纵向分布曲线相关参数

月份	截距 a	b_1	b_2	b_3	b_4	b_5	复相关系数 R^2	实测月平均气温/℃	实测位置
2020 年 12 月	−13.957 23	7.324×10^{-4}	2.179×10^{-6}	-6.655×10^{-10}	7.979×10^{-14}	-3.446×10^{-18}	0.988 99	−13.76	距出口 249.9 m 处
2021 年 1 月	−18.191 99	1.390×10^{-3}	1.521×10^{-6}	-4.767×10^{-10}	5.933×10^{-14}	-2.671×10^{-18}	0.994 31	−17.69	
2021 年 2 月	−12.954 73	1.562×10^{-4}	1.815×10^{-6}	-5.669×10^{-10}	7.267×10^{-14}	-3.356×10^{-18}	0.988 93	−12.8	
2021 年 3 月	−0.530 38	-6.950×10^{-3}	4.629×10^{-6}	-1.099×10^{-9}	1.168×10^{-13}	-4.636×10^{-18}	0.994 81	−3.72	
2021 年 4 月	0.223 61	3.970×10^{-3}	-1.723×10^{-6}	4.044×10^{-10}	-4.265×10^{-14}	1.640×10^{-18}	0.993 21	2.12	
2021 年 5 月	0.599 18	9.280×10^{-3}	-4.912×10^{-6}	1.166×10^{-9}	-1.233×10^{-13}	4.801×10^{-18}	0.969 98	4.63	
2021 年 6 月	0.972 57	1.313×10^{-2}	-7.168×10^{-6}	1.705×10^{-9}	-1.799×10^{-13}	6.989×10^{-18}	0.976 97	6.84	
2021 年 7 月	1.397 89	1.816×10^{-2}	-9.942×10^{-6}	2.364×10^{-9}	-2.492×10^{-13}	9.658×10^{-18}	0.975 15	9.56	
2021 年 8 月	1.797 44	2.157×10^{-2}	-1.211×10^{-5}	2.912×10^{-9}	-3.107×10^{-13}	1.218×10^{-17}	0.960 32	11.68	
2021 年 9 月	1.722 34	1.997×10^{-2}	-1.123×10^{-5}	2.679×10^{-9}	-2.836×10^{-13}	1.104×10^{-17}	0.943 56	10.59	
2021 年 10 月	0.841 59	1.280×10^{-2}	-6.495×10^{-6}	1.465×10^{-9}	-1.484×10^{-13}	5.568×10^{-18}	0.925 24	5.45	

续上表

月份	截距 a	b_1	b_2	b_3	b_4	b_5	复相关系数 R^2	实测月平均气温/℃	实测位置
2021 年 11 月	−0.102 78	2.990×10^{-3}	-2.253×10^{-7}	-7.128×10^{-11}	1.585×10^{-14}	-8.618×10^{-19}	0.964 59	−0.17	距出口 249.9 m 处
2021 年 12 月	−10.88	7.760×10^{-3}	-2.078×10^{-6}	3.479×10^{-10}	-2.858×10^{-14}	8.556×10^{-19}	0.976	−9.97	
2022 年 1 月	−16.284 03	9.300×10^{-3}	-2.838×10^{-6}	4.974×10^{-10}	-4.012×10^{-14}	1.137×10^{-18}	0.991 1	−14.59	
2022 年 2 月	−13.429 79	7.880×10^{-3}	-2.540×10^{-6}	4.705×10^{-10}	-3.951×10^{-14}	1.145×10^{-18}	0.993 18	−11.8	
2022 年 3 月	−0.840 98	−0.007 21	5.035×10^{-6}	-1.220×10^{-9}	1.310×10^{-13}	-5.238×10^{-18}	0.991 49	−4.44	
2022 年 4 月	−0.298 34	−0.001 31	1.445×10^{-6}	-3.581×10^{-10}	3.937×10^{-14}	-1.645×10^{-18}	0.987 13	−1.12	

表 2-10　七星峰隧道实测洞内各月平均气温沿纵向分布曲线相关参数

月份	截距 a	b_1	b_2	b_3	b_4	b_5	b_6	复相关系数 R^2	实测月平均气温/℃	实测位置
2021 年 8 月	14.576 81	−0.003 31	2.293×10^{-6}	-6.005×10^{-10}	7.307×10^{-14}	-4.240×10^{-18}	9.970×10^{-23}	0.816 02	14.99	距出口 2 m 处
2021 年 9 月	12.032 76	−0.001 01	5.298×10^{-7}	-4.811×10^{-11}	-1.066×10^{-14}	1.945×10^{-18}	-8.144×10^{-23}	0.593 41	12.25	
2021 年 10 月	5.424 91	0.006 15	-4.315×10^{-6}	1.554×10^{-9}	-2.799×10^{-13}	2.409×10^{-17}	-7.917×10^{-22}	0.874 21	5.01	
2021 年 11 月	−1.151 27	0.012 53	-8.552×10^{-6}	2.992×10^{-9}	-5.266×10^{-13}	4.456×10^{-17}	-1.449×10^{-21}	0.960 56	−1.88	
2021 年 12 月	−12.389 19	0.021 26	-1.382×10^{-5}	4.865×10^{-9}	-8.761×10^{-13}	7.622×10^{-17}	-2.548×10^{-21}	0.957 66	−12.81	
2022 年 1 月	−17.519 96	0.020 75	-1.334×10^{-5}	4.882×10^{-9}	-9.068×10^{-13}	8.087×10^{-17}	-2.764×10^{-21}	0.972 93	−17.57	
2022 年 2 月	−13.645 72	0.015 87	-1.024×10^{-5}	3.804×10^{-9}	-7.092×10^{-13}	6.310×10^{-17}	-2.147×10^{-21}	0.980 35	−13.79	
2022 年 3 月	−4.872 51	7.060×10^{-3}	-3.612×10^{-6}	1.247×10^{-9}	-2.241×10^{-13}	1.914×10^{-17}	-6.263×10^{-22}	0.979 44	−5.27	
2022 年 4 月	2.159 92	0.002 15	-9.502×10^{-7}	4.054×10^{-10}	-8.449×10^{-14}	7.689×10^{-18}	-2.532×10^{-22}	0.976 77	2.2	
2022 年 5 月	4.615 61	0.003 56	-2.398×10^{-6}	8.500×10^{-10}	-1.459×10^{-13}	1.160×10^{-17}	-3.424×10^{-22}	0.858 84	4.02	

由表 2-4～表 2-10 分析可知，实测分析寒区隧道洞内月平均气温沿纵向分布曲线的截距基本与实测低洞口端月平均气温相当。而前述分析表明，实测寒区隧道洞内 1 月平均气温沿纵向分布规律在进一步修正的基础上可作为寒区隧道抗防冻设计的包络曲线。但考虑区域实测气象数据具有不确定性和随机性，为确保寒区隧道洞内气温沿纵向分布变化规律具有普遍意义，结合世界气象组织规定 30 年记录作为得出区域气象特征最短年限的要求，以及目前行业内划分冻融环境等级和铁路隧道气候环境等级均采用最冷月平均气温作为技术指标的要求，可将实测分析寒区隧道洞内月平均气温沿纵向分布曲线要素中的截距按隧址区累年最冷月平均气温进行修正。

根据上述分析结论，确定运营期不同长度的 7 座寒区铁路隧道洞内气温沿纵向分布曲线包络图如图 2-42 所示，曲线要素见表 2-11。

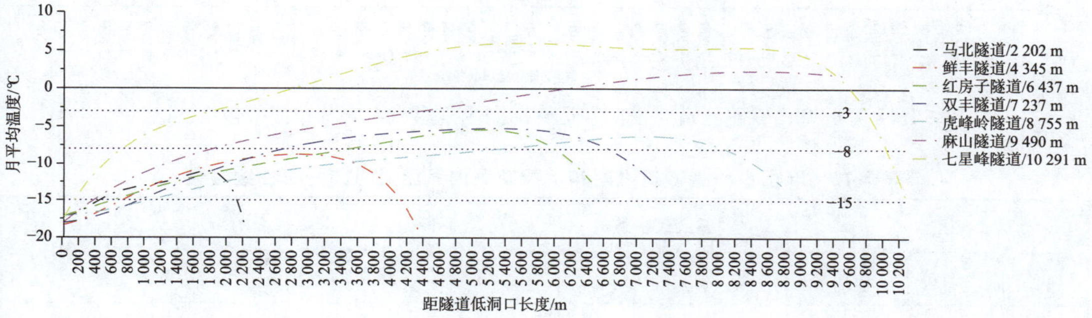

图 2-42　高纬度寒区铁路隧道洞内气温沿纵向分布曲线包络图

表 2-11　高纬度寒区铁路隧道洞内气温沿纵向分布曲线要素

多项式系数							复相关系数 R^2	隧道名称
a_1	b_1	b_2	b_3	b_4	b_5	b_6		
−17.2	-5.617×10^{-4}	2.711×10^{-5}	-4.330×10^{-8}	2.664×10^{-11}	-5.706×10^{-15}		0.989 3	马北隧道
−18.4	2.180×10^{-3}	6.095×10^{-6}	-4.499×10^{-9}	1.257×10^{-12}	-1.320×10^{-16}		0.995 56	鲜丰隧道
−17.2	3.150×10^{-3}	1.005×10^{-6}	-8.591×10^{-10}	2.123×10^{-13}	-1.742×10^{-17}		0.935	红房子隧道
−18.1	7.904×10^{-4}	4.003×10^{-6}	-1.697×10^{-9}	2.731×10^{-13}	-1.593×10^{-17}		0.976 84	双丰隧道
−17.2	6.273×10^{-4}	2.071×10^{-6}	-8.205×10^{-10}	1.223×10^{-13}	-6.375×10^{-18}		0.906 62	虎峰岭隧道
−18.1	9.300×10^{-3}	-2.838×10^{-6}	4.974×10^{-10}	-4.012×10^{-14}	1.137×10^{-18}		0.991 1	麻山隧道
−17.61	2.075×10^{-2}	-1.334×10^{-5}	4.882×10^{-9}	-9.068×10^{-13}	8.087×10^{-17}	-2.764×10^{-21}	0.972 93	七星峰隧道

注：表中 a_1 为修正值。

需要说明的是，由于麻山隧道的测试时间相对长，且测试期间分别在建设期洞身 3 座辅助坑道和 1 座竖井敞开的条件下以及在运营期 3 座辅助坑道和 1 座竖井封闭的条件下开展了测试，并据此分析获得了不同工况的 2 条洞内气温沿纵向分布包络曲线，如图 2-43 所示，曲线要素见表 2-12。

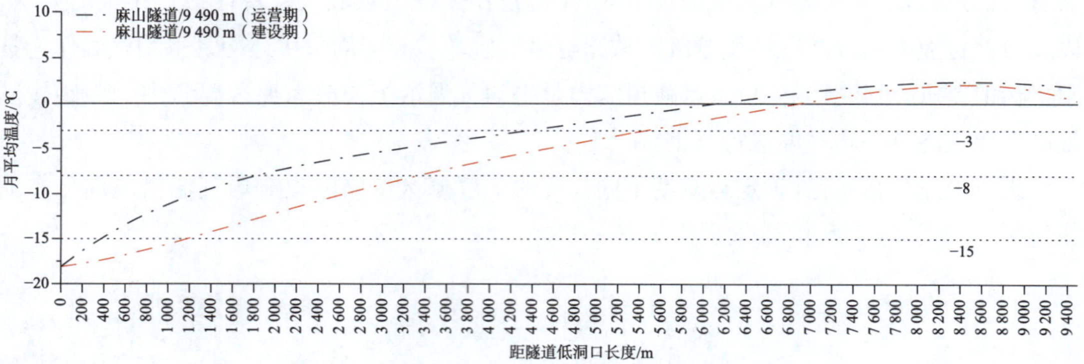

图 2-43　麻山铁路隧道建设期和运营期洞内气温沿纵向分布曲线包络图

表 2-12　麻山铁路隧道建设期和运营期洞内气温沿纵向分布曲线要素

多项式系数						复相关系数 R^2	附注
a	b_1	b_2	b_3	b_4	b_5		
−18.1	1.390×10^{-3}	1.521×10^{-6}	-4.767×10^{-10}	5.933×10^{-14}	-2.671×10^{-18}	0.994 31	建设期
−18.1	9.300×10^{-3}	-2.838×10^{-6}	4.974×10^{-10}	-4.012×10^{-14}	1.137×10^{-18}	0.991 1	运营期

由表 2-12 和图 2-43 分析可知，与隧道洞身连接的辅助坑道是否保持封闭状态对长大隧道洞身气温沿纵向分布状态影响比较大，当辅助坑道与正洞连接并呈敞开状态时，低洞口段负温区段明显增长(麻山隧道洞身低于−8 ℃的范围在建设期比运营期约长了 1.4 km)；运营期隧道洞身气温沿纵向分布曲线明显趋于扁平状态，表明运营期保持永久辅助坑道内防护门的常闭状态对于长大隧道洞身保温是有利的。

2.1.3　隧道侧沟气温变化规律

在 2017—2022 年期间，共获得了马北、红房子、双丰、虎峰岭、七星峰共 5 座典型隧道不同月份的侧沟内温度测试数据，整理后分析如下。

1. 侧沟气温典型断面时程变化规律

结合不同年份 5 座典型隧道的侧沟内温度测试数据，选取距隧道进、出口最近测点的有效温度数据以及洞身气温最高或略高于 0 ℃的有效温度测点数据，绘制侧沟内典型断面温度随时间的变化曲线，如图 2-44～图 2-48 所示。

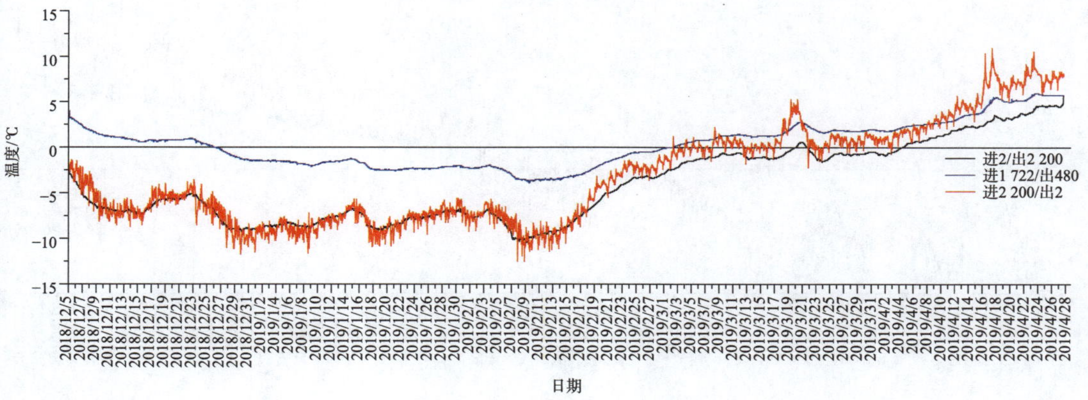

图 2-44　马北隧道侧沟内典型断面温度时程变化曲线(2018/12/5—2019/4/28)

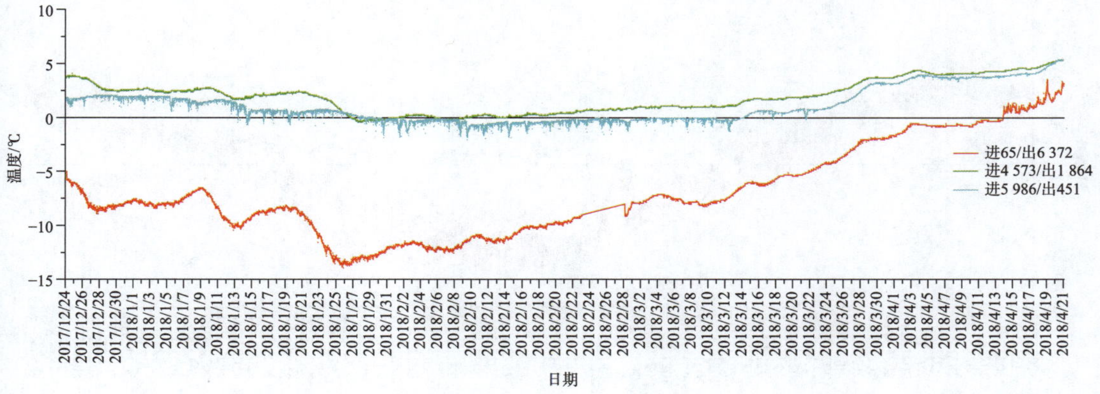

图 2-45　红房子隧道侧沟内典型断面温度时程变化曲线(2017/12/24—2018/4/21)

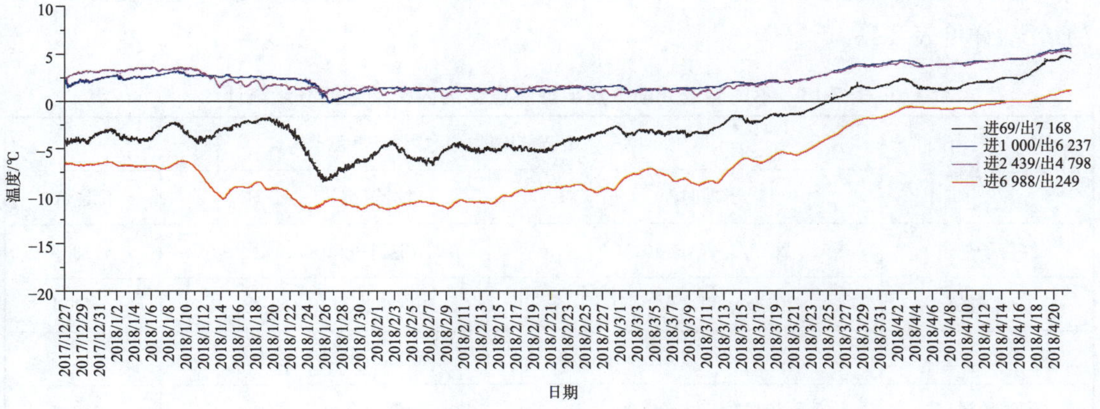

图 2-46　双丰隧道侧沟内典型断面温度时程变化曲线(2017/12/27—2018/4/22)

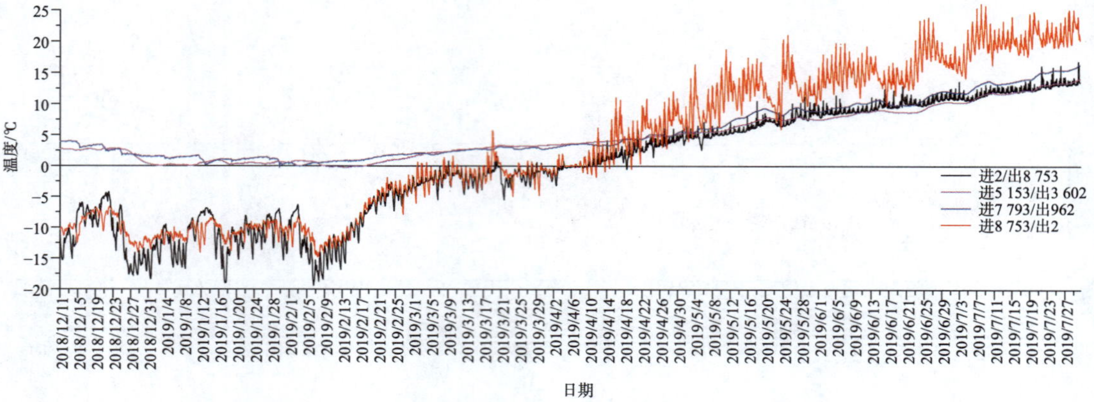

图 2-47　虎峰岭隧道侧沟内典型断面温度时程变化曲线(2018/12/11—2019/7/31)

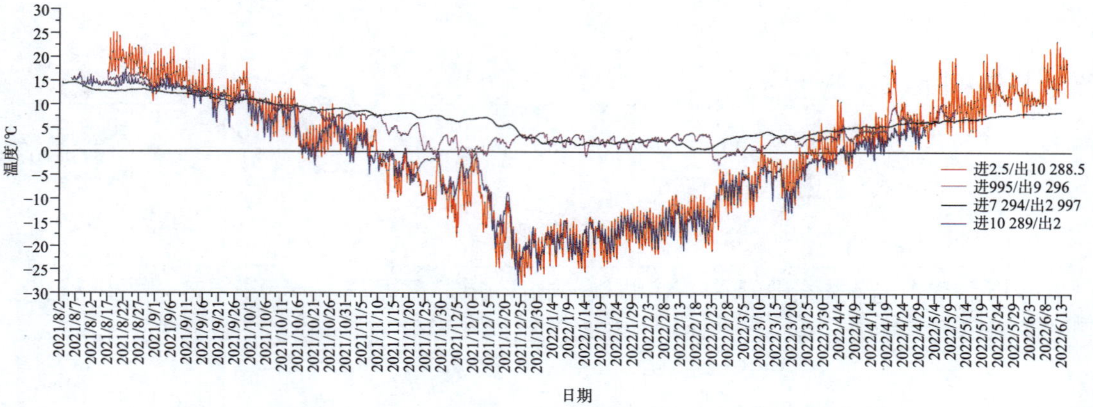

图 2-48　七星峰隧道侧沟内典型断面温度时程变化曲线(2021/8/2—2022/6/15)

统计 5 座典型隧道在 2017—2021 年的冬季不同测试周期内侧沟内出现极端最低气温的情况,详见表 2-13。

表 2-13　不同测试周期 5 座典型隧道侧沟内极端最低气温统计

隧道名称	测试周期内极端最低气温		
	出现时间	位置(有效测点)	气温/℃
红房子隧道	2018/1/26,8:30:00	距隧道进口 65 m 处	−13.9
双丰隧道	2018/1/30,17:00:00	距隧道出口 249 m 处	−11.4
马北隧道	2019/2/9,5:27:00	距隧道出口 2 m 处	−12.5
虎峰岭隧道	2019/2/7,4:00:00	距隧道进口 2 m 处	−19.4
七星峰隧道	2021/12/25,6:59:00	距隧道进口 2.5 m 处	−28.5
	2021/12/24,7:59:00	距隧道出口 2 m 处	−28.5

由图 2-44～图 2-48 和表 2-13 分析可知，寒区隧道侧沟内典型横断面气温随时间变化具有如下规律：

①2017—2021 年冬季 5 座隧道侧沟内实测最低气温均高于隧址区的历年极端最低气温，且不同年份或同一年份不同隧道侧沟内实测最低气温也存在较大差别。

②隧道洞口段侧沟内气温起伏变化明显大于洞身段，表明严寒地区隧道洞口一定范围段的保温侧沟不能作为主要排水设施。

③不同测试周期内的 5 座隧道冬季洞身段侧沟内气温明显高于洞口段，且由隧道洞口沿纵向至洞身在侧沟内存在明显的回温现象，其中长 2.202 km 的马北隧道在 2018—2019 年冬季局部时间内隧道通长范围侧沟内气温均低于 0 ℃，表明该地区范围长度小于 2.202 km 的中长隧道及短隧道洞身保温能力差，需按通长范围进行抗防冻设计。

2. 侧沟内温度沿纵向分布规律

(1)日平均气温沿隧道纵向变化规律

结合 5 座隧道侧沟内有效温度测试数据，统计分析各测点日平均气温后，按月份绘制侧沟内日平均气温沿隧道纵向变化曲线，如图 2-49～图 2-53 所示。

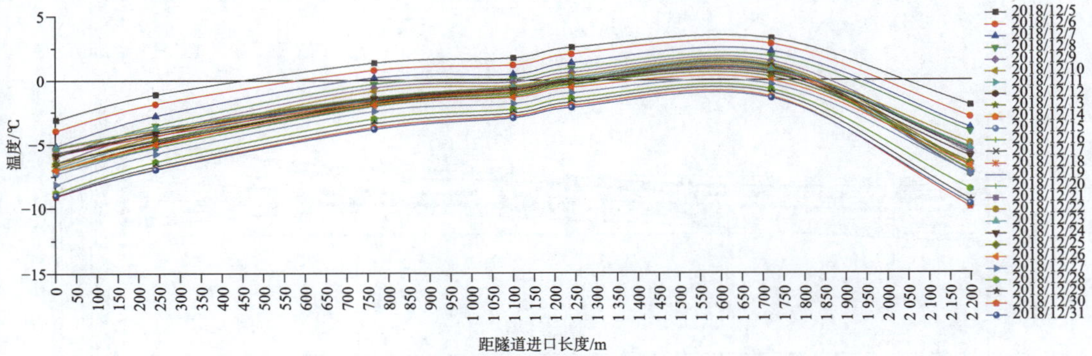

(a) 2018年12月

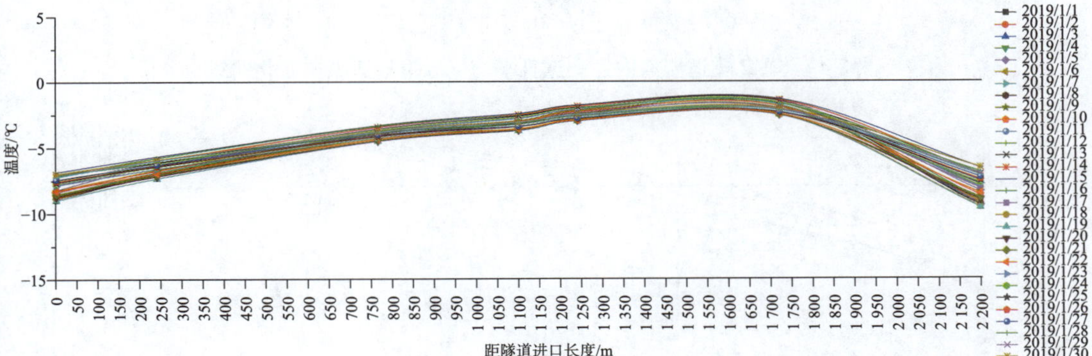

(b) 2019年1月

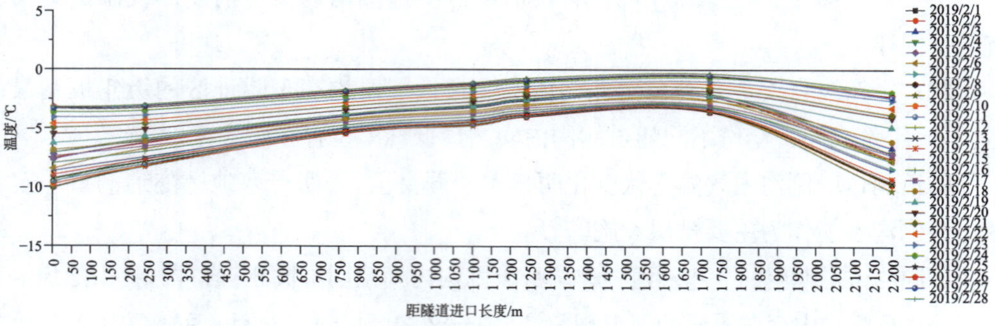

(c) 2019年2月

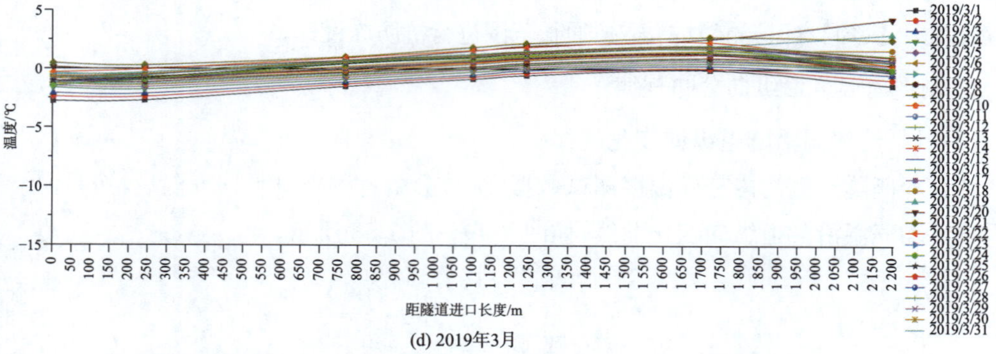

(d) 2019年3月

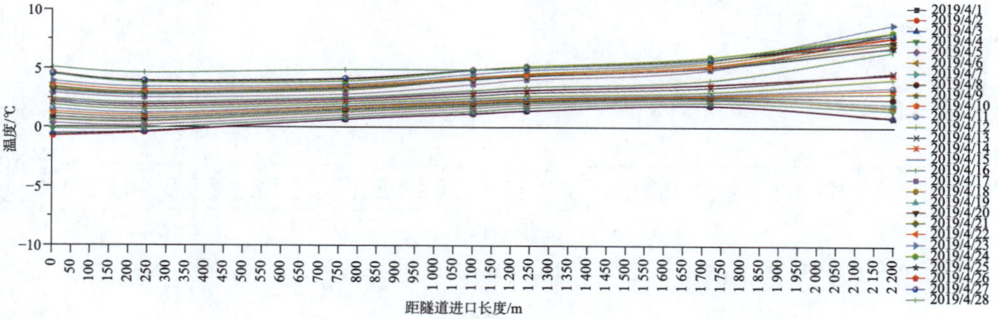

(e) 2019年4月

图 2-49 马北隧道侧沟内各测点日平均气温沿隧道纵向变化曲线

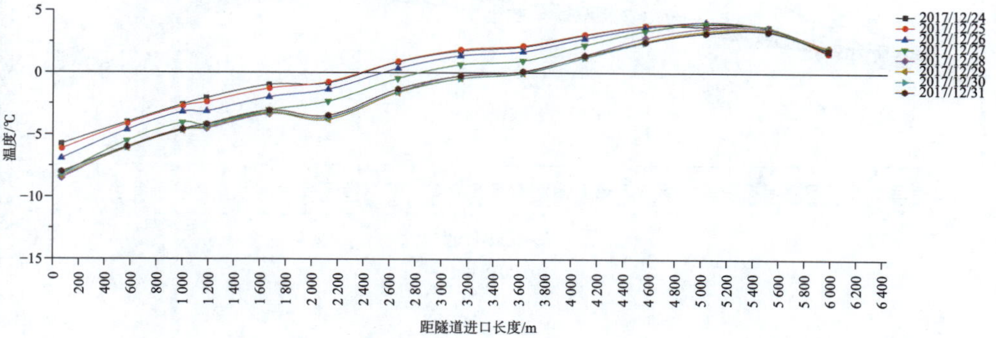

(a) 2017年12月

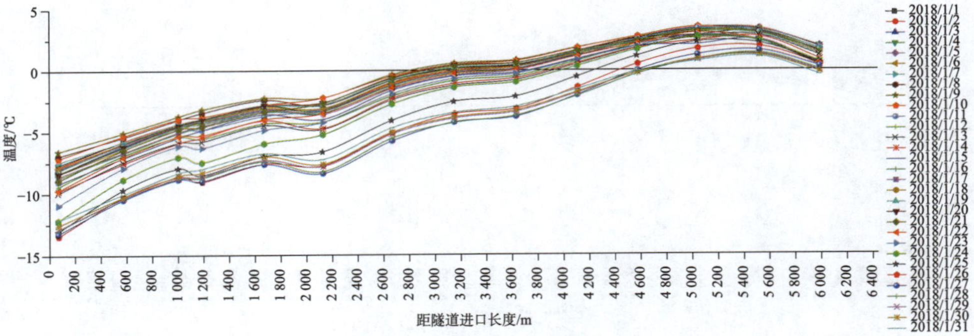

(b) 2018年1月

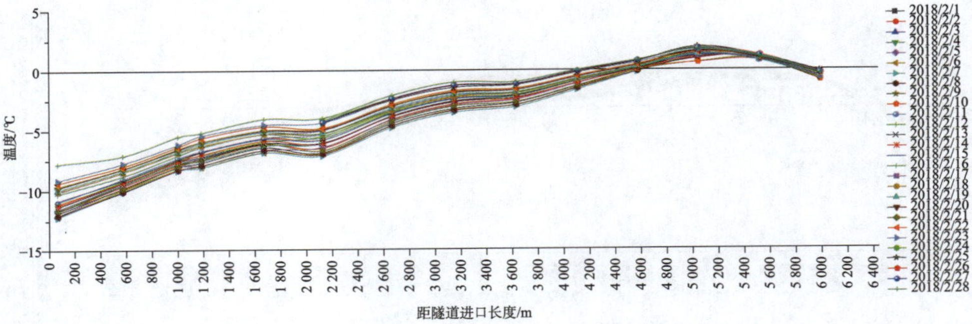

(c) 2018年2月

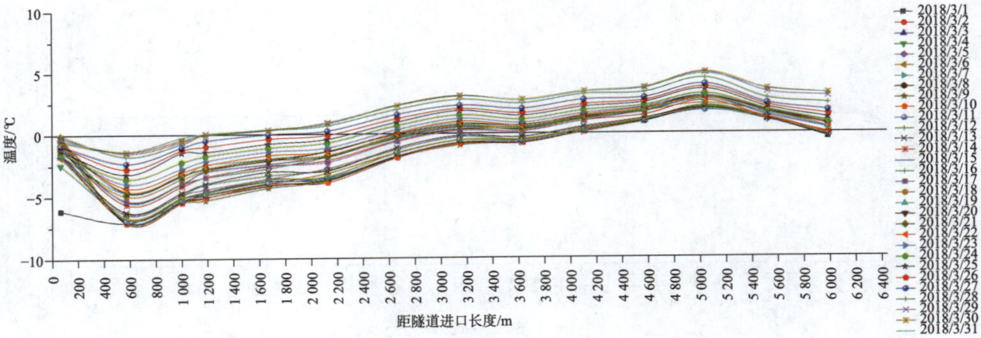

(d) 2018年3月

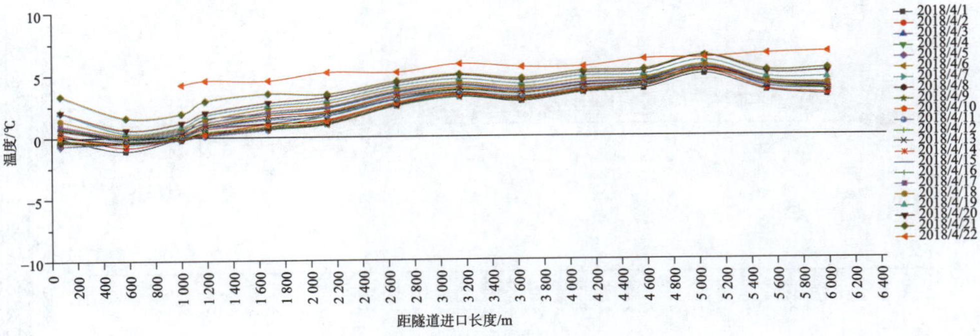

(e) 2018年4月

图 2-50　红房子隧道侧沟内各测点日平均气温沿隧道纵向变化曲线

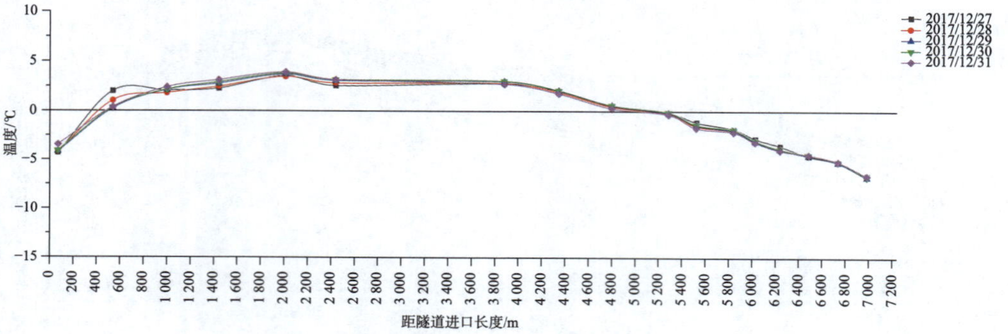

(a) 2017年12月

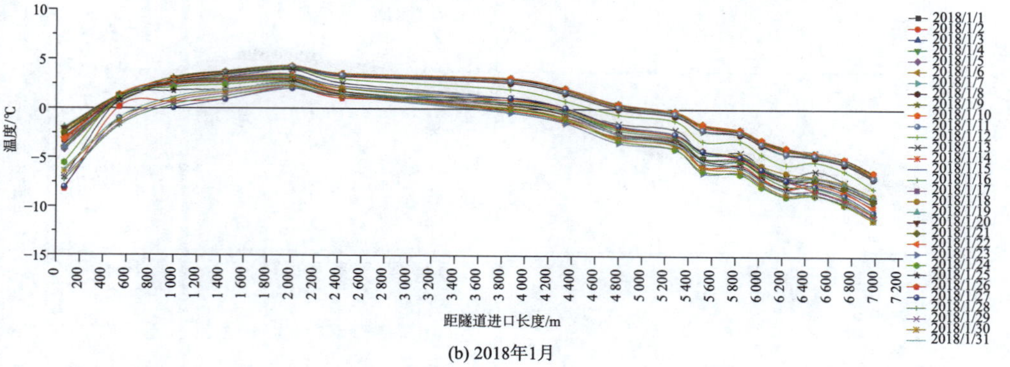

(b) 2018年1月

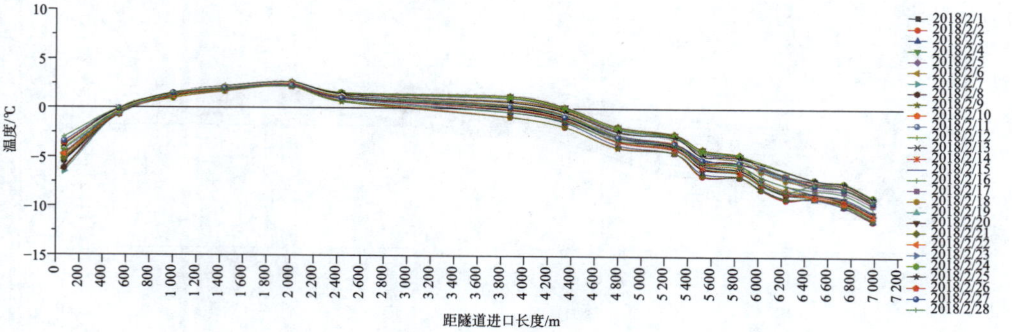

(c) 2018年2月

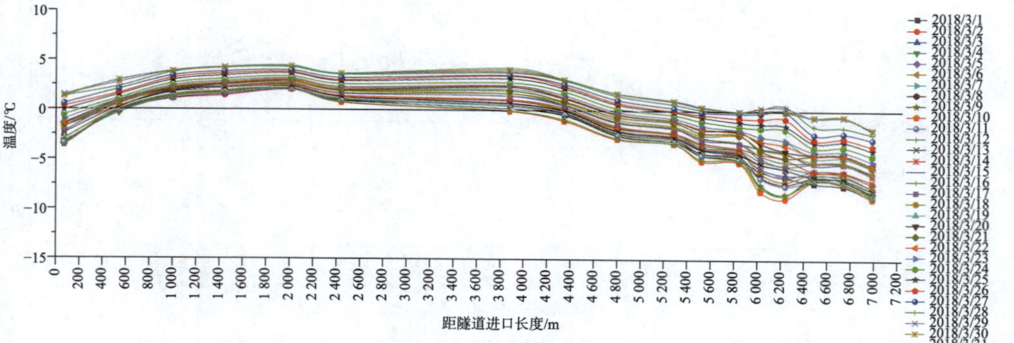

(d) 2018年3月

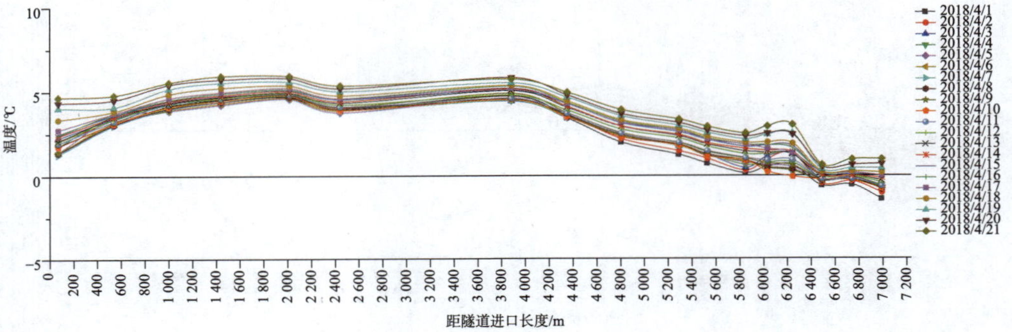

(e) 2018年4月

图 2-51　双丰隧道侧沟内各测点日平均气温沿隧道纵向变化曲线

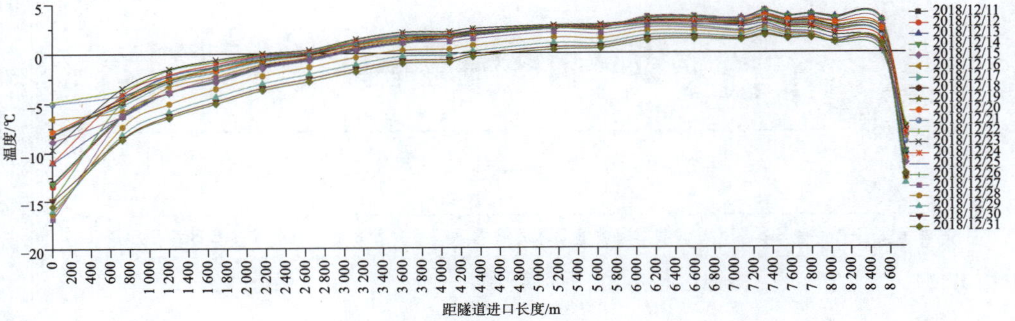

(a) 2018年12月

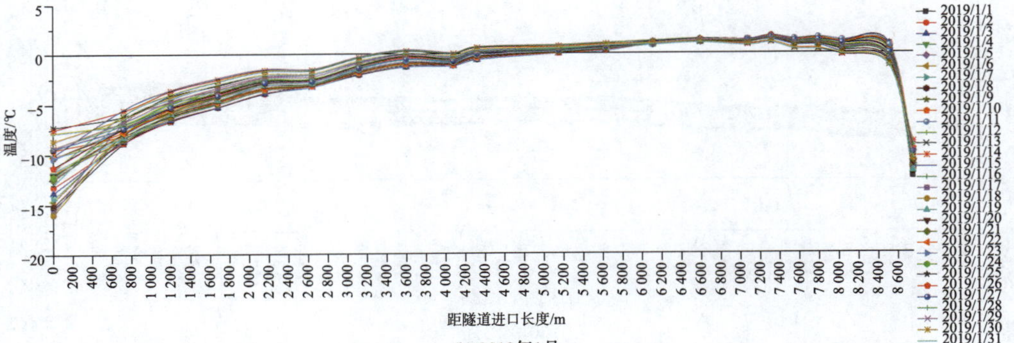

(b) 2019年1月

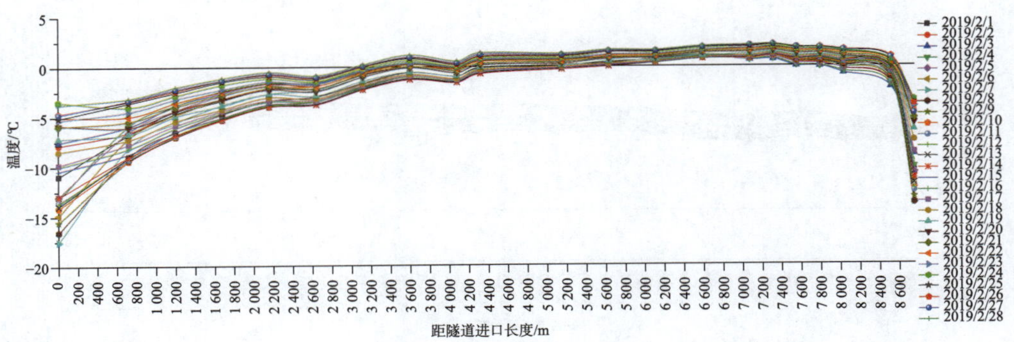

(c) 2019年2月

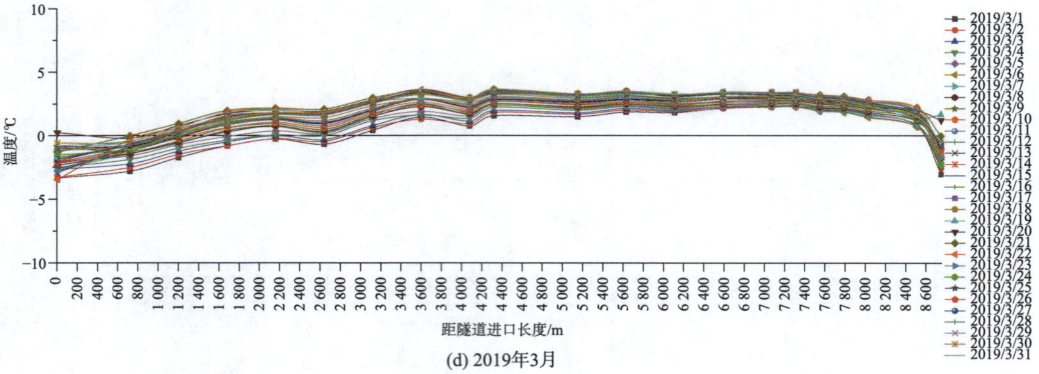

(d) 2019年3月

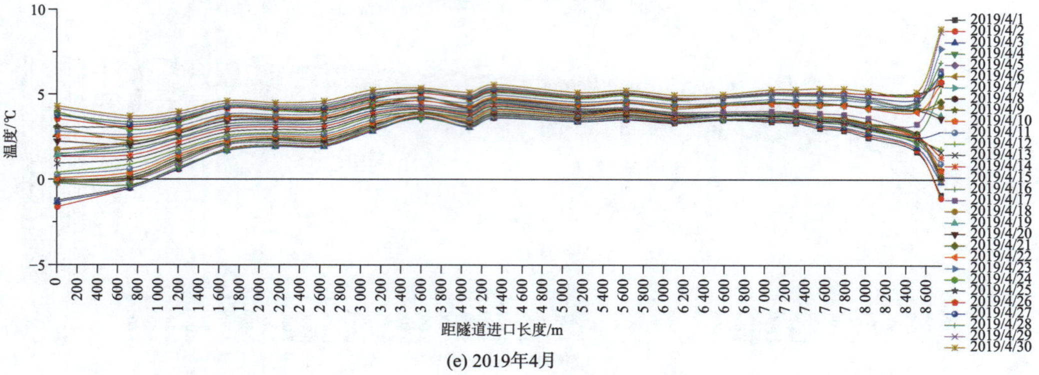

(e) 2019年4月

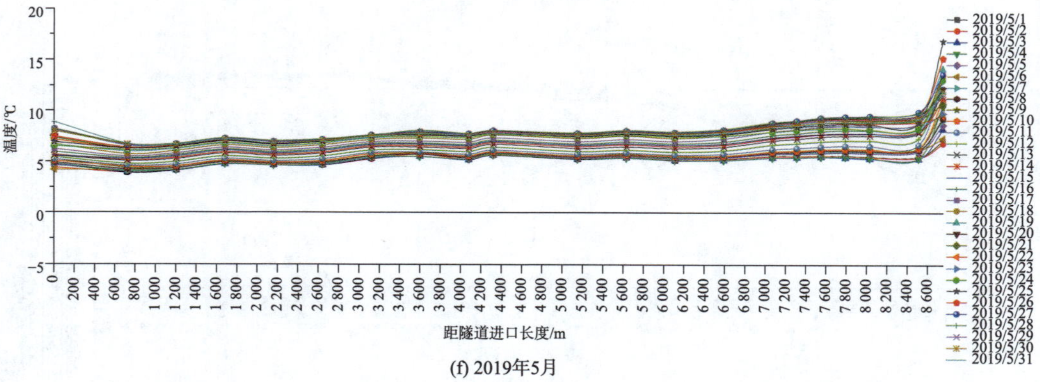

(f) 2019年5月

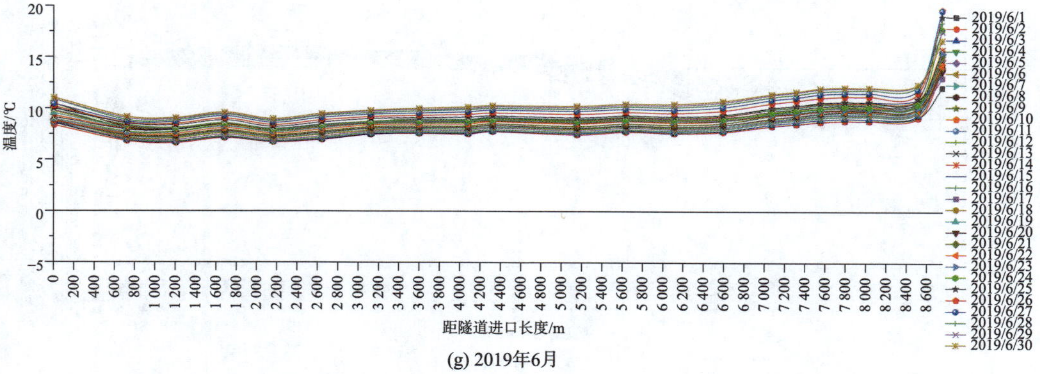

(g) 2019年6月

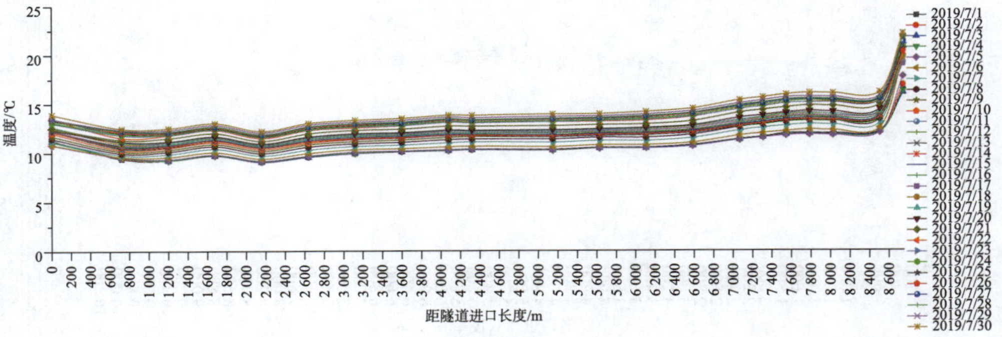

(h) 2019年7月

图 2-52　虎峰岭隧道侧沟内各测点日平均气温沿隧道纵向变化曲线

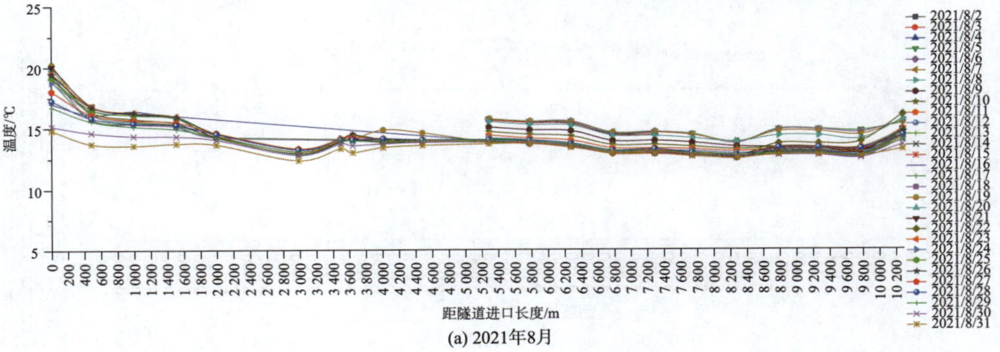

(a) 2021年8月

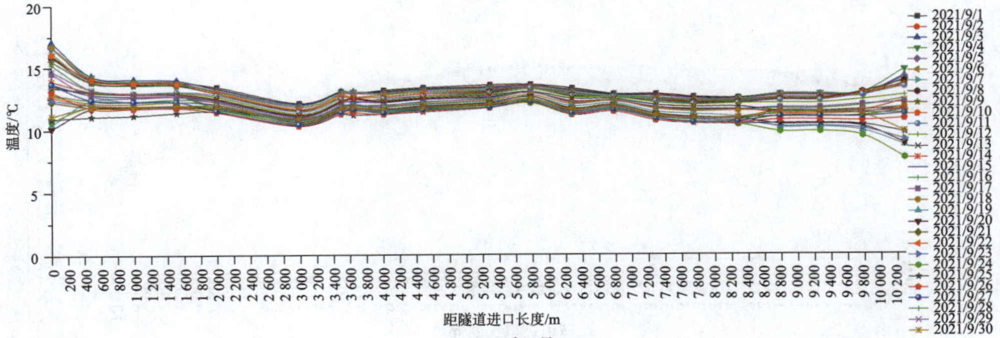

(b) 2021年9月

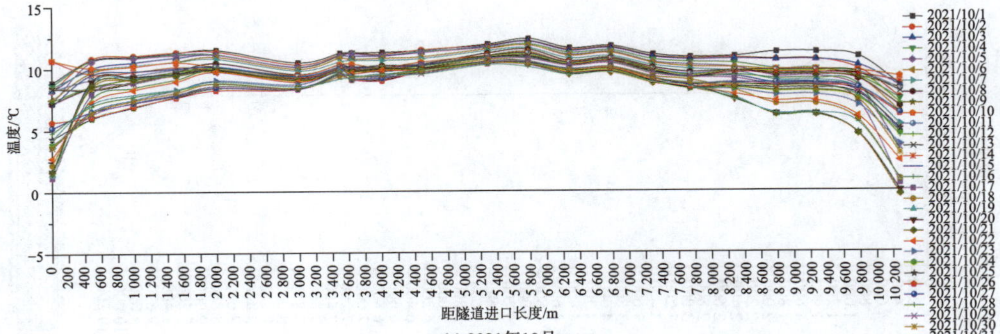

(c) 2021年10月

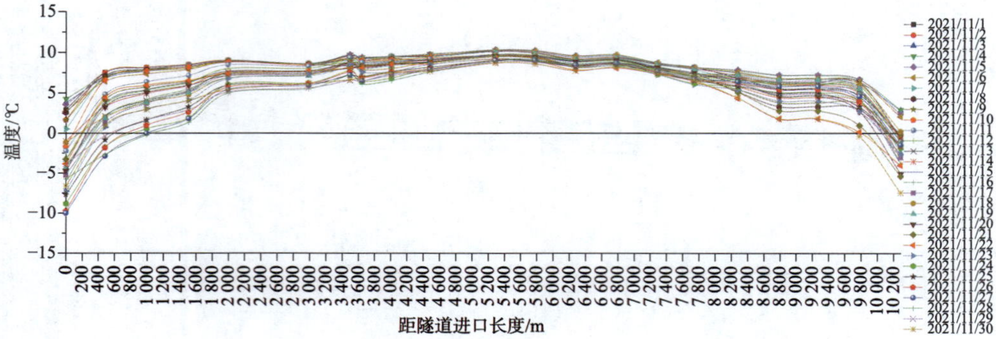

(d) 2021年11月

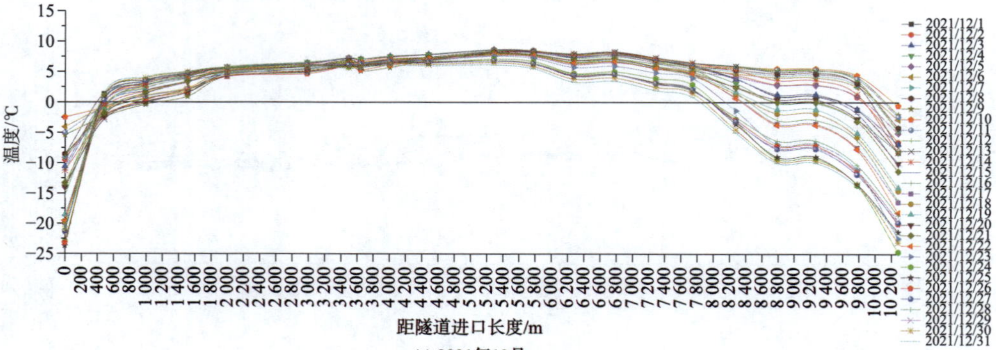

(e) 2021年12月

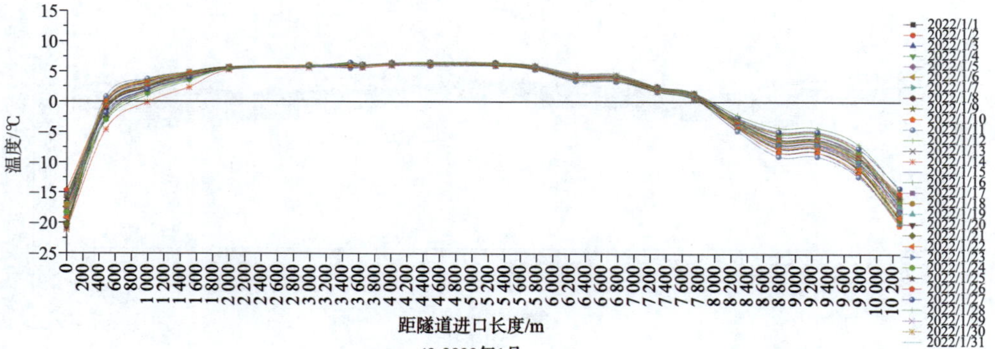

(f) 2022年1月

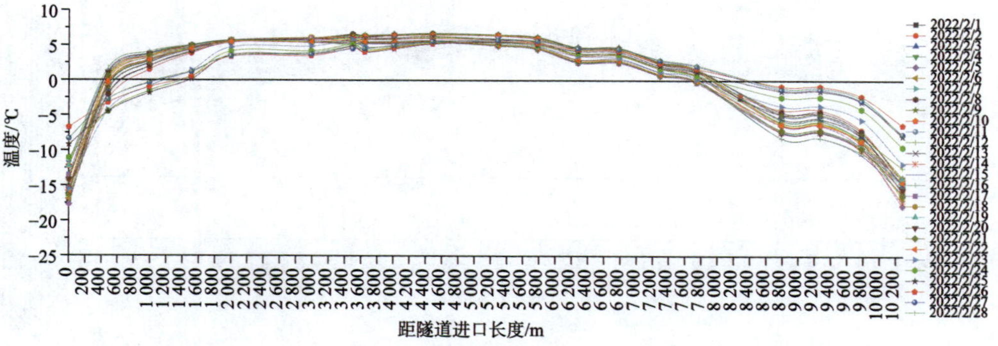

(g) 2022年2月

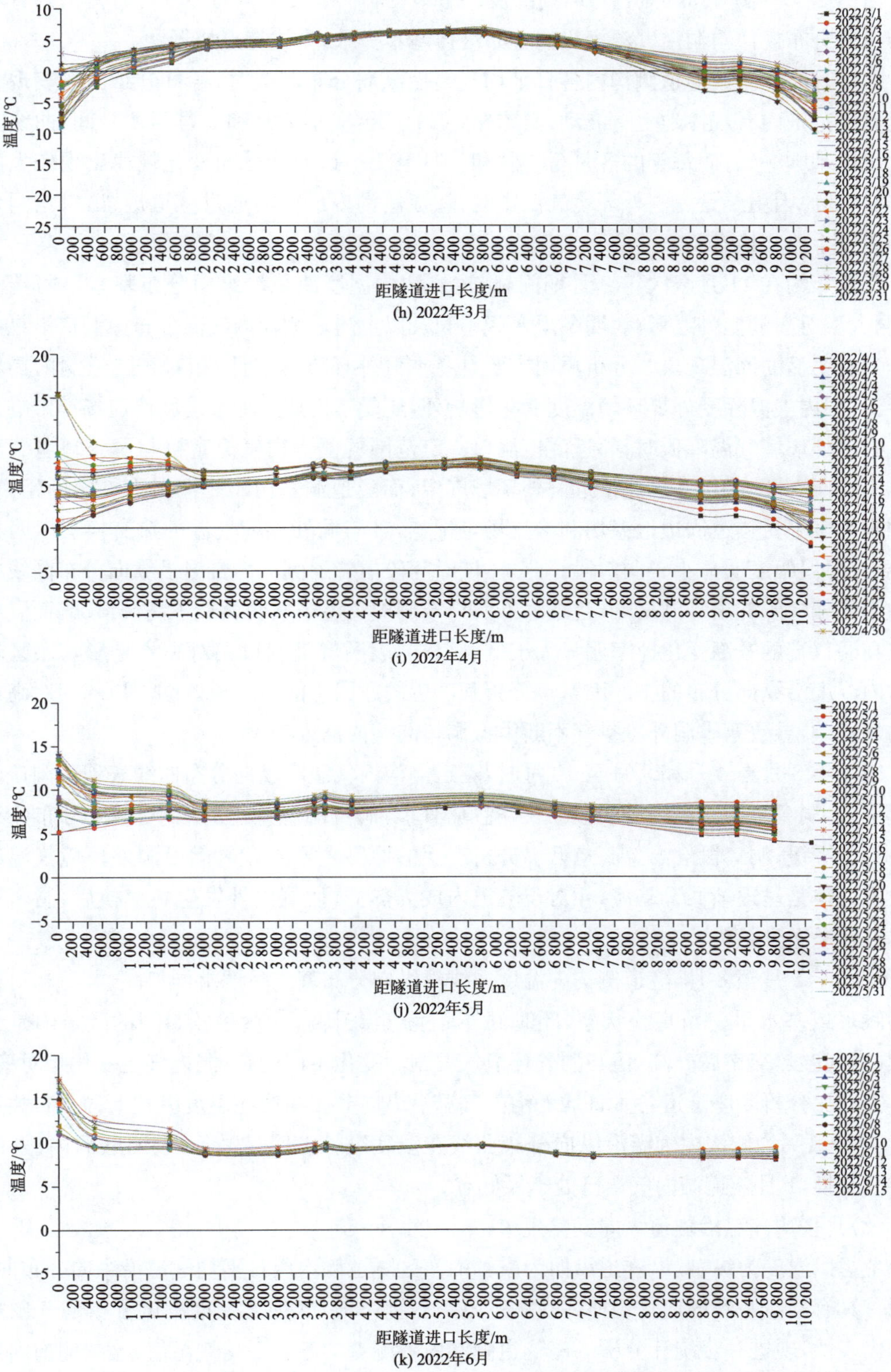

图 2-53　七星峰隧道侧沟内各测点日平均气温沿隧道纵向变化曲线

由图 2-49～图 2-53 分析可知，高纬度严寒地区不同长度的隧道冬季各月侧沟内日均温度沿纵向分布规律与洞内气温沿纵向分布规律基本一致，具体特点如下：

①逐月绘制寒区隧道侧沟内各日平均气温沿纵向分布曲线时，各日分布曲线表现为在一定温度范围内有规律地上下波动，其中每年 11 月至次年 2 月和 5 月至 8 月间，曲线分布变化规律基本一致，而每年的 3 月至 4 月和 9 月至 10 月，曲线分布变化规律出现较大的变化，分析其原因主要是受洞外环境气温影响，隧道侧沟内沿纵向通过隧道进、出口与洞外环境持续发生热交换有关。

②每年约在 11 月至次年 2 月期间，隧道侧沟内温度曲线沿纵向分布基本呈两端洞口低、洞身相对高的抛物线形，表明冬季寒区中长及以上隧道侧沟内气温分布由洞口沿纵向至洞身具有明显的回温现象。分析原因主要是冬季洞外环境气温低，相对于隧道洞内环境是个冷源，洞内气温除受外界环境温度变化影响外，还受隧道周边地温场和渗流场等影响。当入冬后洞外环境气温降低时，邻近隧道洞口一定范围的侧沟内气温直接与洞外环境气温发生热交换而立即降低，并迅速接近洞外环境气温；而隧道洞身由于距洞口有一定的距离，加之侧沟内气温受隧道周边地温场和渗流场等影响，且与洞外环境气温的热交换程度明显减弱，导致降温幅度明显小于洞口段。此外，该时间段内隧道侧沟内气温沿纵向分布曲线的顶点均明显偏向于隧道高洞口端，且隧道低洞口端洞内负温区域明显长于高洞口端，而温度曲线在高洞口端的升高变化速率明显大于低洞口端，表明隧道洞口相对高差是影响寒区隧道侧沟内温度沿纵向分布的主导因素。分析其产生的原因可能与隧道两端洞口的相对高差引起的气压差，导致寒季洞外冷空气不断由低洞口向洞内涌入有关。

③每年 3 月至 4 月和 9 月至 10 月时，隧道侧沟内气温沿纵向分布曲线表现为洞口段气温起伏大，洞身范围正温区域明显加长，隧道洞口与洞身的温差逐渐减小，温度分布曲线也明显趋于平缓，洞口段气温忽高忽低。分析产生的原因主要是该时间段洞外环境气温起伏较大但总体是呈逐渐回升趋势，相对于隧道内成为热源，而洞内外发生热交换后，洞内气温总体逐渐呈上升趋势。

④每年 5 月至 8 月，隧道侧沟内温度曲线沿纵向分布基本呈两端洞口高、洞身相对低的抛物线形或基本呈一条直线状态，此时洞外环境气温升高，相对于较封闭的隧道内是个热源，洞内气温热交换后升高，但与洞外环境气温剧烈变化不同的是，洞内气温变化相对稳定。

⑤对比分析 5 座隧道各月日均侧沟内气温沿纵向分布曲线在温度纵轴上的分布关系发现，1 月份日平均侧沟内气温沿纵向分布曲线在温度纵轴上明显最低，表明经洞内、外能量的持续交换，1 月隧道洞内气温已处于最低点。

(2)月平均气温沿隧道纵向变化规律

考虑以温度为纵轴、沿隧道纵向为横轴的寒区隧道侧沟内日平均气温沿纵向分布曲线，在每月具有基本一致的变化规律并在一定范围内上下波动，加之短期测试分析的气象规律不具代表性，现进一步统计分析 5 座隧道侧沟内各测点的各月平均气温值，绘制侧沟内月平均气温沿纵向分布曲线，如图 2-54～图 2-58 所示。

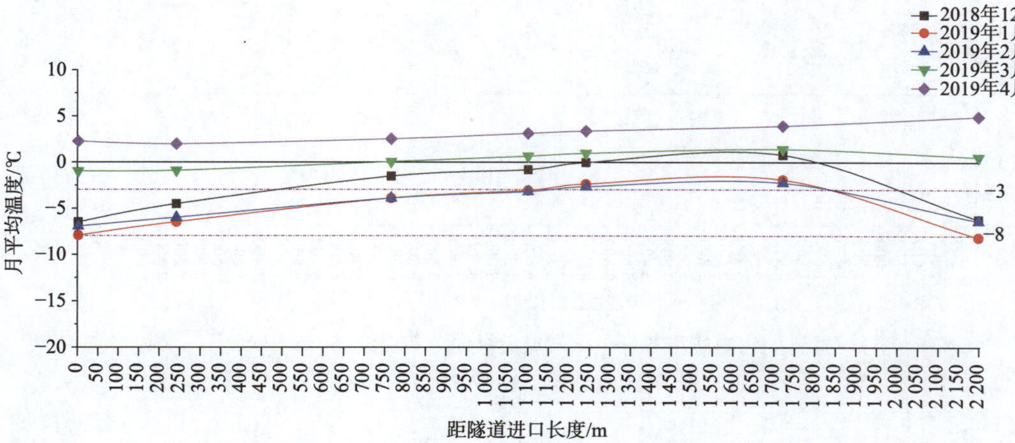

图 2-54　马北隧道侧沟内实测各月平均气温沿纵向分布曲线(2018 年 12 月—2019 年 4 月)

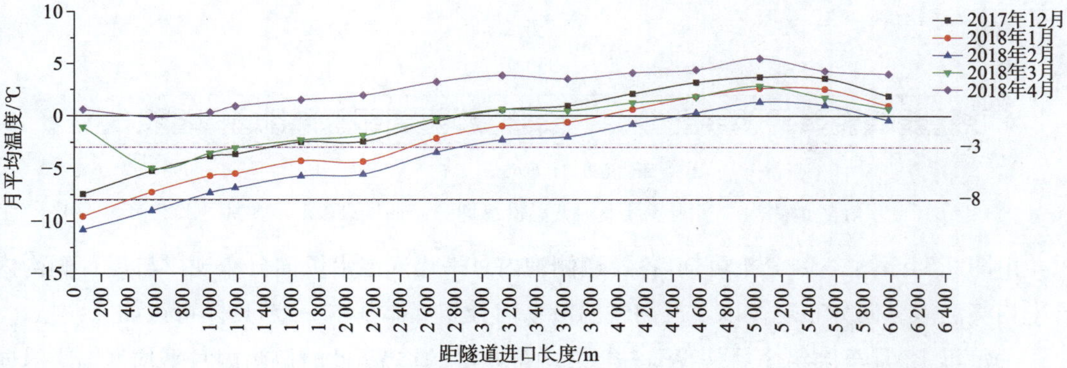

图 2-55　红房子隧道侧沟内实测各月平均气温沿纵向分布曲线(2017 年 12 月—2018 年 4 月)

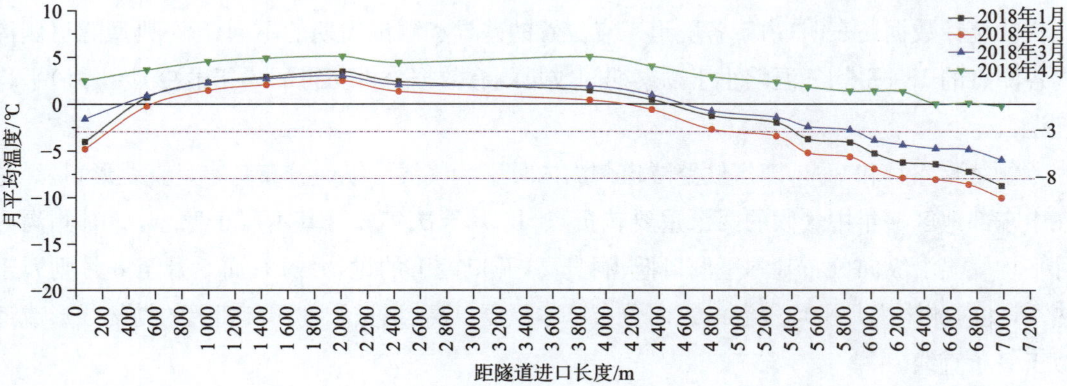

图 2-56　双丰隧道侧沟内实测各月平均气温沿纵向分布曲线(2018 年 1—4 月)

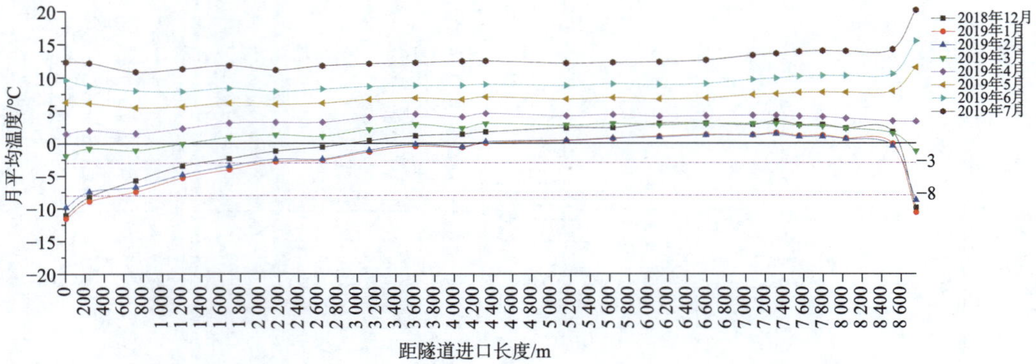

图 2-57　虎峰岭隧道侧沟内实测各月平均气温沿纵向分布曲线(2018 年 12 月—2019 年 7 月)

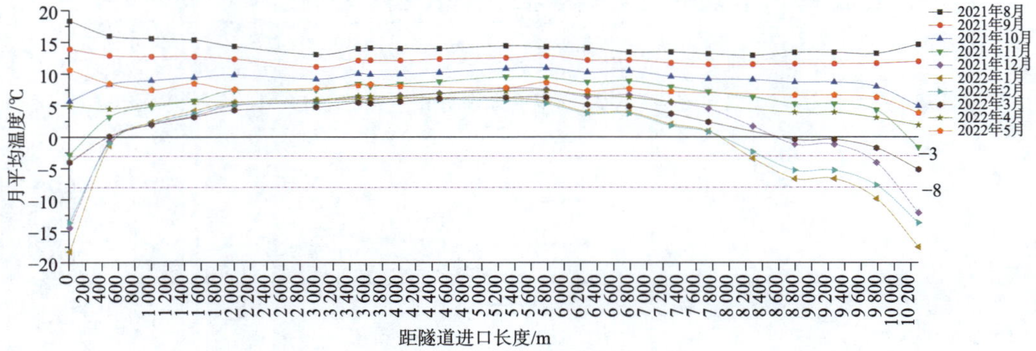

图 2-58　七星峰隧道侧沟内实测各月平均气温沿纵向分布曲线(2021 年 8 月—2022 年 5 月)

由图 2-54～图 2-58 分析可知,各隧道侧沟内月平均气温沿纵向分布规律与逐月侧沟内日平均气温沿纵向分布规律以及洞内气温沿纵向分布规律基本一致,具体特点如下:

①每年 12 月至次年 2 月是我国一年之中最寒冷的季节,此时侧沟内月平均气温沿纵向分布曲线规律与侧沟内各日平均气温沿纵向分布规律基本一致,表明实测分析寒区隧道侧沟内月平均气温沿纵向分布规律具有普遍性,但因受洞外环境气温变化上下浮动。

②统计数据还表明,由于各隧道工点位置的差异和测试周期的不同,5 座典型隧道侧沟内各测点的 1 月平均气温均小于勘察期间收集既有数据分析获得的累年最冷月(1 月)平均气温。

③每年 4 月和 9 月,寒区铁路隧道侧沟内月平均气温沿纵向分布基本呈直线形,是黑龙江中东部地区一年中气候的两个重要转折点;10 月至次年 3 月基本属于寒季,此时侧沟内月平均气温沿纵向分布基本呈洞口低、洞身高,开口朝下的抛物线形;而 5 月至 8 月则属于热季,此时侧沟内月平均气温沿纵向分布基本呈洞口高、洞身低且开口朝上的抛物线形或近似于一条直线。

2.1.4　隧道中心沟内气温变化规律

在 2017—2022 年期间,共获得了马北、鲜丰、红房子、双丰、虎峰岭、七星峰 6 座典型隧道不同月份的中心沟内温度测试数据，整理后分析如下。

1. 中心沟内典型断面时程变化规律

结合不同年份 6 座隧道中心沟内温度测试数据，选取距隧道进、出口最近测点以及洞身典型测点，绘制中心沟内典型断面温度随时间变化曲线，如图 2-59～图 2-64 所示。

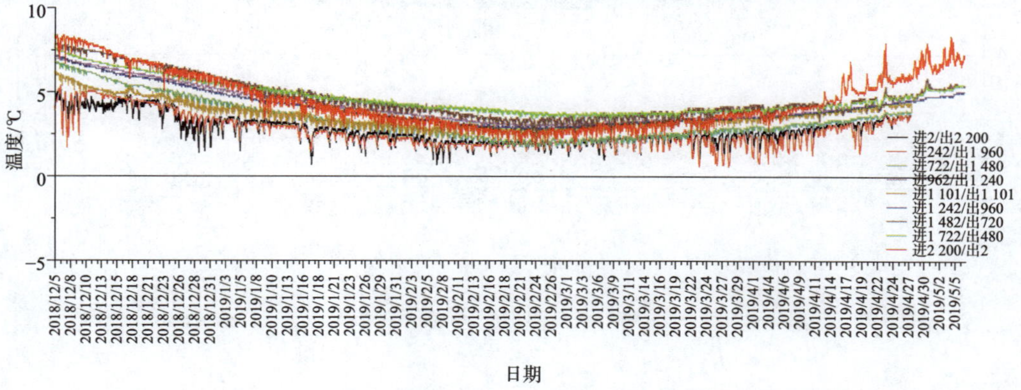

图 2-59　马北隧道中心沟内典型断面温度时程变化曲线(2018/12/5—2019/5/6)

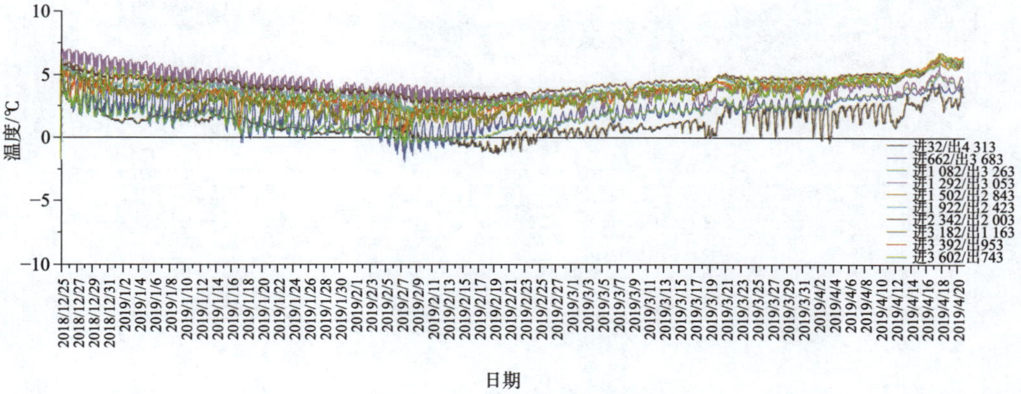

图 2-60　鲜丰隧道中心沟内典型断面温度时程变化曲线(2018/12/25—2019/4/20)

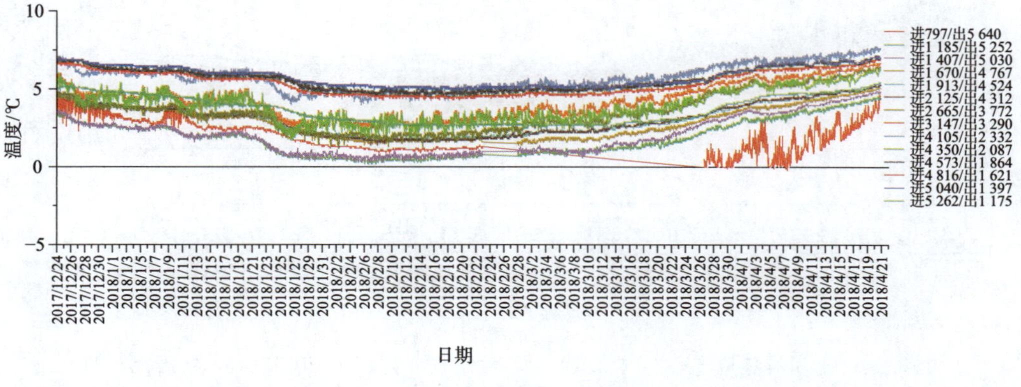

图 2-61　红房子隧道中心沟内典型断面温度时程变化曲线(2017/12/24—2018/4/22)

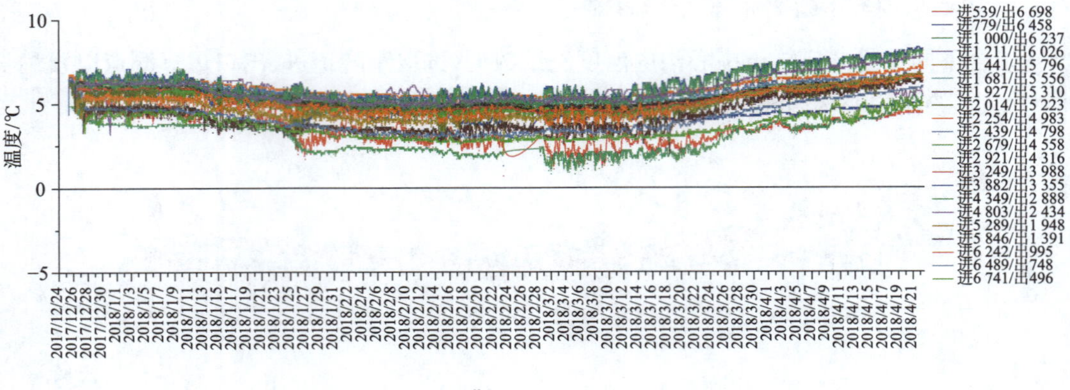

图 2-62　双丰隧道中心沟内典型断面温度时程变化曲线(2017/12/24—2018/4/21)

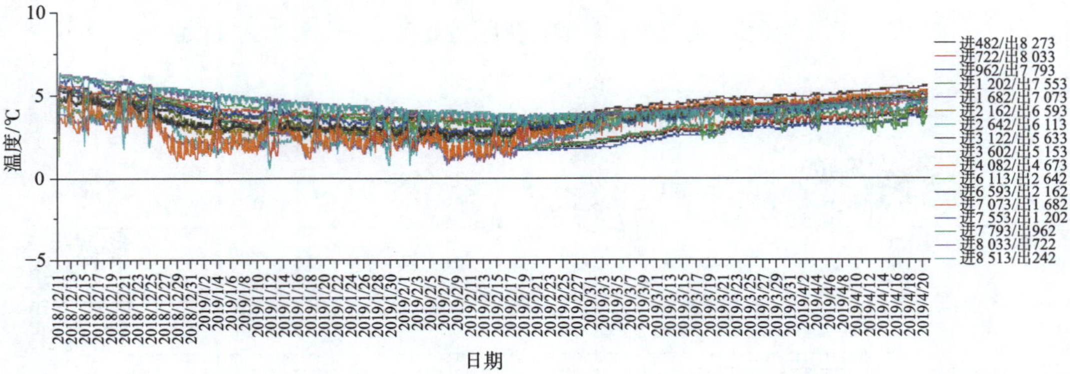

图 2-63　虎峰岭隧道中心沟内典型断面温度时程变化曲线(2018/12/11—2019/4/20)

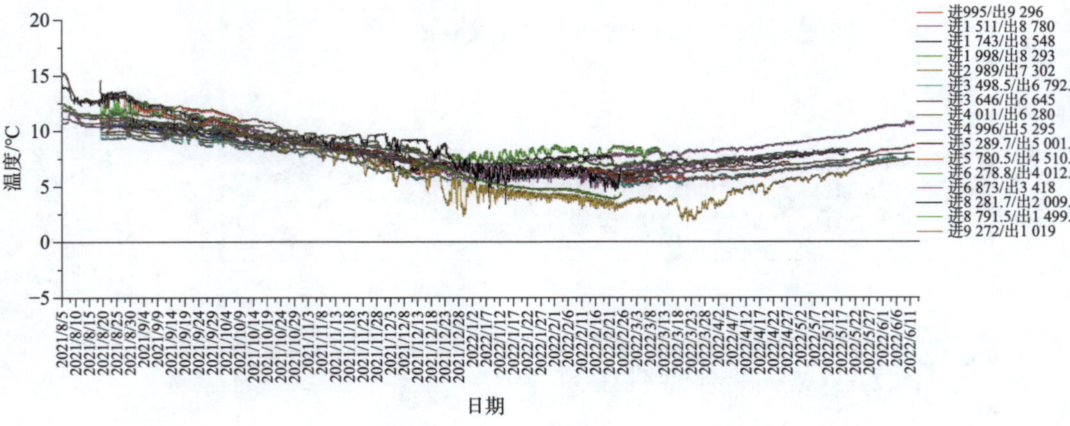

图 2-64　七星峰隧道中心沟内典型断面温度时程变化曲线(2021/8/5—2022/6/13)

由图 2-59～图 2-64 分析可知，不同长度的高纬度严寒地区隧道，冬季中心沟内气温虽然随着时间推移表现为在一定范围内上下波动，但其波动幅度明显小于洞内和侧沟内气温，且中心沟内气温均高于 0 ℃，表明位于隧底的中心沟的保温性能明显优于洞内和侧沟内。此外，中心沟内气温高于 0 ℃的情况与上述 6 座隧道中心沟内测试期内均未发生冻害的情况基本相符。

2. 中心沟内温度沿纵向变化规律

考虑高纬度严寒地区隧道中心沟内气温基本均高于 0 ℃，而 1 月是北半球陆地的最冷月，加之测试分析表明，1 月隧道洞内气温和侧沟内气温基本均处于最低点，因此，选择 6 座隧道 1 月中心沟内各日平均气温沿隧道纵向变化进行分析，如图 2-65～图 2-70所示。

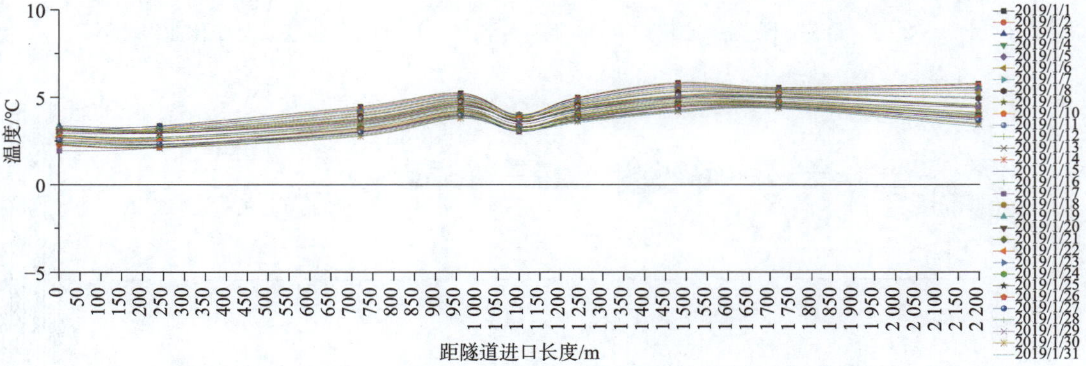

图 2-65　马北隧道中心沟内 2019 年 1 月各日平均气温沿隧道纵向变化曲线

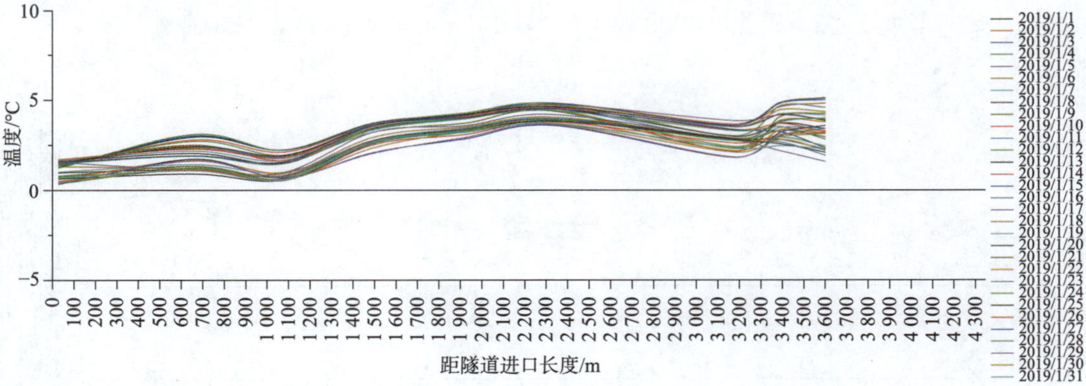

图 2-66　鲜丰隧道中心沟内 2019 年 1 月各日平均气温沿隧道纵向变化曲线

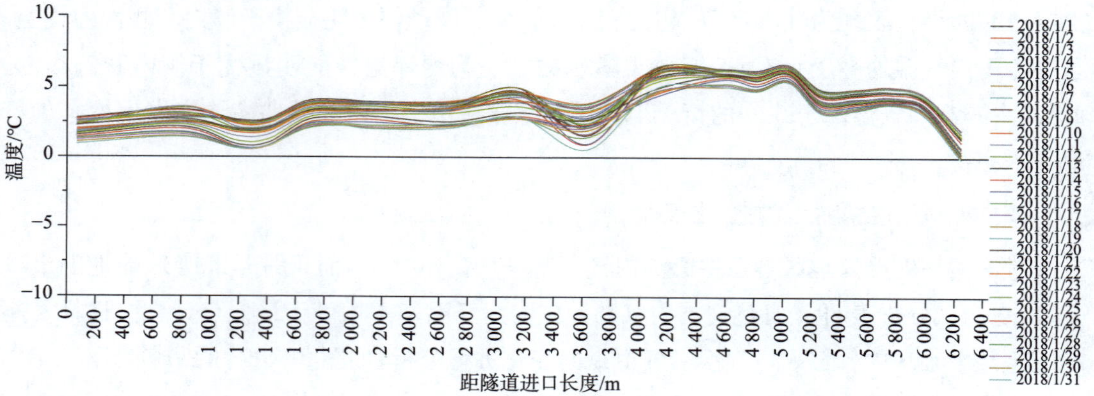

图 2-67　红房子隧道中心沟内 2018 年 1 月各日平均气温沿隧道纵向变化曲线

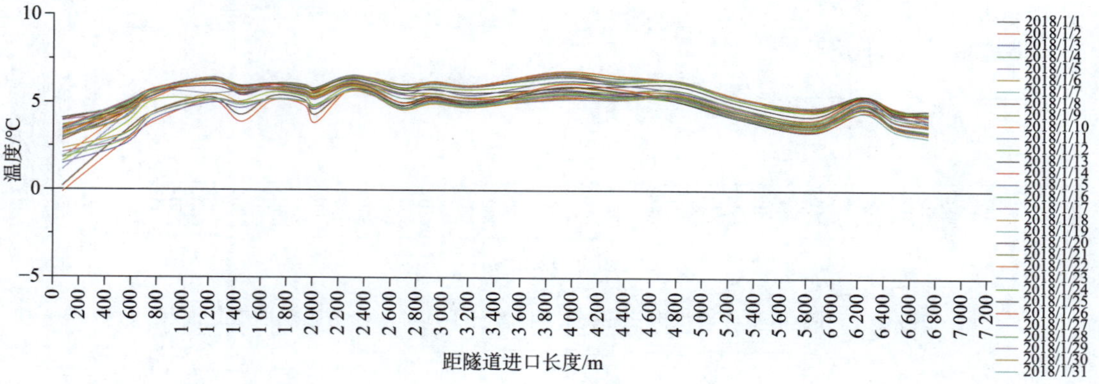

图 2-68　双丰隧道中心沟内 2018 年 1 月各日平均气温沿隧道纵向变化曲线

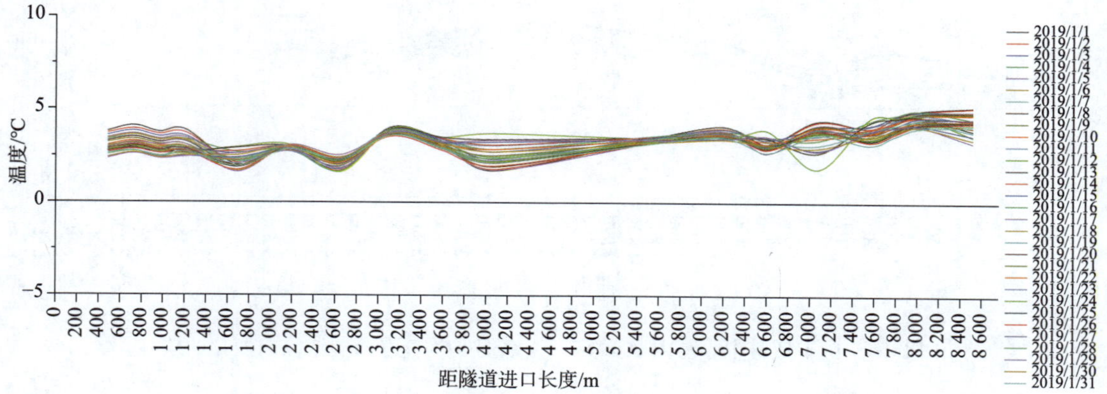

图 2-69　虎峰岭隧道中心沟内 2019 年 1 月各日平均气温沿隧道纵向变化曲线

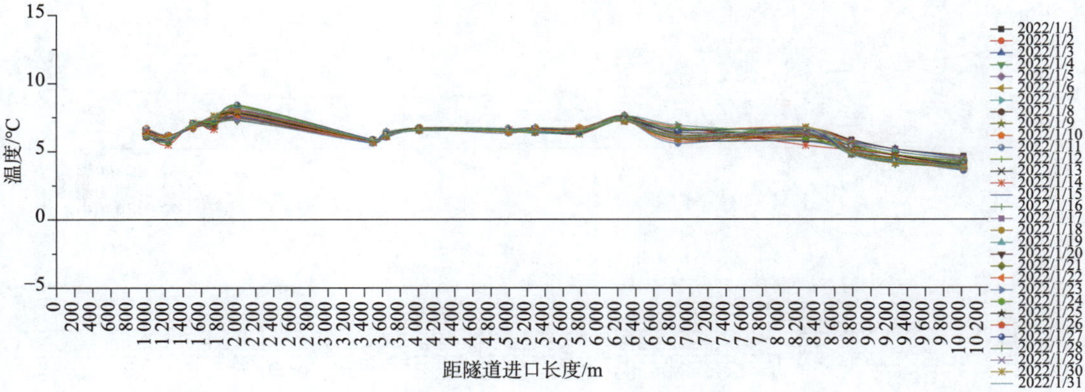

图 2-70　七星峰隧道中心沟内 2022 年 1 月各日平均气温沿隧道纵向变化曲线

由图 2-65～图 2-70 分析可知，高纬度严寒地区长大隧道中心沟内气温沿纵向分布规律明显与洞内气温和侧沟内气温不同，具有如下特点：

①中心沟内 1 月日平均气温徘徊在 2.0～7.5 ℃，且中心沟内受环境温度影响远小于洞内气温和侧沟。

②经现场核实冬季 6 座隧道中心管沟内均未发生冻结，表明该地区长大隧道在隧底设置中心深埋水沟，洞身局部设置保温中心水沟作为隧道的主要排水设施，可确保冬季隧道排水畅通。

2.1.5　隧道洞内、侧沟及中心沟保温性能对比分析

为进一步对比分析隧道同一里程处洞内、侧沟和中心沟内温度的不同变化规律，探讨隧道洞内保温排水设施的有效性，分别选择了马北隧道、双丰隧道和虎峰岭隧道部分典型断面处不同测点温度变化情况进行分析，如图 2-71～图 2-73 所示。

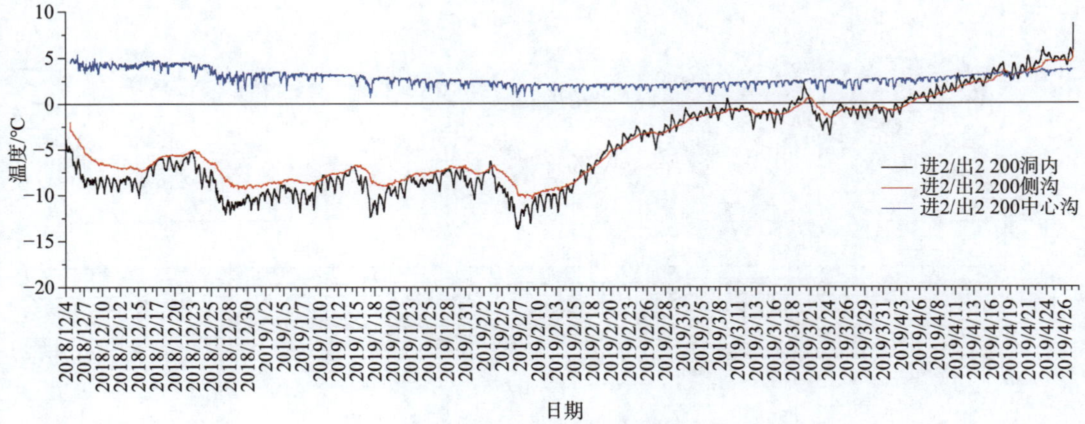

(a) 距进口2 m/出口2 200 m处测点断面

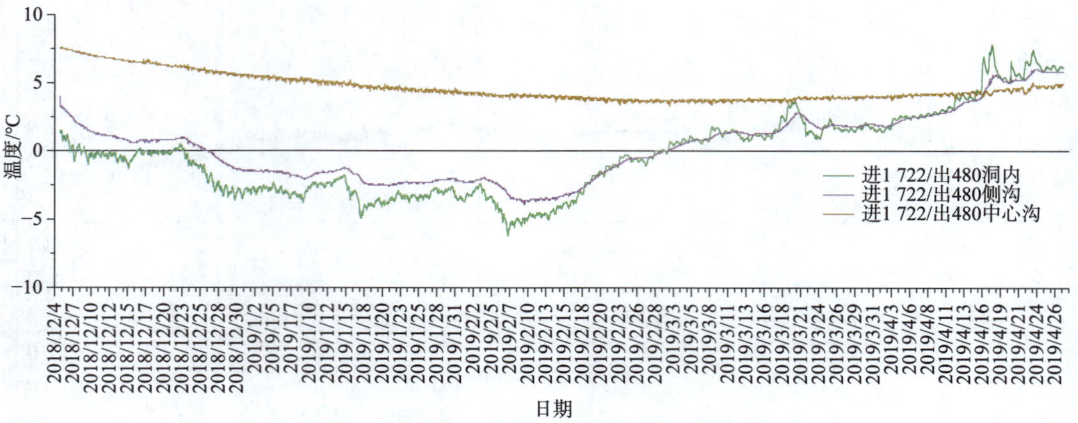

(b) 距进口1 722 m/出口480 m处测点断面

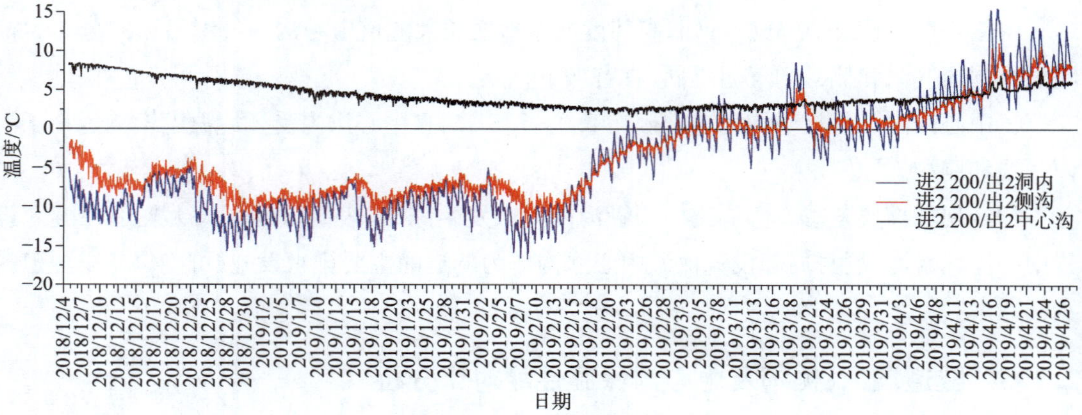

(c) 距进口2 200 m/出口2 m处测点断面

图 2-71　马北隧道典型断面处洞内、侧沟及中心沟的温度时程变化曲线(2018—2019 年冬季)

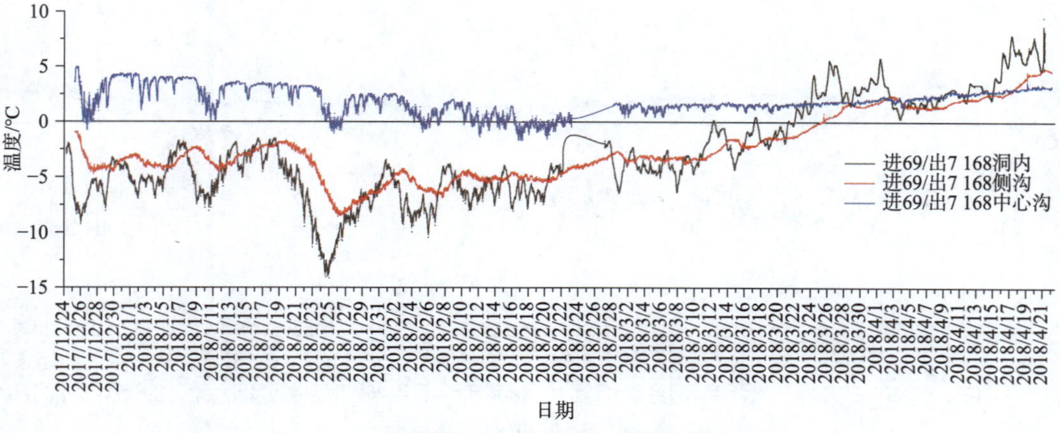

(a) 距进口69 m/出口7 168 m处测点断面

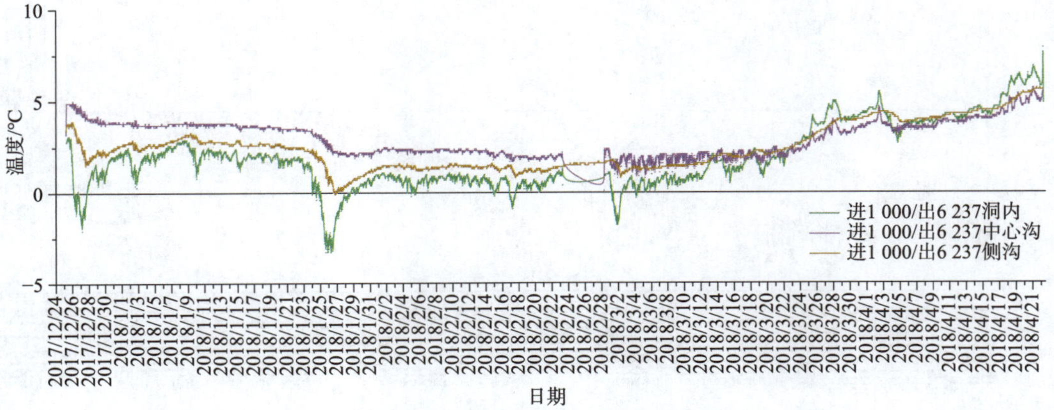

(b) 距进口1 000 m/出口6 237 m处测点断面

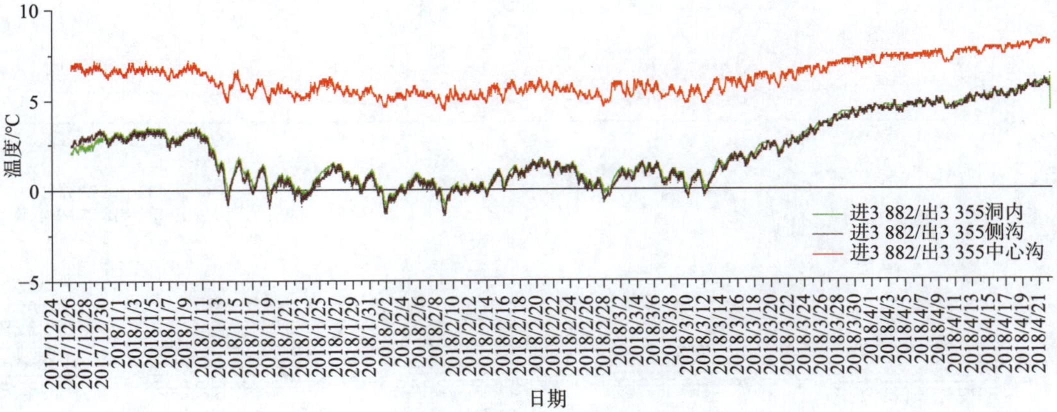

(c) 距进口3 882 m/出口3 355 m处测点断面

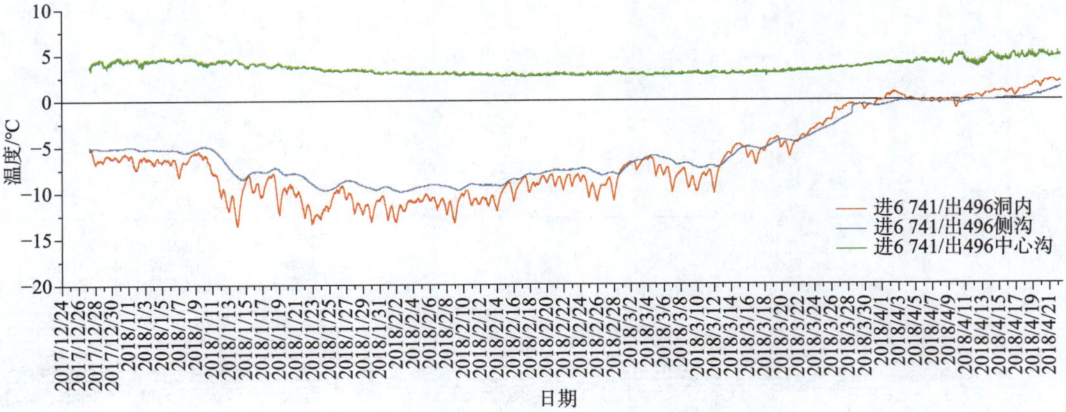

(d) 距进口6 741 m/出口496 m处测点断面

图 2-72　双丰隧道典型断面处洞内、侧沟及中心沟的温度时程变化曲线(2017—2018 年冬季)

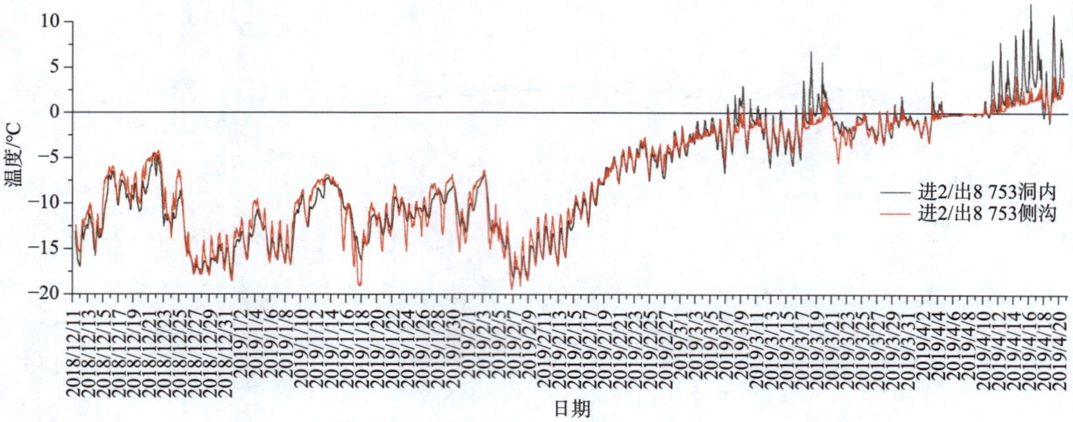

(a) 距进口2 m/出口8 753 m处测点断面

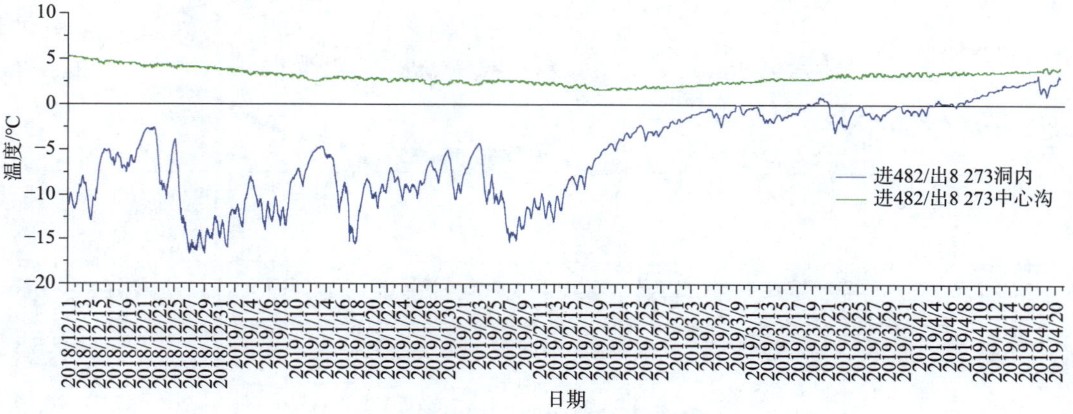

(b) 距进口482 m/出口8 273 m处测点断面

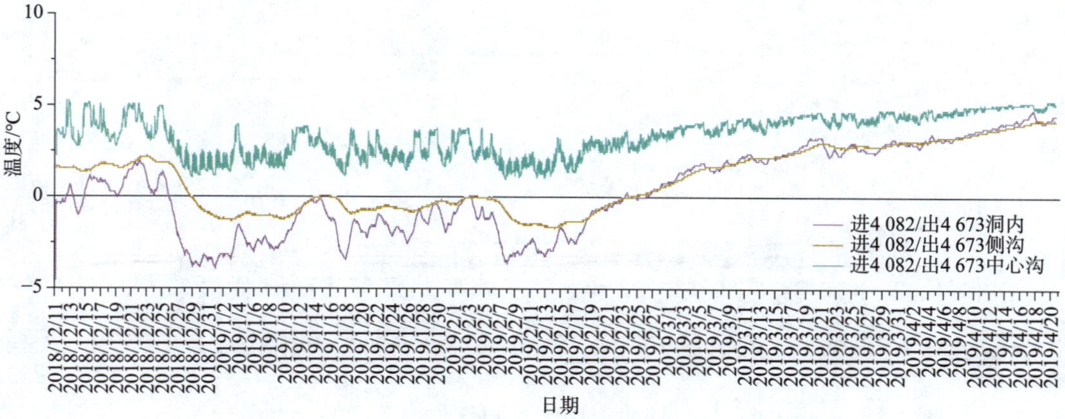

(c) 距进口4 082 m/出口4 673 m处测点断面

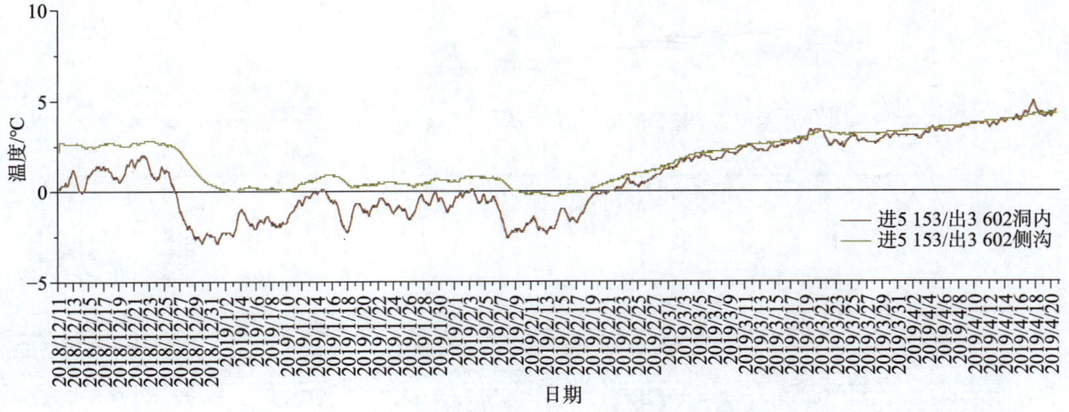

(d) 距进口5 153 m/出口3 602 m处测点断面

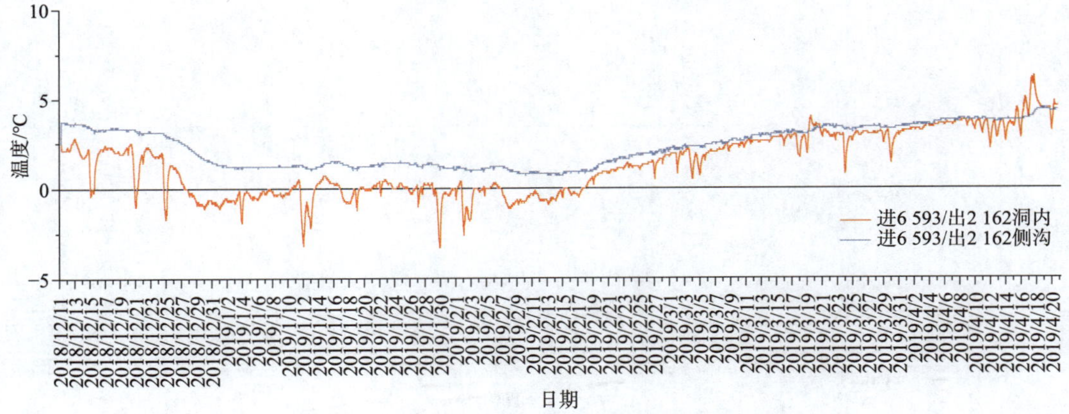

(e) 距进口6 593 m/出口2 162 m处测点断面

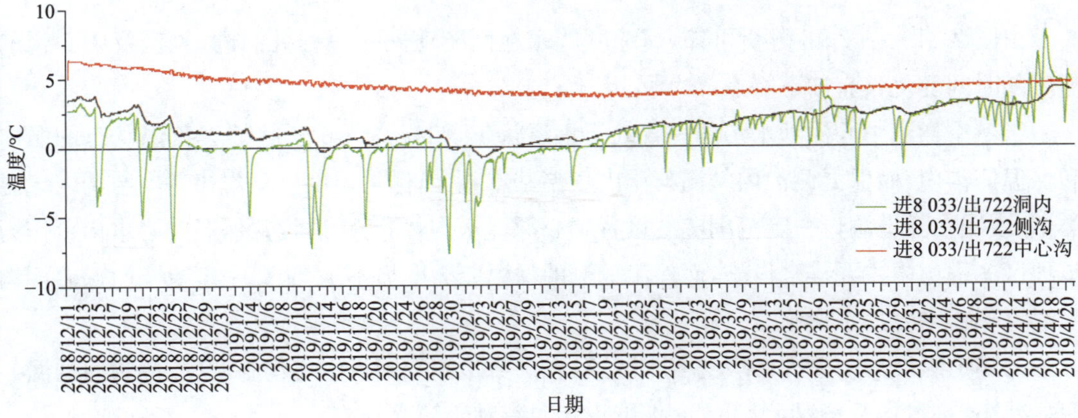

(f) 距进口8 033 m/出口722 m处测点断面

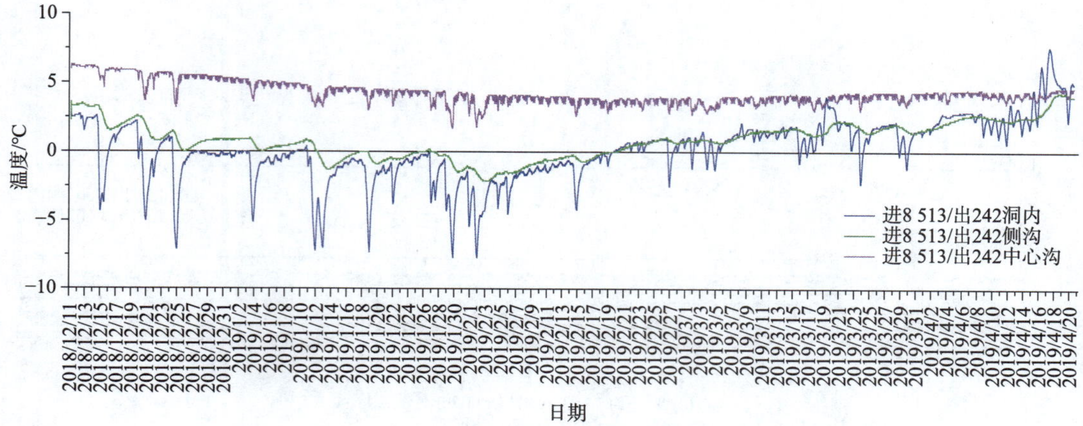

(g) 距进口8 513 m/出口242 m处测点断面

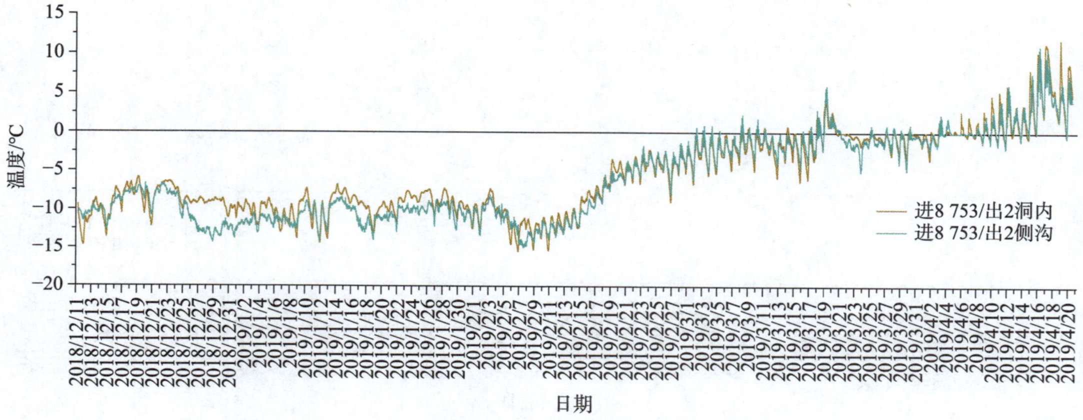

(h) 距进口8 753 m/出口2 m处测点断面

图 2-73　虎峰岭隧道典型断面处洞内、侧沟及中心沟温度时程变化曲线(2018—2019 年冬季)

由图 2-71～图 2-73 分析可知，高纬度严寒地区隧道同一里程处洞内、侧沟及中心沟的温度随时间变化具有如下特点：

①冬季隧道中心深埋水沟内一直处于正温状态，明显高于长时间处于负温状态的洞内和保温侧沟内，而保温侧沟内气温与洞内气温基本相当，侧沟温度变化规律基本与洞内气温类似，表明在隧道洞口一定范围隧底设置中心深埋水沟，洞身隧底设置保温中心水沟可作为该地区冬季洞内主要排水设施，而保温侧沟的保温能力明显不足，洞口一定范围的保温侧沟不适宜作为主要排水设施。

②隧道纵坡为明显人字坡的双丰隧道，在洞身最高点附近中心沟与洞内、侧沟内的温差明显减小，基本均呈正温，表明人字坡隧道相对有利于防寒抗冻。

2.2　高海拔寒区隧道内实测温度场

公路与高速铁路最大的区别在于公路的运行对象是时速低于 120 km 的汽车，而高速铁路的运行对象则是时速超过 200 km 的高速列车。而高纬度寒区高速铁路隧道洞内温度场实测数据表明，当铁路的列车密度较小时，列车运营形成的活塞风对洞内温度场分布的影响并不明显，仅当列车密度足够大且活塞风能形成持续效应时才可能对洞内温度场分布产生影响。此外，我国高海拔寒区主要分布在人烟相对少的西部和西南部，铁路线路的列车对数均较少。因此，高海拔寒区公路隧道洞内温度场的分布规律与高海拔寒区高速铁路隧道洞内温度场分布规律具有相似性。

2.2.1　测试方案

目前公路隧道按长度不同通常可划分为短隧道（$L\leqslant 500$ m）、中长隧道（$500<L<1\ 000$ m）、长隧道（$1\ 000\leqslant L\leqslant 3\ 000$ m）和特长隧道（$L>3\ 000$ m）。为研究高海拔寒区公路隧道的温度场变化规律，选择部分运营和建设期不同长度、不同条件的隧道作为温度测试的典型工点，沿隧道纵向布置温度测点，测试隧道洞内纵向气温数据。温度测点位置主要包括隧道进、出口，隧道正中，现有洞口保温层长度处及其前后 200 m。为了比较准确测出隧道纵向温度分布规律，在除了上述位置外的其他位置根据隧道实际情况进行布点，测点主要布设在隧道进风一端，另一端温度测点根据实际情况适当减少。另外，为了方便分析，在部分隧道进出口、隧道中心分别布置风速计、湿度计和大气压力计等。隧道洞内测点布置情况如图 2-74 所示。所有隧道监测数据至少有一个完整年数据，监测日期为 2018 年 1 月—2019 年 1 月。

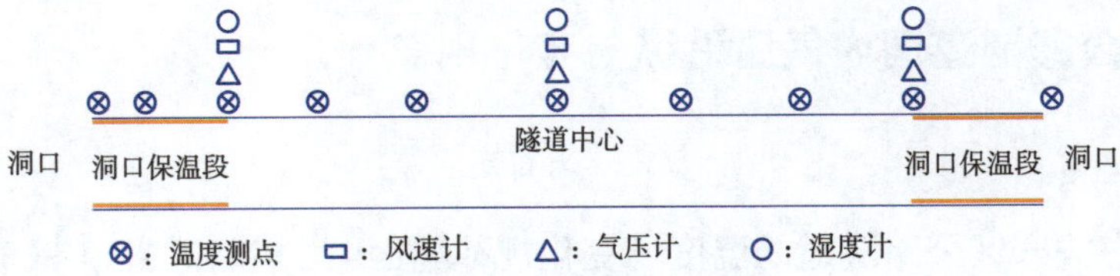

(a) 测点纵向布置

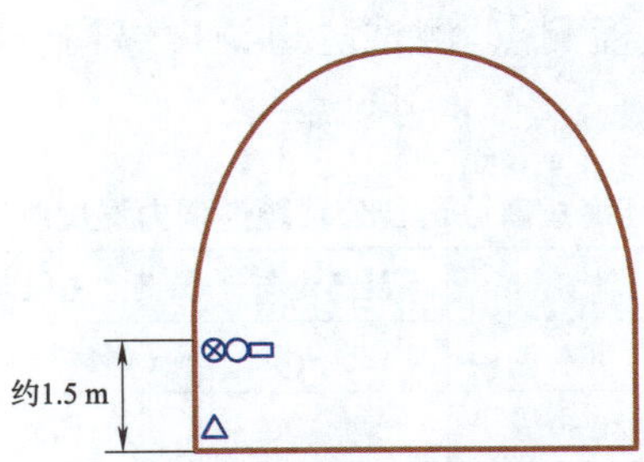

(b) 测点布置剖面

图 2-74　隧道洞内测点布置示意图

温度测点、风速计与湿度计如图 2-75 所示，其中温度测点采用两种，温度测点 1 型采用数据采集器自动采集数据，温度测点 2 型为单点型，采集方式为自动采集，悬挂于边墙距水沟盖板 1.5 m 处，数据采集频次按每 2 小时一次。数据采集器可与湿度计、风速计、大气压力计组合使用。

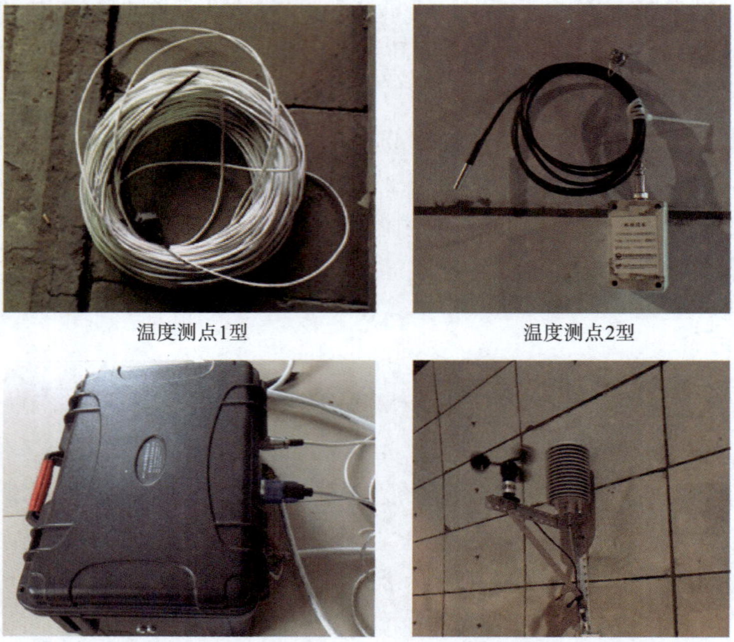

温度测点1型　　温度测点2型

数据采集器　　风速计与湿度计

图 2-75　现场监测测点与采集设备

2.2.2　运营公路隧道洞内气温沿纵向变化规律

1. 测试工点选择

为研究高海拔寒区公路隧道的温度场变化规律，在川西高原区省道 303 线选择运营的花岩子隧道和巴朗山隧道，并在国道 318 线上选择运营的剪子湾山隧道作为温度测试的典型工点。沿隧道纵向布置温度测点，测试隧道洞内纵向气温数据。各隧道基本概况详见表 2-14。

表 2-14　高海拔寒区运营公路隧道洞内温度测试工点概况

隧道名称	线别	隧道长度/m	隧道走向	冬季主风向	纵坡设置	洞口高差/m
花岩子隧道	省道 303 线	567	北～南	西、西北	单面上坡	16
剪子湾山隧道	国道 318 线	2 230	西～东	西、西北	单面上坡	100
巴朗山隧道	省道 303 线	7 954	东南～西北	西、西北	单面上坡	44

2. 花岩子隧道

花岩子隧道位于阿坝藏族羌族自治州汶川县省道 303 线，隧道全长 567 m，属中长隧道，海拔高度 3 800 m，全隧铺设保温板，测试时在隧道两端和隧道正中间分别布置了温度测点。花岩子隧道洞口实景如图 2-76 所示。

隧道进口（成都端）

隧道出口（小金端）

图 2-76　花岩子隧道洞口实景

结合实测洞内各测点的温度数据，绘制花岩子隧道洞内各温度测点的日平均气温随时间变化曲线，如图 2-77 所示，并绘制隧道洞内月平均气温沿纵向分布曲线，如图 2-78 所示。

由图 2-77、图 2-78 分析可知，花岩子隧道冬季洞口最低日平均温度约－14 ℃，出现在成都端，而小金端（即四姑娘山端）温度略高，两端温度存在差异，其中成都端月平均温度要比小金端约低 4 ℃，分析洞口温度差异的原因主要是由于隧道靠四姑娘山端为阳面，而成都端为阴面，受太阳辐射影响比较大，存在阴阳坡效应。而进一步分析图 2-78 可知，花岩子隧道全年约 3 个月时间的月平均温度低于 0 ℃，即冬季洞内负温贯通整座隧道。因此，花岩子隧道通长设置保温板是合理的。

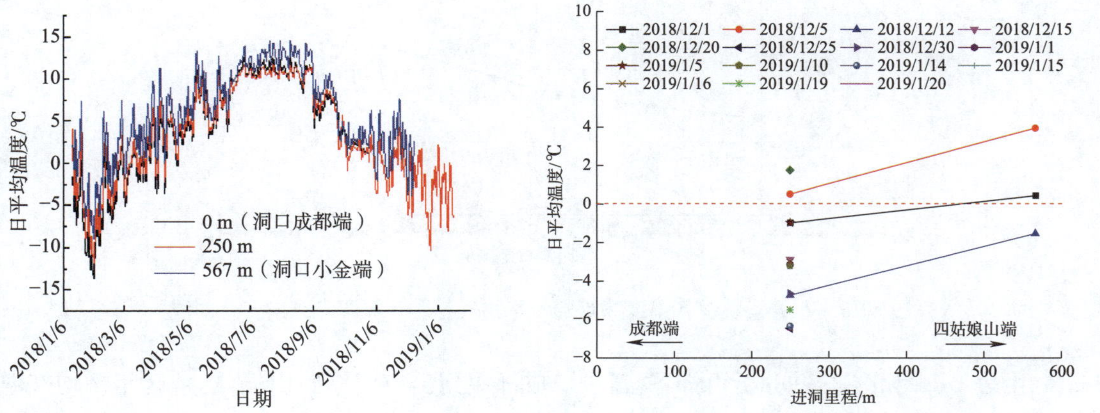

图 2-77　花岩子隧道日平均气温变化曲线

进一步结合实测温度数据统计分析花岩子隧道进、出口和隧道中部的年平均气温详见

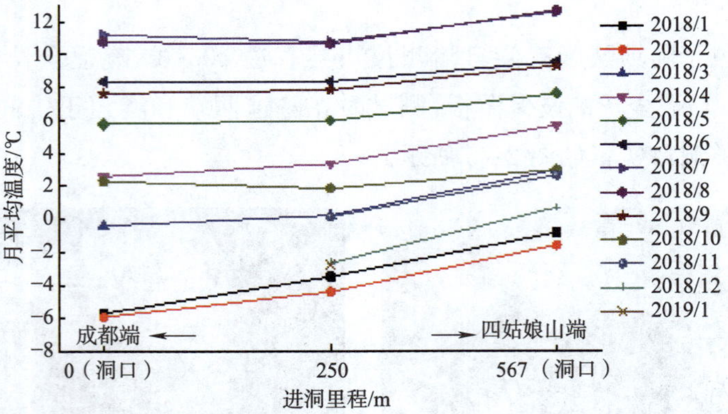

图 2-78　花岩子隧道洞内月平均气温沿纵向变化曲线

表 2-15，绘制隧道年平均气温和年振幅（洞内温度测点在一年中月平均温度的最大值与最小值之差的一半）沿纵向变化曲线如图 2-79 所示。

表 2-15　花岩子隧道年平均气温和年振幅

距洞口距离（成都端）/m	年平均气温/℃	年振幅/℃
0	2.64	8.33
250	3.29	7.18
567	5.28	6.65

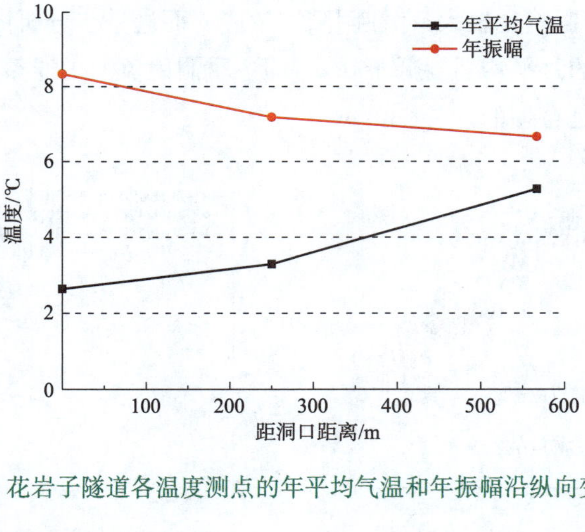

图 2-79　花岩子隧道各温度测点的年平均气温和年振幅沿纵向变化曲线

由表 2-15 和图 2-79 分析可知，隧道进口成都端到出口四姑娘山端，隧址区年平均气温从 2.64 ℃增大至 5.28 ℃，而年振幅从 8.33 ℃降低至 6.65 ℃，说明成都端洞口更易受外界气温的影响，相比另外一端洞口，成都端洞口遭受冻害威胁更大，阴阳面效应在一定程度上影响洞口处的温度分布差异。

3. 剪子湾山隧道

剪子湾山隧道全长 2 230 m，属长隧道，进口海拔 4 200 m，出口海拔 4 300 m。2014 年 12 月 24 日，G318 线剪子湾山隧道正式开通运营。隧道全线铺设保温板，隧道成都方向进口弯曲，出口雅江方向平直。剪子湾山隧道洞口实景如图 2-80 所示。

进口（成都端）　　出口（雅江端）

图 2-80　剪子湾山隧道洞口实景

结合实测洞内各测点的温度数据，绘制剪子湾山隧道洞内各温度测点的日平均气温随时间变化曲线，如图 2-81 所示，分析隧道洞内月平均气温沿纵向分布曲线，如图 2-82 所示。

由于隧道靠雅江端洞口附近测点被破坏，结合图 2-81、图 2-82 并对比选择距隧道进、出口均为 220 m 处的测点温度测试数据可知，冬季剪子湾山隧道雅江端日平均温度略低，最低温度约为－5 ℃；而靠雅江端洞口月平均温度低于 0 ℃的长度约为 750 m，成都端洞口月平均温度低于 0 ℃的长度小于 200 m。分析产生上述差异的原因主要与隧道进口段为曲线，出口段为直线有关，曲线段可以在一定程度上加大风阻，减少外界冷空气的影响范围。而从隧道通长范围来看，全隧通长设置保温层可能存在一定程度上的浪费的问题。

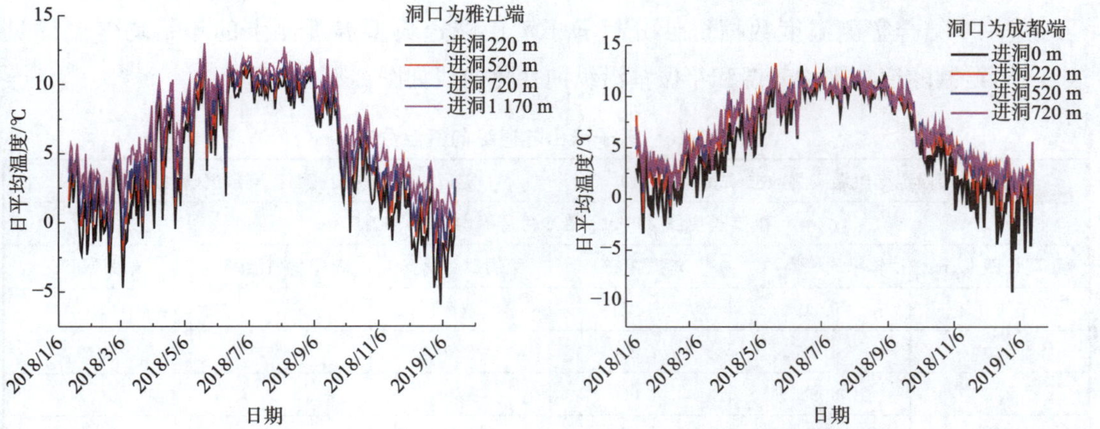

(a) 雅江端　　(b) 成都端

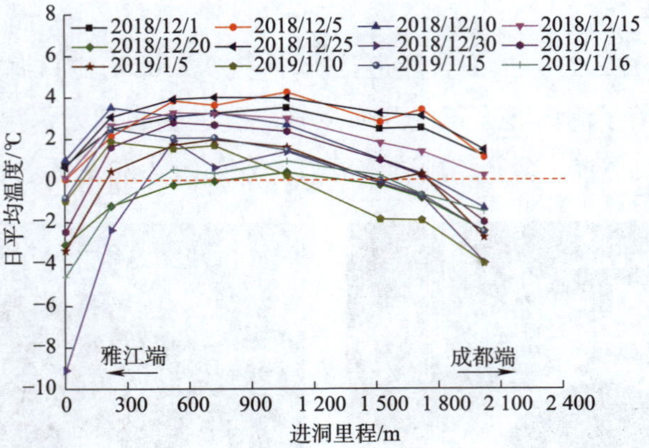

(c) 全隧

图 2-81　剪子湾山隧道日平均气温变化曲线

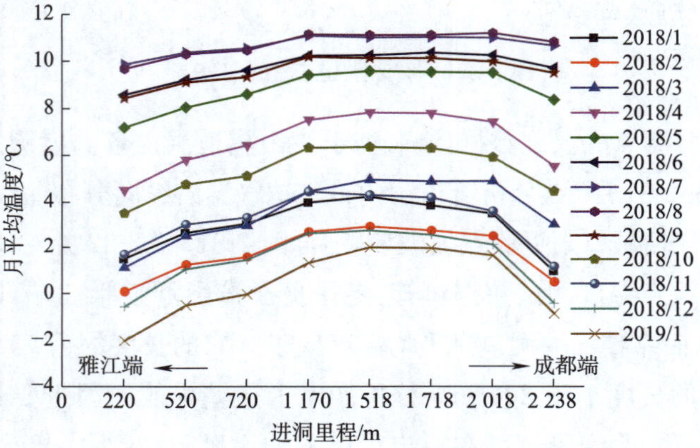

图 2-82　剪子湾山隧道洞内月平均气温沿纵向分布曲线

进一步结合实测温度数据统计分析剪子湾山隧道典型温度测点的年平均气温详见表 2-16，绘制隧道年平均气温和年振幅沿纵向变化曲线如图 2-83 所示。

表 2-16　剪子湾山隧道纵向气温分布

隧道进口段纵向气温实测数据(成都端洞口)			隧道出口段纵向气温实测数据(雅江端洞口)		
隧道长度:2 230 m　最冷月月平均温度:−2.0 ℃					
距洞口距离/m	年平均气温/℃	年振幅/℃	距洞口距离/m	年平均气温/℃	年振幅/℃
0	5.30	5.95	破坏		
220	6.77	4.80	220	4.50	5.49
520	6.98	4.60	520	5.55	5.02
720	7.04	4.47	720	5.92	4.95
			1 170	6.91	4.63

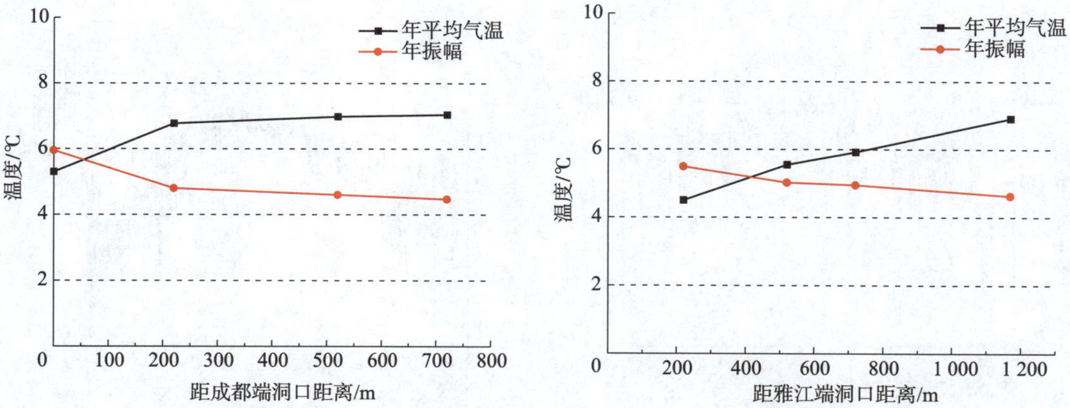

(a) 成都端洞口　　(b) 雅江端洞口

图 2-83　剪子湾山隧道各温度测点的年平均气温和年振幅沿纵向变化曲线

由表 2-16 和图 2-83 分析可知，隧道成都端洞口年平均气温和年振幅变化较小，雅江端洞口年平均气温和年振幅相对变化略大，总体来看，洞口两端年平均气温和年振幅相差不大，基本呈对称分布。

4. 巴朗山隧道

巴朗山隧道位于阿坝藏族羌族自治州汶川县省道 303 线，巴朗山隧道主洞长 7 954 m，属特长隧道，进出口海拔约 3 850 m，两端洞口分别设置长 750 m 保温板。巴朗山隧道洞口实景如图 2-84 所示。

进口（汶川端）　　出口（小金端）

图 2-84　巴朗山隧道洞口实景

结合实测洞内各测点的温度数据，绘制巴朗山隧道洞内各温度测点的日平均气温随时间变化曲线，如图 2-85 所示，分析隧道洞内月平均气温沿纵向分布曲线，如图 2-86 所示。

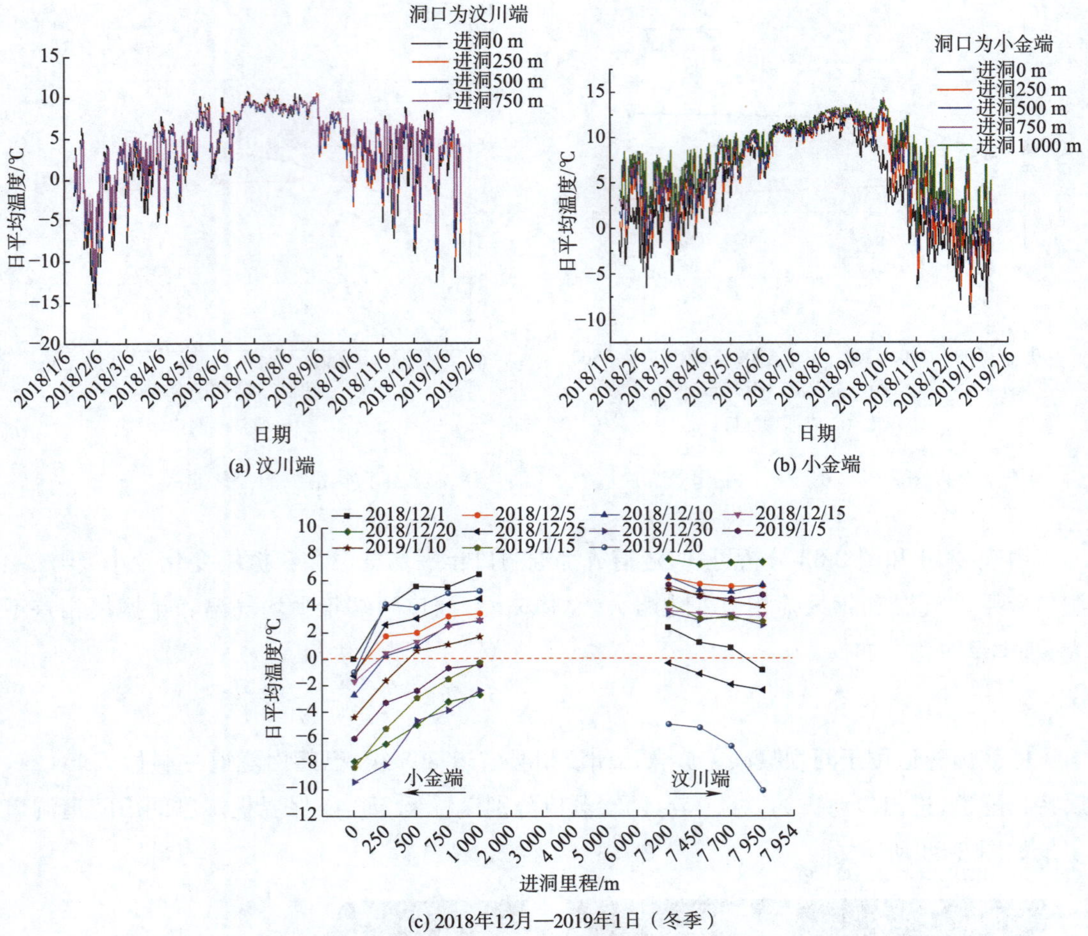

(a) 汶川端

(b) 小金端

(c) 2018年12月—2019年1日（冬季）

图 2-85　巴朗山隧道日平均气温变化曲线

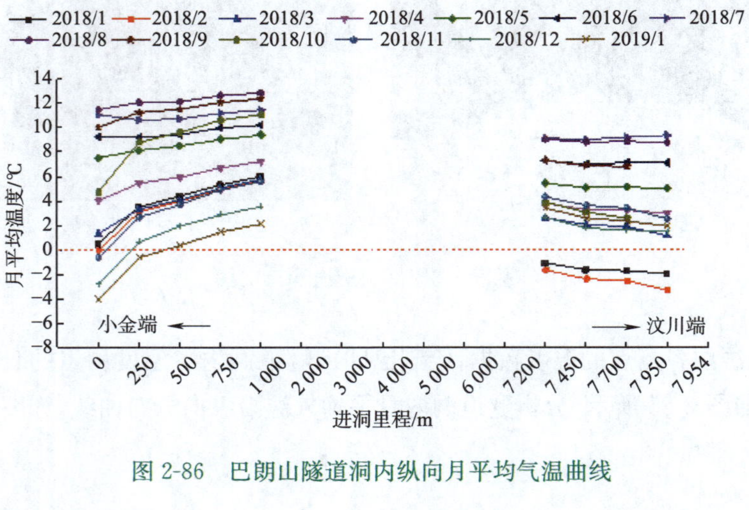

图 2-86　巴朗山隧道洞内纵向月平均气温曲线

由图 2-85、图 2-86 分析可知，隧道靠汶川端日平均温度最低值可达－15 ℃，小金端日平均温度最低值约为－10 ℃，即汶川端日平均气温比小金端低，而从两端洞口情况来看，在小金端洞口设置有遮雪棚，对洞口端温度存在一定影响。两端洞身一定范围内全年约有 3 个月时间月平均温度在 0 ℃以下，且汶川端月平均气温比小金端略低；对比分析隧道两端洞口月平均气温低于 0 ℃的长度范围，汶川端超过 750 m 也大于小金端的 500 m。此外，现场多次调研发现，两端洞口的风向均由隧道外吹向隧道内，对洞内温度分布存在不利影响，即巴朗山隧道两端洞口气象条件基本上呈对称性分布，但小金端属于阳面，汶川端属于阴面。

综合分析认为，巴朗山隧道靠小金端洞口保温层设防长度按 500～600 m 即可满足要求，而靠汶川端洞口受处于阴面及地形等不利影响，导致冬季洞内负温段较长，温度略低，保温层设防长度应适当加长，其设防长度按 800～900 m 考虑较为合适。

进一步结合实测温度数据统计分析巴朗山隧道典型温度测点的年平均气温和年振幅详见表 2-17，绘制隧道年平均气温和年振幅沿纵向变化曲线如图 2-87 所示。

表 2-17　巴朗山隧道纵向气温分布

隧道进口段纵向气温实测数据（小金端洞口）			隧道出口段纵向气温实测数据（汶川端洞口）		
隧道长度：7 954 m　最冷月月平均温度：－2.0 ℃					
距洞口距离/m	年平均气温/℃	年振幅/℃	距洞口距离/m	年平均气温/℃	年振幅/℃
0	4.49	7.07	0	4.09	5.04
250	6.35	5.41	250	3.97	4.45
500	6.94	4.92	500	4.05	4.32
750	7.74	4.64	750	4.58	4.06
1 000	8.2	4.38	—	—	—

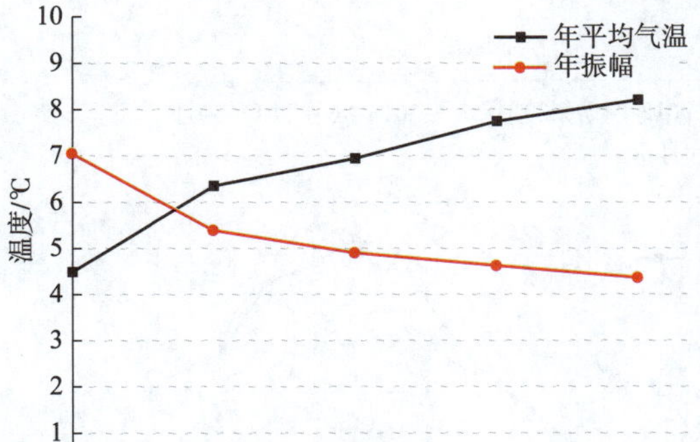

(a) 小金端洞口

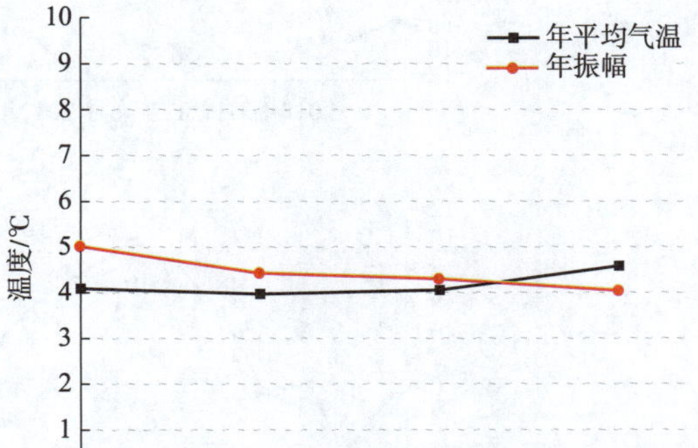

(b) 汶川端洞口

图 2-87　巴朗山隧道各温度测点的年平均气温和年振幅沿纵向变化曲线

由表 2-17 和图 2-87 分析可知，隧道小金端洞口处年平均气温略大于汶川端洞口，洞口段年平均气温和年振幅随洞身距离增加变化较明显，而汶川端洞口段年平均气温和年振幅随洞身距离增加变化幅度则不明显。

2.2.3 建设期未贯通公路隧道洞内气温沿纵向变化规律

本节主要以白茫雪山 1 号隧道、姜路岭隧道、雀儿山服务隧道为测试对象，对其施工期未贯通条件下的洞内温度分布规律进行研究。

1. 白茫雪山 1 号隧道

白茫雪山 1 号隧道是云南省香格里拉至德钦公路上的一座高海拔寒区单洞双向特长公路隧道，隧道起讫里程为 K124＋650～K129＋830，全长 5 180 m，最大埋深 243.65 m；隧道进、出口处设计高程分别为 4 113.15 m 和 4 069.99 m，隧道建筑限界净宽 10.0 m，净高 5.0 m。隧址区自然气候条件较为特殊，“立体气候”明显，属于寒温带山地季风气候，气温随海拔高度增加而降低。年内最高气温在每年 6—7 月可达 20 ℃以上，最低气温在每年 1—2 月可达－16 ℃以下，海拔 5 000 m 以上地区终年积雪。隧道于 2016 年 1 月 21 日正式贯通。

(1)洞外气温

隧道进口气象站于 2011 年 12 月 31 号安装，出口气象站于 2011 年 12 月 9 号安装。隧道进口和出口气象站在 2012—2013 年各月平均气温如图 2-88 所示，具体数据见表 2-18。

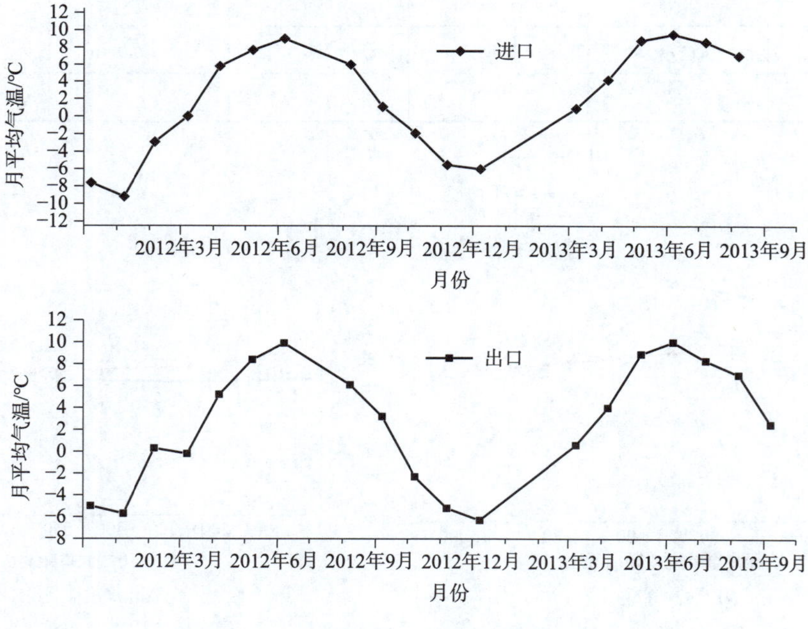

图 2-88 隧道进、出口洞外月平均气温

表 2-18　隧道进、出口洞外 2012—2013 年各月平均气温

月份	进口平均气温/℃	出口平均气温/℃
2012 年 1 月	−7.6	−5.0
2012 年 2 月	−9.2	−5.7
2012 年 3 月	−2.9	0.3
2012 年 4 月	0	−0.2
2012 年 5 月	5.8	5.2
2012 年 6 月	7.7	8.4
2012 年 7 月	9.0	9.9
2012 年 8 月	*	9.3
2012 年 9 月	6.0	6.1
2012 年 10 月	1.1	3.2
2012 年 11 月	−1.9	−2.3
2012 年 12 月	−5.5	−5.2
2013 年 1 月	−6.0	−6.3
2013 年 2 月	*	*
2013 年 3 月	*	*
2013 年 4 月	0.9	0.6
2013 年 5 月	4.2	4.0
2013 年 6 月	8.8	8.9
2013 年 7 月	9.5	10.0
2013 年 8 月	8.6	8.3
2013 年 9 月	7.0	7.0
2013 年 10 月		2.5

* 数据缺失，是由于气象站温度传感器出现故障未获得相应的原始数据。

(2)洞内气温

在每个测试断面上布置 5 个洞内温度传感器(左边墙、左拱腰、拱顶、右拱腰和右边墙)，分别在 8:00、14:00 和 20:00 三个时段进行温度测试，每个断面每天读取 15 个读数，将这 15 个读数的平均值作为该断面当天的洞内平均温度，可得洞内平均温度变化曲线，如图2-89 所示。

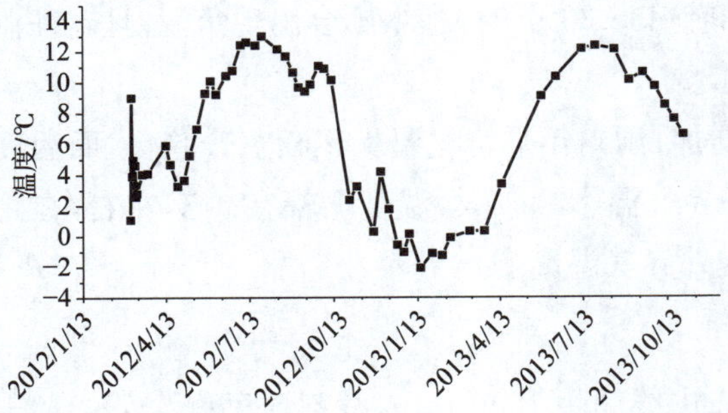

(a) 距进口60 m

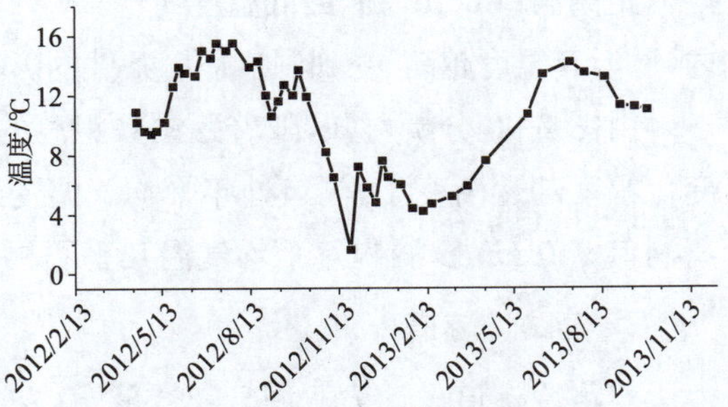

(b) 距进口530 m

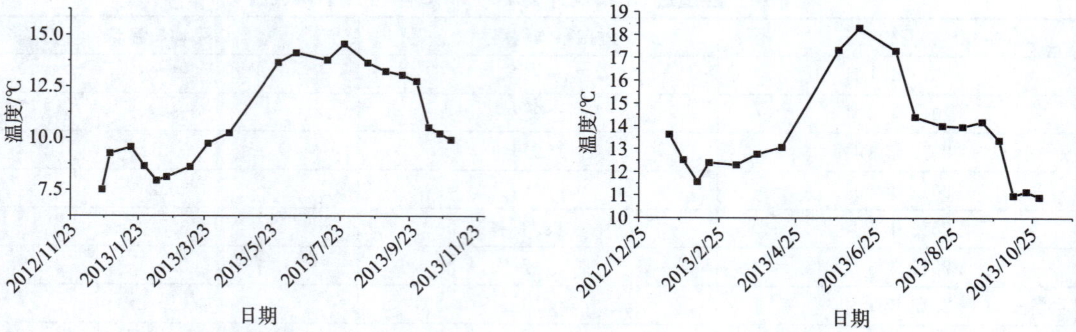

(c) 距进口844 m　　　　(d) 距进口1 001 m

图 2-89　洞内日平均温度随时间变化曲线

(3)年平均气温和年振幅

根据监测结果可计算出各监测断面洞内年平均气温和年振幅，隧道进出口年平均温度及其振幅随隧道纵向变化监测结果如图 2-90 所示。

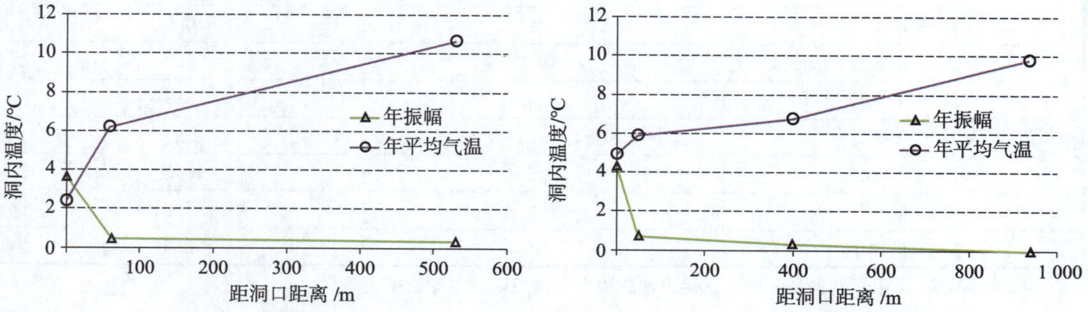

(a) 隧道进口　　　　(b) 隧道出口

图 2-90　隧道洞内年平均温度及年振幅沿隧道纵向变化曲线

洞内温度随着季节变化波动，监测数据显示 9 月开始洞内同一断面平均气温开始逐渐下降，次年 1 月达到全年最低温并且保持平稳，浮动较小，低温一直持续到次年 3 月，3 月之后气温逐渐开始回升，即洞内全年最低气温出现在 12 月到次年 3 月，最高气温出现在 7—9 月。

距离洞口 60 m 处，最低温度约－3 ℃，距离洞口 530 m 时，基本不会出现负温，且越往洞内延伸，其温度越高，受到洞口环境条件的影响越小。

由图 2-90 分析可知，随着距洞口距离的增加，洞内年平均气温呈逐渐上升趋势，而温度变化幅度却逐渐变小，洞口处年平均气温受外界气温影响较大，温度振幅在 4 ℃左右，在距离洞口 940 m 处，洞内年平均气温几乎不再受外界气温影响。

2. 姜路岭隧道

姜路岭隧道设计为双洞分离式隧道，左、右中线间距为 40 m，左线起讫里程为 ZK329＋710～ZK332＋635，隧道全长 2 925 m，右线起讫里程为 YK329＋680～YK332＋525，隧道全长 2 845 m，属长隧道。隧道所在地区年平均气温－4.2 ℃，年最高气温 3.5 ℃，年最低气温－10.3 ℃，极端最高气温 26.6 ℃，极端最低气温－48.1 ℃，多年平均降水量 369.2 mm（实际降水量要大，多集中在 6—9 月），多年平均蒸发量 1 372 mm，最大积雪深度 16 cm，最大冻结深度 277 cm，全年冰冻期长达 7 个月。隧道进出口均穿越多年冻土，洞身平均海拔为 4 300 m。隧道于 2016 年 1 月 18 日贯通，开展洞内温度测试时隧道尚未贯通。

结合现场温度测试，分析距隧道进口和出口不同距离处日平均气温随时间变化曲线，如图 2-91、图 2-92 所示，同时分析距隧道进口和出口年平均气温及其振幅的变化，如图 2-93、图 2-94 所示。

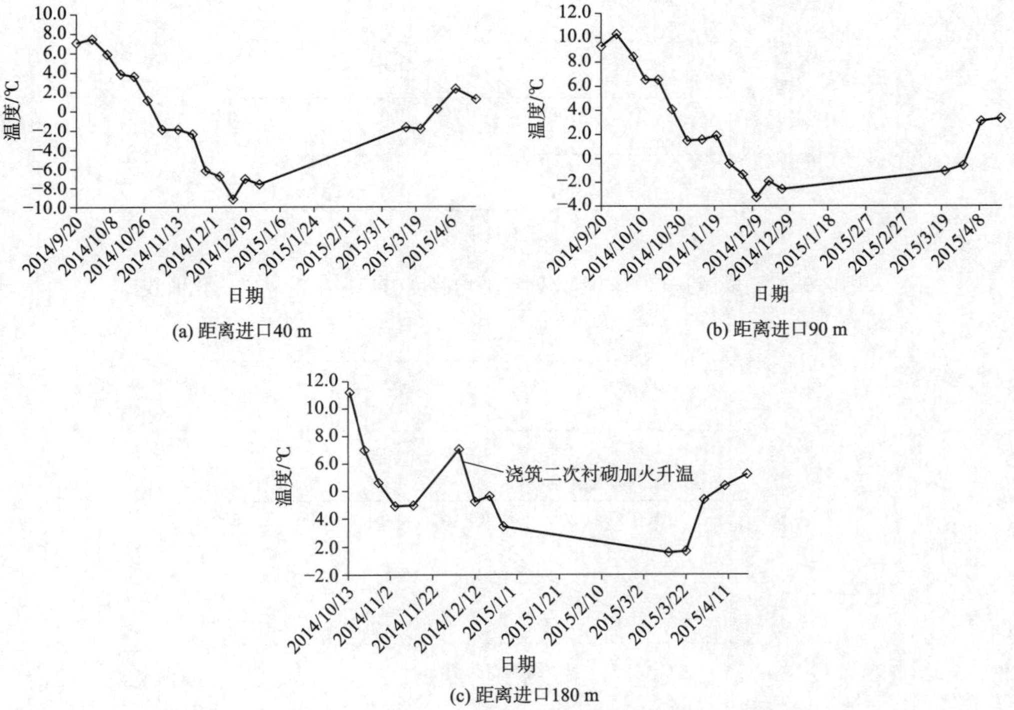

(a) 距离进口40 m　(b) 距离进口90 m

(c) 距离进口180 m

图 2-91　距隧道进口不同距离处日平均气温变化规律

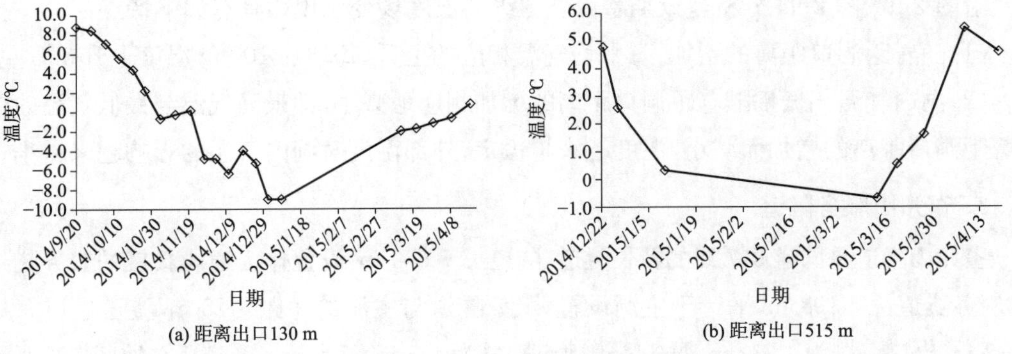

(a) 距离出口130 m　(b) 距离出口515 m

图 2-92　距隧道出口不同距离处日平均气温变化规律

由图 2-91、图 2-92 分析可知，从 2014 年 9 月开始，洞内各测点的温度开始逐渐下降，在 2014 年 12 月达到了全年最低温并且保持平稳，低温一直持续到 2015 年 3 月，之后监测数据显示气温逐渐开始回升。两端洞口温度与外界环境温度基本保持一致，距离进口 40 m 处最低气温在－9 ℃，距离进口 90 m 处最低气温在－3. 2 ℃，距离进口 180 m 处最低温度保持在 0 ℃左右，出口具有类似规律。由此可见未贯通的寒区隧道，冬季仅洞口小范围受外界温度变化影响较大。

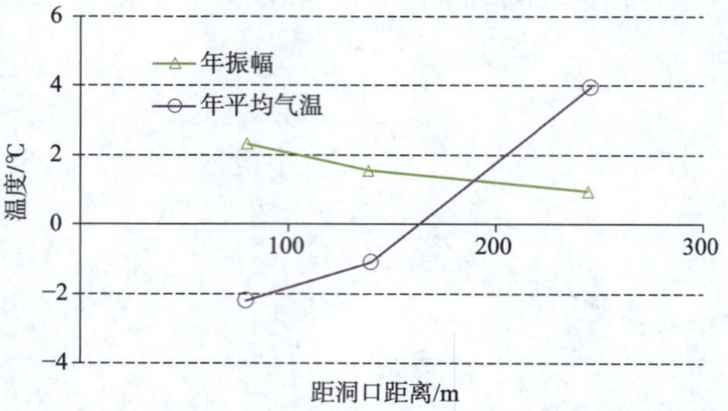

图 2-93　距隧道进口不同距离处年平均温度与年振幅沿纵向变化曲线

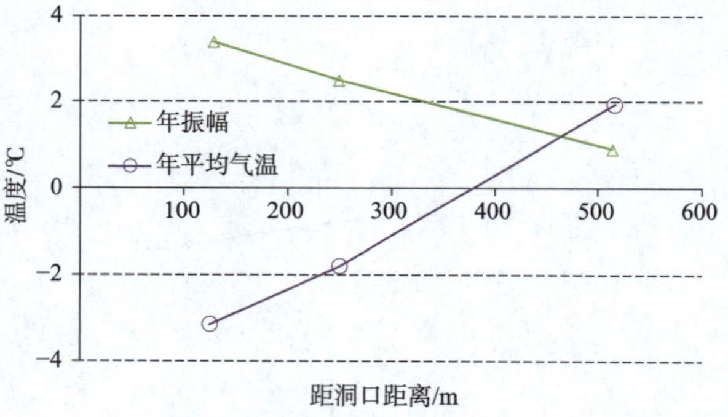

图 2-94　距隧道出口不同距离处年平均温度与年振幅沿纵向变化曲线

由图 2-93、图 2-94 分析建设期寒区隧道纵向温度场变化规律具有如下特点：

(1)随着距洞口距离的增加，日平均气温相应的上升，每增加 100 m 温度上升 3 ℃左右。

(2)洞内气温年振幅随着距洞口距离的增加相应地减小，即最高气温与最低气温的差值随着距洞口距离的增加而减小，温度越来越恒定，外部温度对洞内气温的影响越来越小。

3. 雀儿山服务隧道

雀儿山隧道是国道 317 线的特长隧道，隧道长 7 079 m，设置作为通风救援的服务隧道一座，服务隧道长 7 108 m，平行于主洞设置，服务隧道与主洞的净距为25 m，隧道进口海拔为 4 373 m，出口海拔为 4 232 m，服务隧道建筑限界为 4. 5 m×5. 0 m。隧道所在地区最冷月平均气温为－9. 5 ℃，极端最低气温为－40 ℃，最大冻结深度 143 cm。

建设期现场温度测点布置如图 2-95 所示，温度测试期间冬季洞口结冰情况如图 2-96 所示。当洞内风机开启时，雀儿山服务隧道出口 1.3 km 范围段洞内温度沿纵向变化如图 2-97所示；当洞内风机关闭时，雀儿山服务隧道出口 1.3 km 范围段洞内温度沿纵向变化如图 2-98 所示。

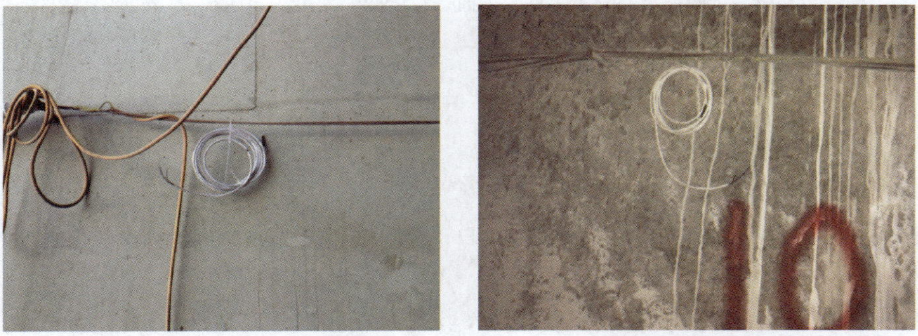

(a) 洞口温度测点　　(b) 洞内1.3 km处温度测点

图 2-95　雀儿山服务隧道内温度测点布置实景

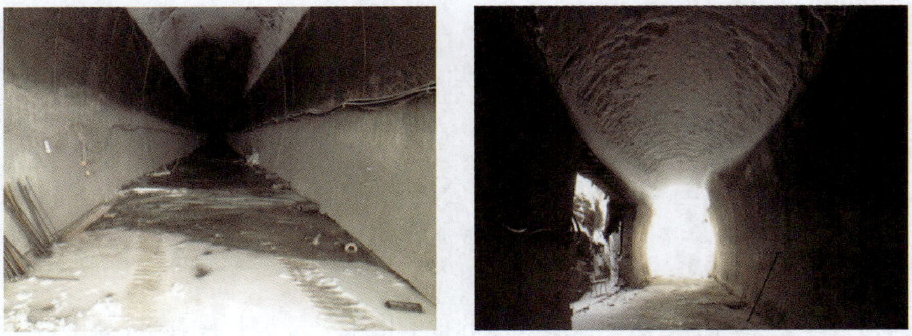

图 2-96　雀儿山服务隧道洞口段冬季结冰实景

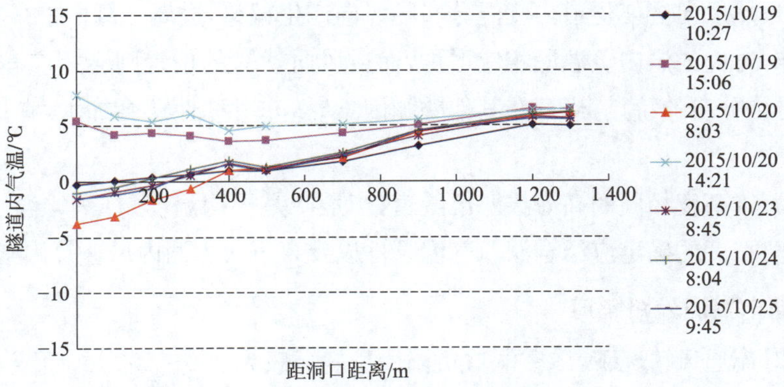

图 2-97　风机开启时雀儿山服务隧道出口 1.3 km 范围段洞内气温沿纵向变化曲线

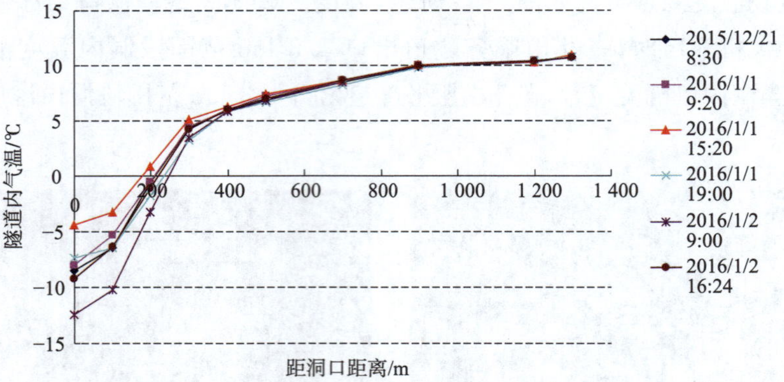

图 2-98　风机关闭时雀儿山服务隧道出口 1.3 km 范围段洞内气温沿纵向变化曲线

由图 2-97 分析可知，在隧道通风情况下，当洞口气温低于 0 ℃时，2015 年 10 月 19 日至 25 日上午雀儿山服务隧道洞口负温段长度均大于 220 m，其中在 2015 年 10 月 20 日 8:03 时，洞外气温出现最低值，最低值为－3.8 ℃，此时，洞口负温段长度约为 350 m。因此，通风情况下隧道洞口负温段长度分布随洞外气温降低而加长，即通风对寒区隧道洞口负温段长度分布影响较大。

在隧道未通风情况下，由图 2-98 分析可知，2016 年 1 月 1 日至 2 日雀儿山服务隧道洞口负温段长度约为 220 m，而在距洞口超过 900 m 后，洞内气温超过 10 ℃。

2.2.4　运营公路隧道与建设期未贯通公路隧道隧道内温度场对比

1. 运营公路隧道

(1)高海拔寒区公路隧道防冻保温设防的影响因素是隧道长度、海拔高度(洞口温度条件)、主导风向及风速大小、洞口环境(阴阳坡、植被等)、隧道平面线型等，其中，主要影响因素是洞口最冷月温度、隧道长度、主导风向。

(2)洞内自然风向会使隧道内气温分布随风向产生偏移，进风一侧冬季 0 ℃的位置会往洞身方向延伸，对应的洞内负温段相应增加，而逆风向 0 ℃的位置则会相应减小，洞内温度沿纵向呈不对称分布的特点，当存在其他叠加因素时，非对称性还会加大，在保温设防时应重点考虑。

(3)对于海拔高度相同的高海拔寒区隧道，当最冷月平均温度、日平均温度存在较大差异时，保温设防长度的确定应结合洞口气温条件以及寒季吹入洞内风速等因素综合确定。

2. 建设期未贯通公路隧道

(1)在无对流通风情况下，冬季洞口负温段长度一般为 200～300 m，而随着洞外温度的降低，洞口负温段长度可能略有增加，但不会太明显。

(2)随着距洞口长度的增加，洞内年平均气温逐渐上升，温度变化幅度逐渐减小，当距洞口长度超过 900 m 时，洞内年平均气温几乎不再受外界气温影响。

(3)在施工通风的情况下，洞口负温段长度会远大于 200 m，因此，通风对寒区隧道洞口负温段长度分布影响较大。

(4)与运营隧道相比，隧道贯通对隧道内温度分布影响很大，因此，不能仅根据施工期洞内温度监测数据确定洞口保温层铺设长度，宜采用数值模拟、工程类比、经验公式等综合确定，并应通过隧道贯通后现场测试辅以验证，确保隧道运营安全。

2.3　寒区隧道洞内温度场数值模拟分析

2.3.1　寒区隧道流固耦合传热模型研究

1. 寒区隧道空气动力学、传热学基本理论

空气的流动十分复杂，但其运动及能量变化满足连续性方程、运动方程及能量方程。通过三大方程建立数学的物理方程是进行寒区隧道温度场及速度场求解的理论基础。

(1)连续性方程

空气的流动问题严格遵循连续性方程，即满足质量守恒定律。在导热体中取一微单元如图 2-99 所示，根据质量守恒定律，可得连续性方程的公式表述为式(2-2)。

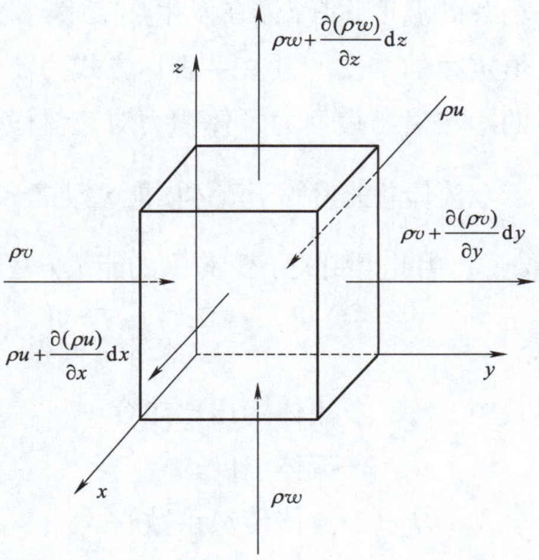

图 2-99　三维直角坐标系下的微分导热模型

$$\frac{\partial \rho}{\partial t}+\frac{\partial(\rho u)}{\partial x}+\frac{\partial(\rho v)}{\partial y}+\frac{\partial(\rho w)}{\partial z}=0 \quad (2\text{-}2)$$

式中　ρ——空气密度；

u,v,w——x,y,z 方向上速度分量。

图中 ρu、ρv、ρw 分别表示沿微元体 x、y、z 方向表面单位面积上的质量流量，取流出为正，即连续性方程的文字表述为流体微元体中单位时间内增加的质量，等于该间隔内流入该微元体的净质量。

(2)运动方程

运动方程，即动量方程，表示气体流动过程中遵循动量守恒定律。运动方程的文字表述方式为流体中微元体单位时间的动量变化量等于外界作用在该微元体上的合力，运动方程为式(2-3)。

$$\frac{\partial}{\partial t}(\rho u_i)+\frac{\partial}{\partial x_j}(\rho u_i u_j)=-\frac{\partial p}{\partial x_i}+\frac{\partial \tau_{ij}}{\partial x_j}+\rho g_i+F_i \quad (2\text{-}3)$$

式中 p——静压；

τ_{ij}——应力张量；

g_i——方向 i 上的重力体积力；

F_i——方向 i 上的外部体积力，F_i 包含了其他的模型的相关源项，如多孔介质和自定义源项。

应力张量可按式(2-4)计算：

$$\tau_{ij}=\mu\left(\frac{\partial u_i}{\partial x_j}+\frac{\partial u_j}{\partial x_i}\right)-\frac{2}{3}\mu\frac{u_i}{x_j}\delta_{ij} \tag{2-4}$$

(3)能量方程

能量方程主要用来描述速度 u、压力 p 及温度 T 三个变量的相互关系，可以用来表示流场各处温度，是流体在发生热交换过程必须满足的方程，表现了流体流动过程中遵循能量守恒定律的本质。其文字表达方式为流体微元体单位时间内能量的变化量，等于微元体吸收的净热量与表面力及体积力对流体微元体做功之和。

流体总能量等于流体内能 i、动能 K 及势能 P 之和，其中内能 $i=c_pT$，动能 $K=\frac{1}{2}(u^2+v^2+w^2)$。由此得到关于变量 T 的能量方程式，见式(2-5)。

$$\frac{\partial(\rho T)}{\partial t}+\mathrm{div}(\rho u T)=\mathrm{div}\left(\frac{k}{c_p}\mathrm{grad}\ T\right)+S_{\mathrm{T}} \tag{2-5}$$

式中 c_p——流体定压比热容；

T——流体温度；

k——流体传热系数；

S_{T}——流体内热源及机械能转化的热能之和。

(4)状态方程

连续性方程、运动方程及能量方程构成了流体运动及传热的基本方程，是隧道流场及温度场求解的基础。这三个基本方程包含四个未知量，因此增加一个补充方程：

$$p=\rho RT \tag{2-6}$$

式(2-2)、式(2-3)、式(2-5)及式(2-6)构成了隧道流场及温度场的基本方程，理论上可以求解速度、压力、温度等关键数据。但隧道具有细长的特点，且控制方程都是非线性方程，数值求解难度极大。随着计算机运算能力及数值计算方法的发展，衍生出了计算流体力学(CFD)，并得到了发展。

2. 三种热量传递形式介绍

根据热力学第二定律，当两物体间存在温差时，会出现热量由高温物体向低温物体传递的现象，即温差是热量传递自然发生的动力来源。传热学就是研究热量传递的一门学科，在工程领域进一步细化为工程传热学，二者之间的主要区别：传热学可以准确计算非平衡与平衡两状态的转换时间，而工程传热学不可以。

热量传递的形式主要包括热传导、热对流及热辐射三种，一般传热问题可能包含其中一种或多种形式。

(1)热传导

也被称作导热，主要是微观层面物体内部或两物体接触面间由于粒子运动表现出宏观热量传递的现象。这种热量传递方式的特点为不发生宏观层面的物质相对移动。物体内部或两物体表面接触面存在温差是发生热传导的前提条件，热流密度(单位时间单位面积通过的热流量)与热流方向温度梯度关系满足下式：

$$q=\frac{\Phi}{A}=-\lambda\frac{\partial t}{\partial x} \tag{2-7}$$

式中　Φ——热流量，W；

q——热流密度，W/m^2；

λ——材料导热系数，W/(m·K)；

A——垂直于导热方向的截面积，m^2。

(2)热对流

液态或气态流体流过固态物体且两者间存在温差时发生的热量传递现象。由于黏性力的作用，紧贴固体表面流体速度基本为零，远离表面流体速度逐渐增大，就会有物质的相对宏观运动存在。热对流过程一般还伴随着热传导的发生。固体表面温度单位时间变化量与固体流体接触表面温差 Δt 关系满足式(2-8)：

$$q=h\Delta t \text{ 或 } \Phi=Ah\Delta t \tag{2-8}$$

式中　Δt——固体与流体表面温差，℃；

h——对流传热系数，$W/(m^2·℃)$。

(3)热辐射

物体将内能转化为电磁能以辐射的方式传递到另一物体，一般来说辐射能力与物体温度成正相关。物体往往具备向外辐射能量及吸收外界辐射能量的能力，该过程被称为辐射换热过程。两物体不管是否存在温差，热辐射都是相互的，直到两物体温度等温时换热量变为零，达到动态平衡。

辐射能力与自身温度高低及自身特性相关，物体吸收辐射的能力取决于自身特性。辐射能理论表达式：

$$\Phi=A\delta T^4 \tag{2-9}$$

式中　A——辐射体表面积，m^2；

T——热力学温度，K；

δ——辐射常数，$\delta=5.67\times10^{-8}\ W/(m^2·K^4)$。

考虑实际情况，对式(2-9)进行修正，假定一个面积为 A_1、温度为 T_1、发射率为 ε 的物体被一个温度为 T_2 的物体大面积包围时，辐射能计算公式为

$$\Phi=\varepsilon A_1\delta(T_1^4-T_2^4) \tag{2-10}$$

三种传热方式的基本特征在寒区隧道的表现形式见表 2-19。

表 2-19 传热方式的基本特征及在寒区隧道的表现形式

传热方式	基本特征	在寒区隧道的表现形式
热传导	主要指固体内部及固体与固体之间的热交换	衬砌内部、围岩内部及衬砌与围岩间
热对流	固体表面与流体由于温差引起的热交换	洞内空气与衬砌之间
热辐射	物体以电磁能的形式将能量传递给其他物体	较小,可以忽略

3. 计算流体力学基本理论

20 世纪 60 年代,计算机科学工程的发展促进了流体力学与计算机科学逐渐交叉融合,衍生出一门新的学科计算流体力学(CFD)。该学科现已广泛用于传热、燃烧、多相流等领域的计算中,且计算的可靠性得到了验证,计算结果包括复杂流体内压力、温度、速度、浓度等物理量的时空变化规律。在寒区隧道温度场的研究过程中,往往运用理论分析、现场测试和计算流体力学相结合的方法,达到互相补充、验证的目的,三者构成了流体力学的研究系统,三者间关系如图 2-100 所示。相对于理论分析及现场测试,计算流体力学具有更好的应用性及适用性,能够以较小成本完成设定工况的计算。

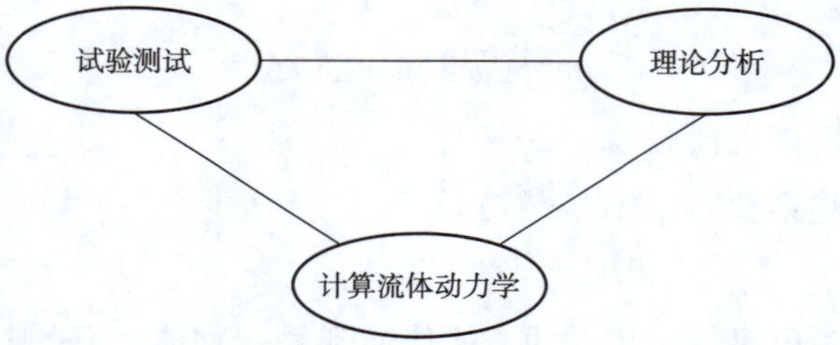

图 2-100 计算流体力学研究体系示意图

理论分析是指导试验研究及寻找新的数值计算方法的理论基础。首先要对实际问题做出简化或抽象以建立合理物理模型,但该方法在对非线性问题求解时并没有优势,难以得到解析解。

试验的方法具有更高的可信度,往往作为理论分析或数值计算结果合理性的验证手段。但其存在的缺陷也十分明显,试验开展往往付出较大经济成本及时间成本,甚至对施工进度带来影响,且受到试验环境的影响而结果偶然性较大,有时不能得到理想的结果。

CFD 本质是一种基于离散化思想的数值计算方法,其基本原理为将研究对象在时间或空间上的速度场、温度场等连续物理量场进行离散化替代,并建立离散点间的代数方程组进行近似求解。

(1)CFD 数值模拟方法及分类

计算流体力学数值模拟方法主要划分为三大类:有限元法(FEM)、有限差分法(FDM)、有限体积法(FVM),三者优缺点见表 2-20,其中 FVM 是目前最常用的方法。

表 2-20　CFD 常用数值模拟方法及优缺点

分类	优点	缺点
FDM	理论发展成熟，易于并行，可编程	对不规则计算域操作处理复杂，要求计算域具有较高连续性
FEM	对于复杂计算域处理有较大优势	消耗较大计算机内存，并行能力不如 FDM
FVM	可用于不规则网格计算，可并行	计算精度较 FDM 及 FEM 差

(2)有限体积法的基本理论

本文计算采用的软件是 ANSYS 软件下的 Fluent 计算模块，是一种基于有限体积法的 CFD 数值计算软件。有限体积法是介于有限差分法和有限元法之间的方法，计算过程假定因变量 Φ 的节点值在网格点之间分布，这与有限元法相似，同时只对 Φ 求解又与有限差分法类似。

一维控制体积网格、二维控制体积网格如图 2-101、图 2-102 所示。三维控制体积网格则是在二维控制体网格的基础上增加了第三坐标，并增加了前后界面。

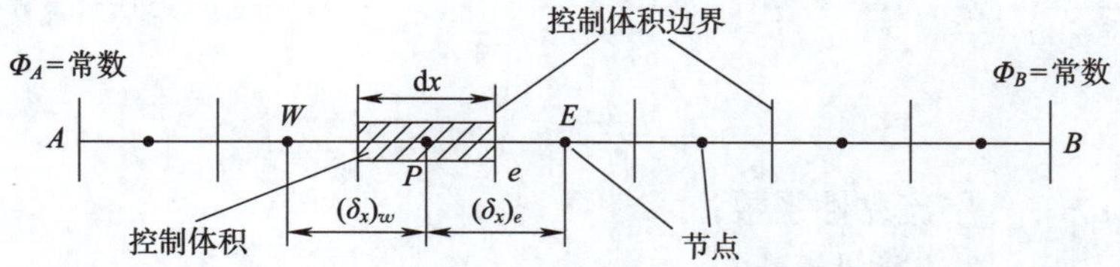

图 2-101　一维控制体积网格示意

Fluent 求解过程关注的几个关键步骤：

①确立计算模型目标。明确计算结果和精度，并确定如何应用。

②选择计算模型。主要包括抽象化结构，确定计算域、网格拓扑结构及边界条件等。本文计算建立三维模型并划分三维控制体积网格，计算域包括依托工程的围岩部分、衬砌部分及空气部分。用到的主要边界条件有：

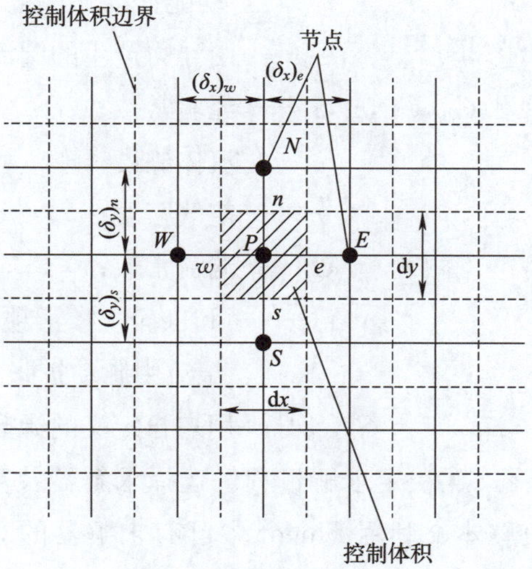

图 2-102　二维控制体积网格示意

a. 压力入口边界条件(PressureInlet)：用于定义隧道进口的给定静压或用户 udf 定义的进口边界。需设置入口压力值、洞口温度定值或 udf 定义温度值，及湍流计算中的湍流参数。

b. 压力出口边界条件(PressureOutlet)：用于定义隧道出口的给定静压或用户 udf 定义的出流边界。

c. 壁面边界条件(WALL)：可通过输入不同参数设定不同类型热力学边界条件，主要包含热通量边界条件(热通量设置为 0 即为绝热边界)、温度边界条件(可设置为固定温度或随时间变化的温度函数)、对流热交换边界条件等。

③选择物理模型。流动考虑为层流或湍流，稳态或非稳态，是否求解能量方程，流体是否为可压缩流，及其他物理模型。

寒区隧道洞口气流运动复杂，受到洞外气体温度、密度、交通风等因素的影响，运营期气流往往以湍流（紊流）为主。由于湍流的复杂性，在Fluent计算过程中要运用湍流方程进行求解。本文建模计算过程中选用Fluent中的标准 k-ε 模型，与能够精确求解的湍流动能（k）方程不同，湍流耗散率（ε）方程是通过经验公式推导得出的方程。标准 k-ε 模型方程式见式（2-11）和式（2-12）。此外计算过程将隧道内气体考虑为不可压缩的单相流，隧道内的传热方式主要考虑热传导及热对流两种，计算过程为瞬态计算。

湍流动能（k）方程：

$$\frac{\partial}{\partial t}(\rho k)+\frac{\partial}{\partial x_i}(\rho k u_i)=\frac{\partial}{\partial x_j}\left[\left(\mu+\frac{\mu_t}{\sigma_k}\right)\frac{\partial k}{\partial x_j}\right]+G_k+G_b-\rho\varepsilon-Y_M+S_k \tag{2-11}$$

湍流耗散率（ε）方程：

$$\frac{\partial}{\partial t}(\rho\varepsilon)+\frac{\partial}{\partial x_i}(\rho\varepsilon u_i)=\frac{\partial}{\partial x_j}\left[\left(\mu+\frac{\mu_t}{\sigma_\varepsilon}\right)\frac{\partial \varepsilon}{\partial x_j}\right]+C_{1\varepsilon}\frac{\varepsilon}{k}(G_k+C_{3\varepsilon}G_b)-C_{2\varepsilon}\rho\frac{\varepsilon^2}{k}+S_\varepsilon \tag{2-12}$$

$$\mu_t=\rho C_\mu\frac{k}{\varepsilon} \tag{2-13}$$

式中 μ_i——层流黏性系数；

μ_t——湍流黏性系数；

G_k——由层流速度梯度产生的湍流动能；

G_b——由浮力产生的湍流动能；

$C_{1\varepsilon},C_{2\varepsilon},C_{3\varepsilon},\sigma_k,\sigma_\varepsilon$——经验常数；

μ——流体黏度；

ρ——空气密度；

C_μ——湍流常数；

Y_M——可压缩性修正项，是可压缩湍流中脉动扩张的贡献；

S_k,S_ε——用户自定义的源数据。

④决定求解过程。选择求解器及算法进行求解，本文利用Fluent中已有求解器的SIMPLE算法进行求解（求解压力耦合方程的半隐方法）。SIMPLE算法是根据给定压力场求解动量方程得到速度场的求解过程，该方法计算过程是“猜测—修正”的过程，在交错网格的基础上来计算压力场。

Fluent的具体求解过程如图2-103所示。

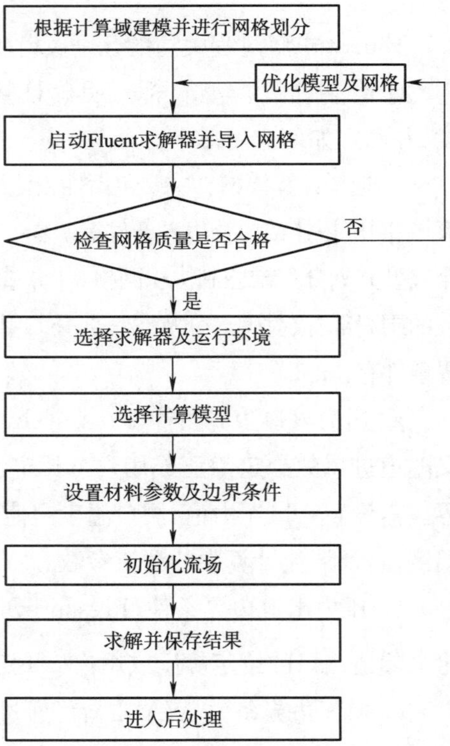

图2-103　Fluent求解步骤流程图

4. 计算模型及边界条件

(1)基本假设

本文通过 Fluent 软件建立隧道流固耦合瞬态传热模型,分析隧道温度场的时空变化规律。为方便计算,做以下假设:

①隧道内空气视为连续介质,其流动视为理想的湍流。

②隧道内空气视为不可压缩气体,其黏度、密度及其他相关参数不随温度变化,取为定值。

③隧道围岩各层接触面视为理想接触面,不存在热阻。

④围岩及衬砌视为均质材料,其导热性等相关热学参数各向同性。

⑤不考虑相变潜热及渗流的影响。

(2)计算模型建立

通过 Fluent 建立隧道模型如图 2-104(a)所示。计算模型横断面采用边长 40 m 的正方形区域,隧道净空面积为 85.42 m^2,隧道全长 8 755 m,网格划分如图 2-104(b)所示。根据隧道设计资料、相关参考文献,围岩及衬砌热力学计算参数见表 2-21,空气相关计算参数取值见表 2-22。

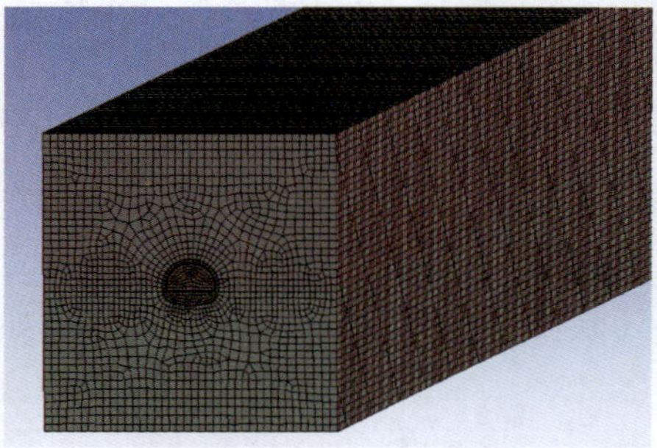

(a) 整体模型

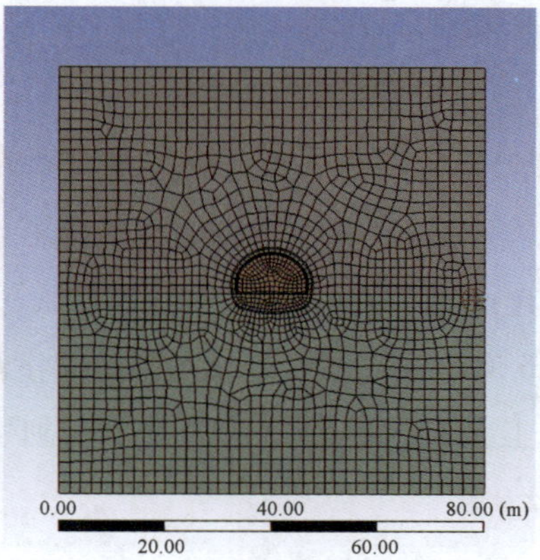

(b) 截面网格

图 2-104　隧道建模及网格划分

表 2-21　衬砌及围岩热力学计算参数

材料	导热系数/[W/(m·℃)]	恒压比热容/[J/(kg·℃)]	密度/(kg/m^3)
衬砌	2.4	970	2 400
围岩	2.7	950	2056

表 2-22　空气计算参数

项目	过流面积/m^2	湿周/m	当量直径/m
参数取值	85.42	36.80	9.28

(3)计算边界条件确定

对于空气流入洞口,设定为速度入口边界,同时设定入口边界的温度及速度等参数。入口边界的温度及速度根据计算工况的不同取定值或 udf 编译的随时间变化的函数;对于空气流出边界设定为压力出口边界,出口边界的温度及速度根据计算工况的不同取定值或 udf 编译的随时间变化的函数。纵向围岩边界设定为原始地温的固定温度边界。

2.3.2 寒区隧道洞内沿纵向温度场模拟分析

以虎峰岭隧道为例,结合隧道边界条件及实测温度数据分析的纵向温度场分布规律,采用数值模拟方法对隧道洞内纵向温度场进一步进行验证并分析隧道内气温沿纵向的变化规律。

1. 自然风速对寒区隧道纵向温度场的影响

采用控制变量法,保持隧道总长度不变(8 755 m),通过改变自然风速设置工况,设置自然风速分别为 1 m/s、2 m/s、3 m/s 三个工况。根据前述背景,隧址区最冷月平均气温为−11.7 ℃,故设置隧道低洞口气温为隧址区最冷月平均气温−11.7 ℃,出口取最冷月平均气温−9.5 ℃,计算通风 60 d 的瞬态温度。

各个工况的隧道壁面温度、洞内空气温度及衬砌背后温度纵向分布如图 2-105 所示。

2. 洞外温度对寒区隧道纵向温度场的影响

采用控制变量法,保持隧道总长度不变(8 755 m),通过改变洞外温度设置工况,设置进口洞外温度分别为−6.7 ℃、−11.7 ℃、−16.7 ℃三个工况。自然风速取为 2 m/s,出口温度取−9.5 ℃,计算通风 60 d 的瞬态温度场。

不同工况下隧道洞内壁面温度、洞内空气温度及衬砌背后温度纵向分布如图 2-106 所示。

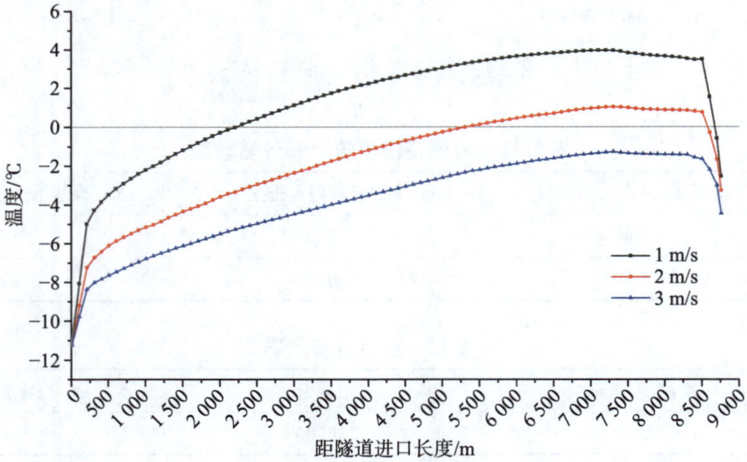

(a) 洞内壁面温度

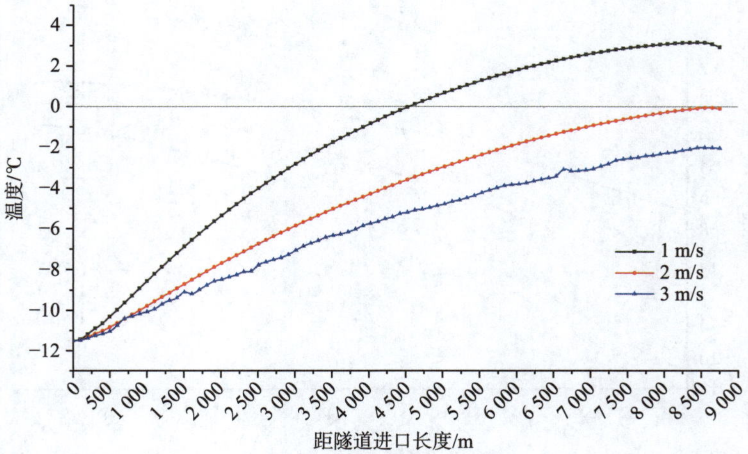

(b) 洞内空气温度

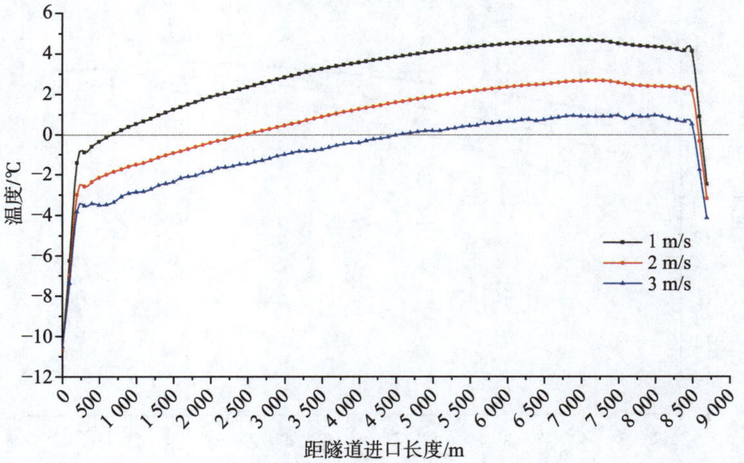

(c) 衬砌背后温度

图 2-105　不同自然风速下的隧道壁面温度、洞内空气温度及衬砌背后温度纵向分布

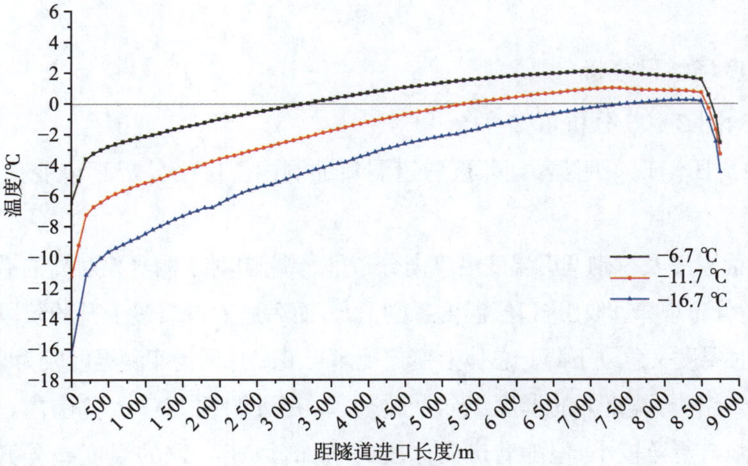

(a) 洞内壁面温度

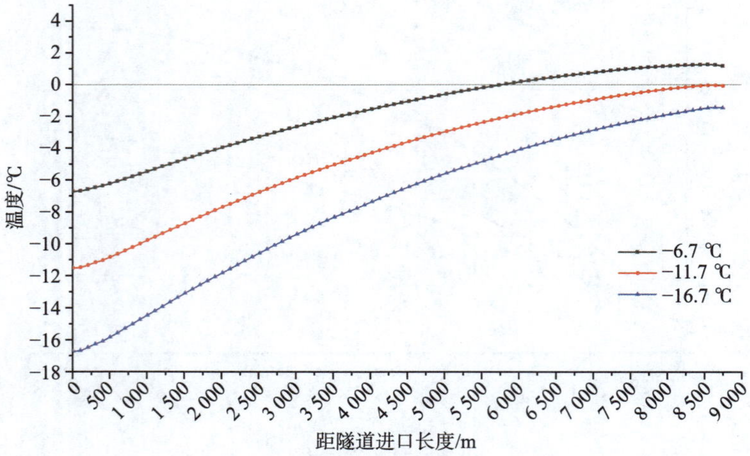

(b) 洞内空气温度

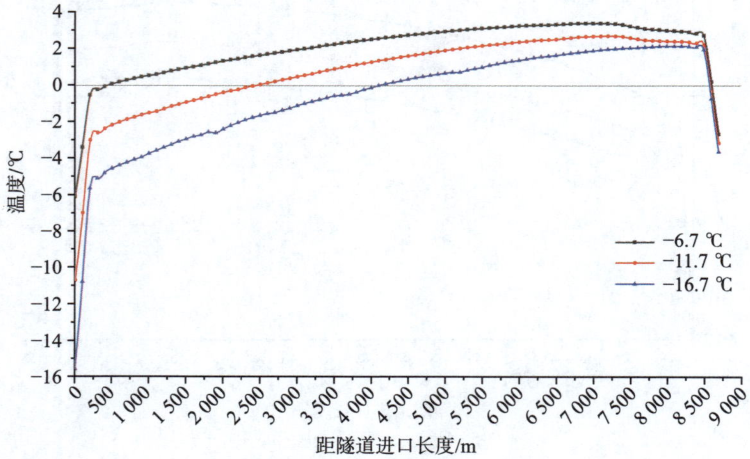

(c) 衬砌背后温度

图 2-106　不同洞外温度条件下隧道壁面温度、洞内空气温度及衬砌背后温度纵向分布

3. 纵向温度场结果分析

由图 2-105、图 2-106 分析可知：

(1)隧道洞身回温现象明显，且邻近隧道洞口的洞内温度受外界环境变化影响明显大于洞身段。

(2)隧道壁面温度及衬砌背后温度沿纵向分布呈两端洞口低、洞身相对高的沿着隧道进洞深度呈现出偏锋型分布规律，即在进口段温度急剧上升，而后进入以缓慢上升的阶段并开始趋于稳定，接近出口段时温度又急剧下降。总体上变化规律与最冷月现场实测温度较为吻合。

(3)对比分析不同风速下的温度纵向变化规律，在进洞约 300 m 范围内，风速对洞内衬砌背后温度的影响差异较小，但随着进洞深度的增加，风速导致的温度差异开始增大，风速越大导致洞内温度受洞外温度的影响更大，即相同断面处温度更低，纵向上冻结长度更长，需要敷设更长的保温层长度以预防冻害现象。

(4)对比分析不同进口温度下的温度纵向变化规律，洞外温度越低对洞内温度场的影响越大，即相同断面处温度更低，纵向上冻结长度更长，需要敷设更长的保温层长度以预防冻害现象。随着隧道进洞深度的增加，洞外温度引起的温度场差异逐渐降低。

(5)洞外温度为−11.7 ℃，风速分别为 1 m/s、2 m/s、3 m/s 时，对应的冻结长度分别约为 700 m、2 500 m、4 500 m；风速为 2 m/s，洞口温度分别为−16.7 ℃、−11.7 ℃、−6.7 ℃时，对应的冻结长度分别约为 4 100 m、2 500 m、490 m，可为抗防冻设防长度提供依据。

2.3.3　寒区隧道洞内沿径向温度场模拟分析

1. 进洞深度对寒区隧道径向温度场的影响

对于不同工况的计算结果，在距隧道进口 50 m、150 m、300 m、500 m、800 m、1 100 m、1 500 m、2 000 m 位置共设置 8 个监测断面，每个监测断面设置 1 条测线：隧道基底上方 1.5 m处与隧道中线的交点向左右两侧分别延伸 20 m(图 2-107)，等间距设置 160 个测点用于提取洞内、衬砌及围岩温度数据。

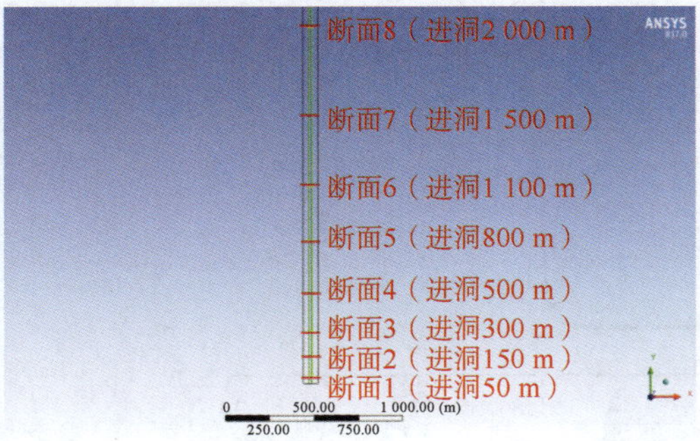

(a) 监测断面

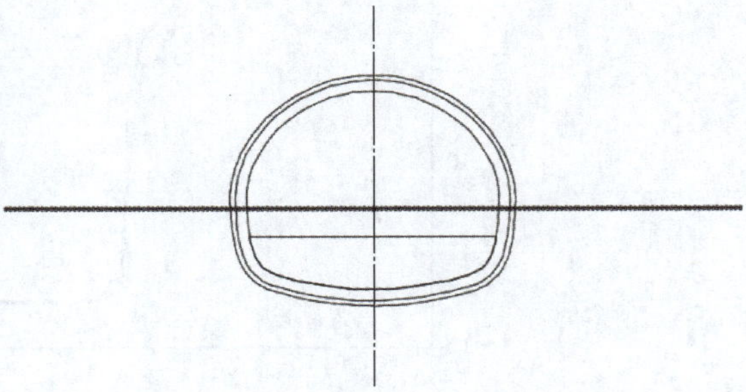

(b) 测线布置

图 2-107　监测断面及测线布置

为分析隧道径向温度场随进洞深度增加的变化规律，将 8 个断面径向各测点的温度值汇总并绘制不同进洞深度隧道径向温度场分布，如图 2-108 所示。

2. 自然风速对寒区隧道径向温度场的影响

按照 2.3.2 节相同的洞外温度，不同自然风速条件下隧道径向温度场分布如图 2-109 所示。

3. 洞外温度对寒区隧道径向温度场的影响

按照 2.3.2 节相同工况进行计算。对于不同工况的计算结果，共设置如图 2-107 所示的监测断面及测线。提取各断面各测线的温度绘制不同洞外温度条件下隧道径向温度场分布曲线，如图 2-110 所示。

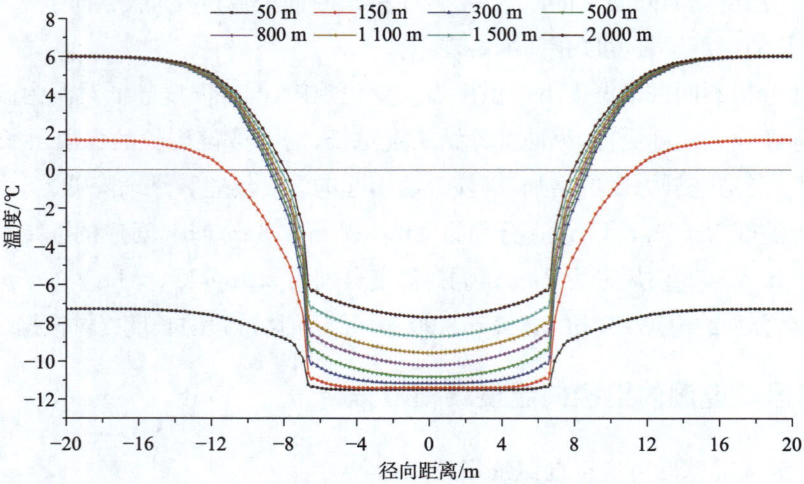

图 2-108　不同进洞深度隧道径向温度场分布曲线

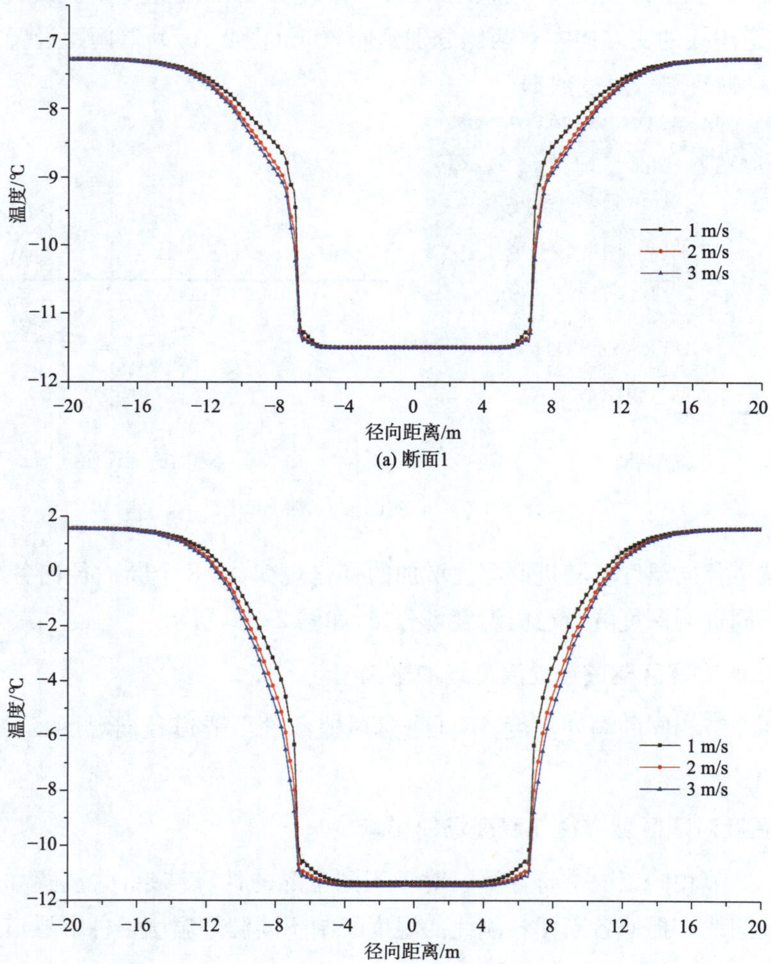

(a) 断面1

(b) 断面2

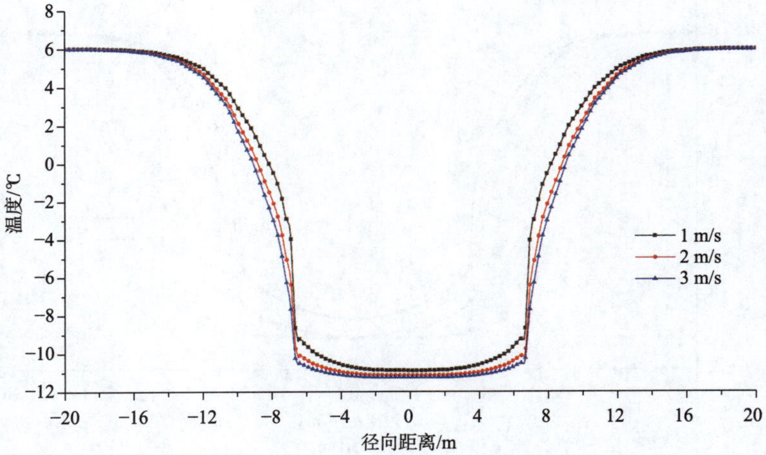

(c) 断面3

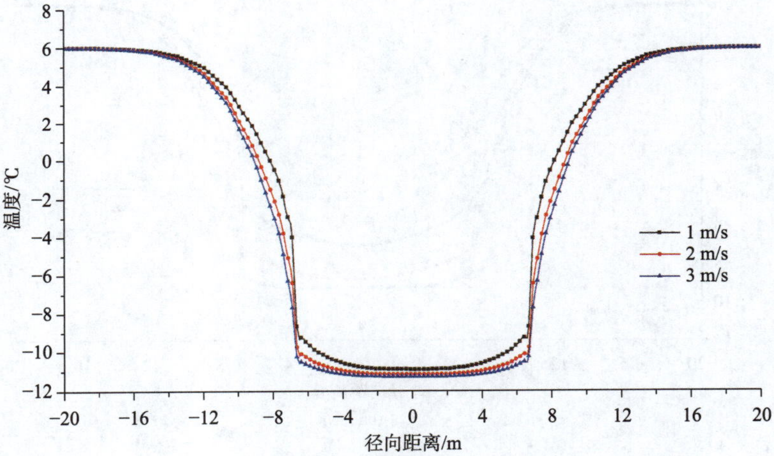

(d) 断面4

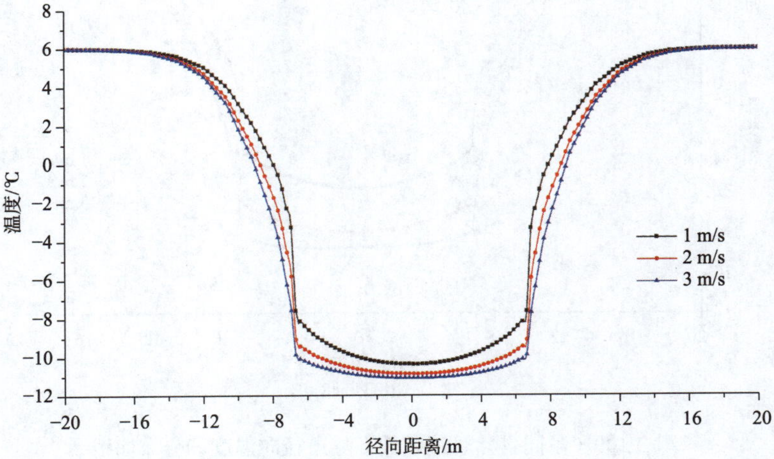

(e) 断面5

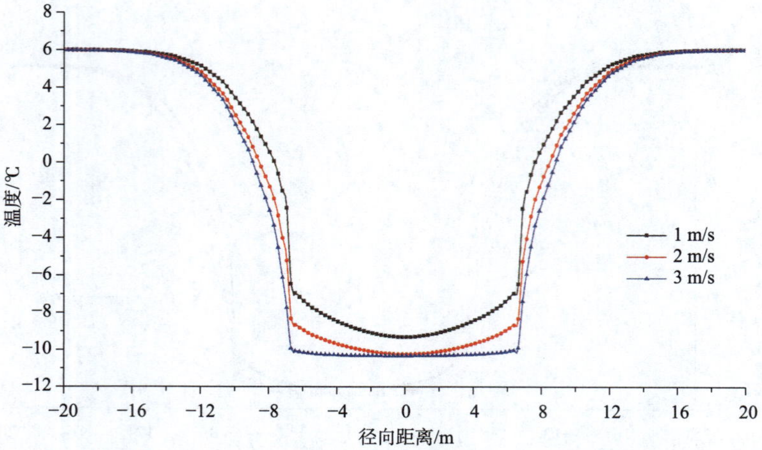

(f) 断面6

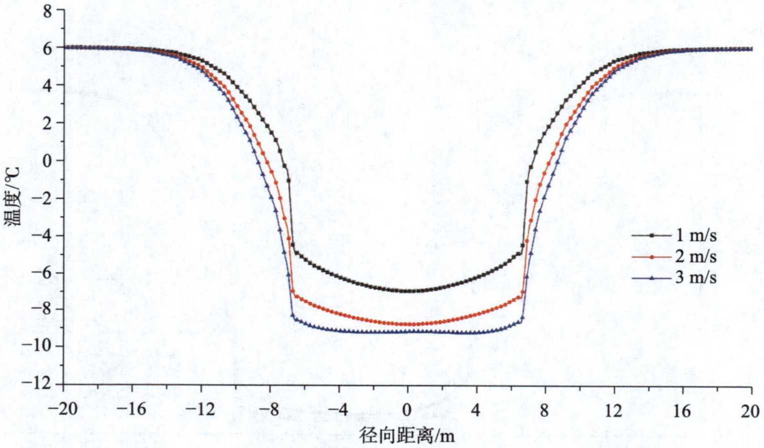

(g) 断面7

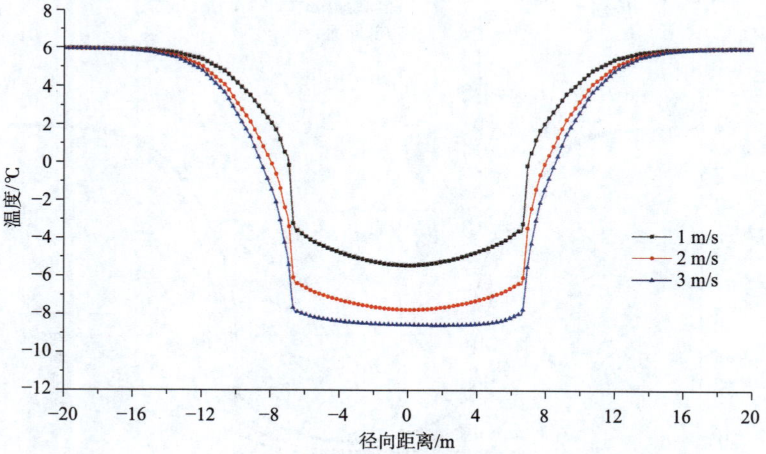

(h) 断面8

图 2-109　不同自然风速条件下隧道径向温度场分布曲线

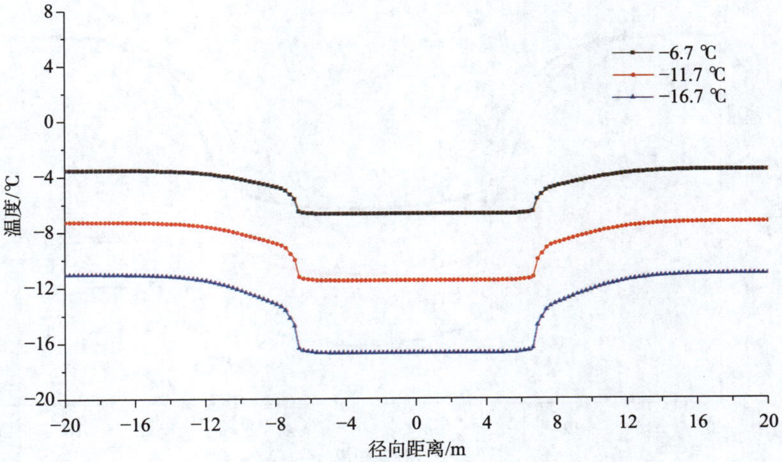

(a) 断面1

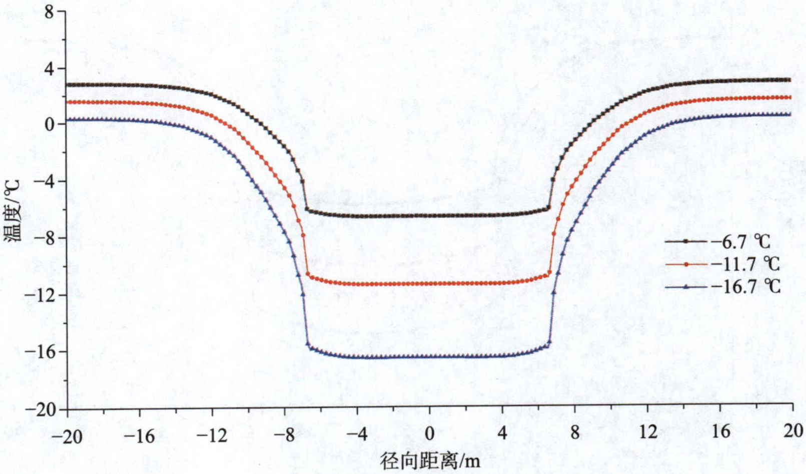

(b) 断面2

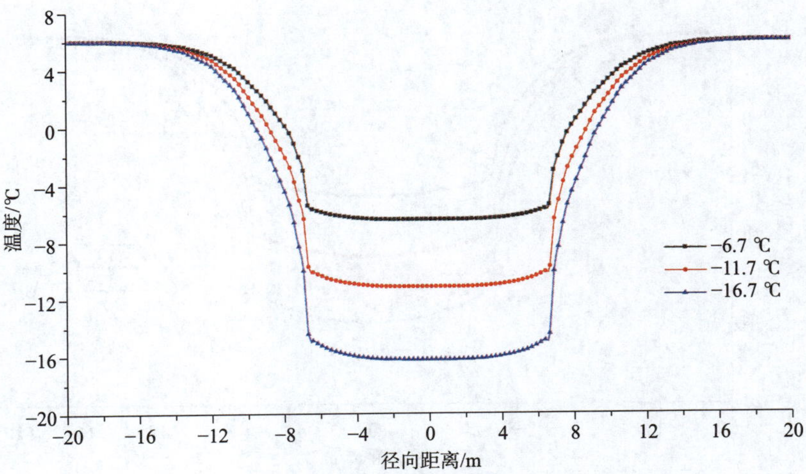

(c) 断面3

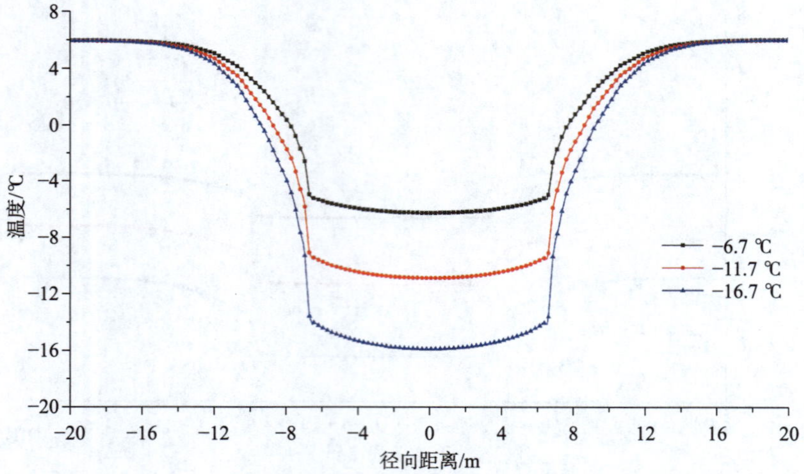

(d) 断面4

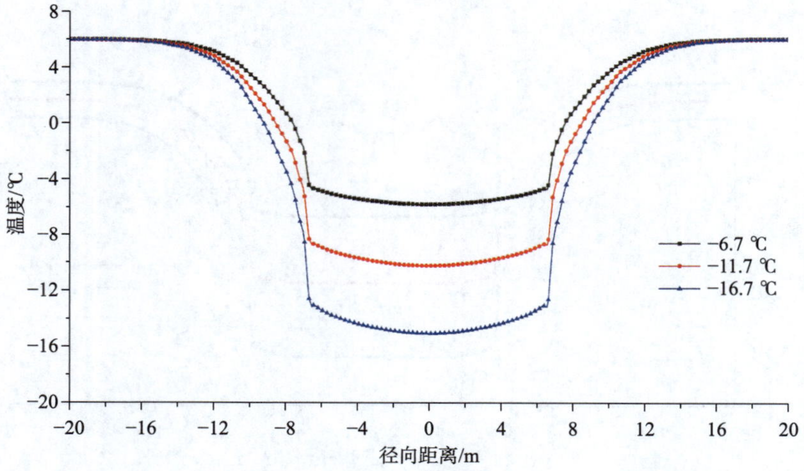

(e) 断面5

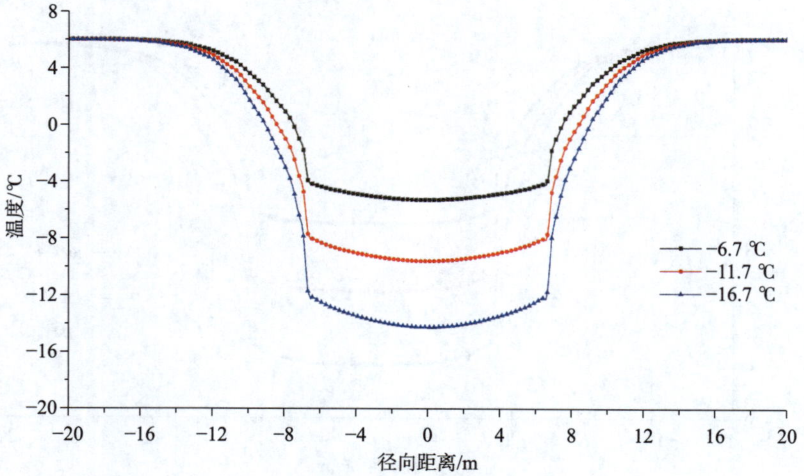

(f) 断面6

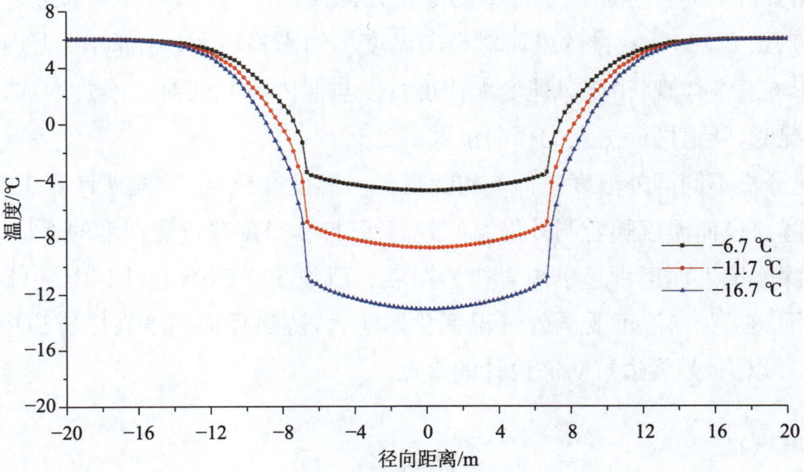

(g) 断面7

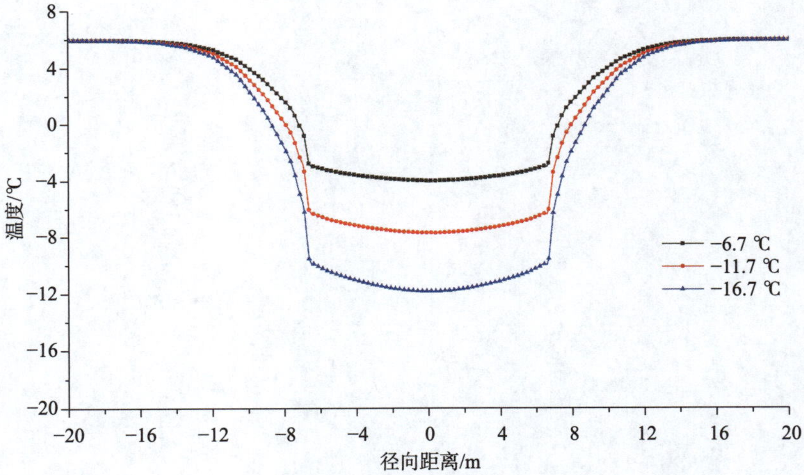

(h) 断面8

图 2-110　不同洞外温度条件下隧道径向温度场分布曲线

4. 径向温度场结果分析

由图 2-108～图 2-110 分析可知，不同条件隧道径向温度场具有如下变化规律：

(1)隧道在不同进洞深度、不同自然风速和不同洞外温度条件下，隧道径向温度场的空间基本呈对称分布，表现为沿着隧道中线径向向外越过初期支护及二次衬砌后，随着径向距离增大衬砌背后温度迅速增高并逐渐趋于稳定，最后大约在衬砌背后 5 m 处趋近计算初始围岩温度。

(2)对比分析不同进洞深度条件下隧道径向温度变化情况，发现随着进洞深度的增加，洞内温度逐步升高，隧道径向温度随之升高并趋于稳定，不同进洞深度处的径向温度变化幅值由 4.5 ℃增加到 13.7 ℃。

(3)对比分析不同自然风速条件下的隧道径向温度变化规律,发现邻近隧道进口段时[图 2-109(a)、图 2-109(b)]自然风速对径向温度场的影响不大,但随着隧道进洞深度的增加,风速的影响逐渐体现,由于风速变大使得衬砌与洞内空气的对流换热增加,使得风速相对较大的工况时,隧道同一测点的径向温度值更低。

(4)对比分析不同洞外温度条件下的隧道径向温度变化规律,发现计算工况条件下,同一断面处的隧道径向温度随着洞外气温的升高而升高,且随着进洞深度的增加,隧道径向温度随着径向深度增大而逐步趋于围岩初始温度。而如图 2-110(a)、图 2-110(b)所示,邻近洞口一定范围隧道径向温度受洞外气温变化影响大,隧道径向温度在距隧道中线 20 m 处基本处于 0 ℃以下,是隧道抗防冻设计的重点。

第 3 章 寒区隧道应力场

3.1 围岩冻胀性分级

相关研究表明：碎（卵）石、砾砂、粗砂、中砂（粒径小于 0.075 mm 颗粒含量均不大于 15%）、细砂（粒径小于 0.075 mm 颗粒含量均不大于 10%）、粉砂、粉土、黏性土和含土冰层等地层属于冻胀敏感性地层，含水率满足一定条件时可能产生地层冻胀或融沉作用。

季节冻土和季节融化层冻土的冻胀性分级，应根据土层的平均冻胀率 η 按表 3-1 划分为不冻胀、弱冻胀、冻胀、强冻胀和特强冻胀五级。

表 3-1　季节冻土和季节融化层冻土的冻胀性分级

冻胀类型	不冻胀	弱冻胀	冻胀	强冻胀	特强冻胀
冻胀等级	Ⅰ	Ⅱ	Ⅲ	Ⅳ	Ⅴ
平均冻胀率 η	$\eta \leqslant 1\%$	$1\% < \eta \leqslant 3.5\%$	$3.5\% < \eta \leqslant 6\%$	$6\% < \eta \leqslant 12\%$	$\eta > 12\%$

多年冻土的融沉性分级，应根据冻土的平均融化下沉系数 δ_0 按表 3-2 划分为不融沉、弱融沉、融沉、强融沉和融陷五级。

表 3-2　多年冻土的融沉性分级

融沉类型	不融沉	弱融沉	融沉	强融沉	融陷
融沉等级	Ⅰ	Ⅱ	Ⅲ	Ⅳ	Ⅴ
平均融化下沉系数 δ_0	$\delta_0 \leqslant 1\%$	$1\% < \delta_0 \leqslant 3\%$	$3\% < \delta_0 \leqslant 10\%$	$10\% < \delta_0 \leqslant 25\%$	$\delta_0 > 25\%$

冻土的平均冻胀率和平均融化下沉系数可按《冻土工程地质勘察规范》（GB 50324—2014）的规定确定。

3.2 寒区隧道冻胀力

寒区隧道冻害研究主要包括围岩自身冻胀及衬砌结构受冻胀影响发生破坏两方面。目前已有多位学者对寒区隧道冻胀模型进行了研究，总结提出了 3 个最典型冻胀模型。

(1)含水风化层冻胀模型:含水风化层冻胀模型基于寒区隧道冻胀现象,利用侧压力代替冻胀力作用进行求解。

(2)衬砌背后积水冻胀模型:衬砌背后积水冻胀模型将冻胀力归结为衬砌与围岩之间的局部积水冻结膨胀。

(3)冻融圈整体冻胀模型:冻融圈整体冻胀模型认为冻胀力系冻融圈围岩含水冻结后冻结圈整体膨胀所致。

分析上述 3 种冻胀力计算模型可知,对冻胀变形量的认知决定了冻胀力计算的思路。目前,冻融圈整体冻胀模型的使用最广,由于对冻结圈围岩冻胀性及冻胀变形的认知程度不同,也导致了基于冻融圈整体冻胀模型的不同冻胀力解。根据冻结圈围岩冻胀变形的考虑方式不同,基于该模型的冻胀力解析解可分为 3 类:

①假定冻结圈围岩冻胀位移模式的解析解。

②假定冻结圈围岩各向均匀冻胀的解析解。

③考虑冻结圈围岩非各向均匀冻胀的解析解。

3.2.1 含水风化层冻胀

20 世纪 80 年代,日本学者对北海道、东北地区的大量隧道冻害进行调查后发现,凡是有冻害的隧道,衬砌周边围岩均有 10～20 cm 厚的风化层。冬季严寒时,边墙部位风化层大都夹有冰镜(夹在风化层中游离状薄层冰体),而拱顶部位却几乎不生成冰镜。从衬砌变形的情况看,衬砌的边墙部位因冻胀力较大而向内变形,有的发生了水平状裂缝(净空收敛 20～30 mm),而拱顶几乎不存在冻胀,因而变形较小。通常认为衬砌的冻胀由风化层中的水冻结引起,边墙部位的风化层含水较拱顶大得多,所以冻胀开裂主要发生在边墙,拱顶少有发生。

张祉道、王联对该理论进行了肯定,用侧压力代替冻胀力,并将其简化为一维弹簧问题,推导出冻胀力计算公式:

$$P_b=\frac{\delta\alpha K_1K_2}{K_1+K_2} \tag{3-1}$$

式中 P_b—— 衬砌所受冻胀力;

δ——冻胀含水风化层厚度;

α——隧道围岩冻结后的体积膨胀系数;

K_1——衬砌环向变形刚度;

K_2——冻胀层外围岩弹性抗力。

该成果已纳入《公路隧道设计细则》(JTG/T D70—2010)。同时,建议在隧道抗冻设计计算中含水风化层厚度取为 5～10 cm,相应的冻胀力为 0.9 MPa(洞口段)和 0.6 MPa(洞身段)。

3.2.2　冻融圈整体动冻胀

中国科学院寒区旱区环境与工程研究所根据大坂山隧道实际情况，提出了适用于松散软弱围岩的冻融圈整体冻胀理论。该理论认为隧道衬砌周围一定深度范围的围岩形成冻结圈，冻结圈范围的岩石中孔隙均匀且饱和，冻结圈范围内的水结冰后将引起围岩整体膨胀，从而对隧道衬砌产生冻胀力。

基于该冻胀理论，赖远明等相关学者将隧道简化为圆形，建立如图3-1所示的冻胀力计算模型，对隧道冻胀力解析解开展了研究。他们将隧道围岩和衬砌结构视为均质、各向同性的弹性体，并假定各区均满足轴对称平面应变问题的前提条件，分区界面上冻胀力满足连续性方程，基于弹性力学，导出了衬砌、正冻围岩和未冻围岩系统冻胀力在拉氏象空间中的有关算式，然后采用数值逆变换的方法，求得了寒区隧道的冻胀力 P_b，具体计算公式见式(3-2)、式(3-3)。

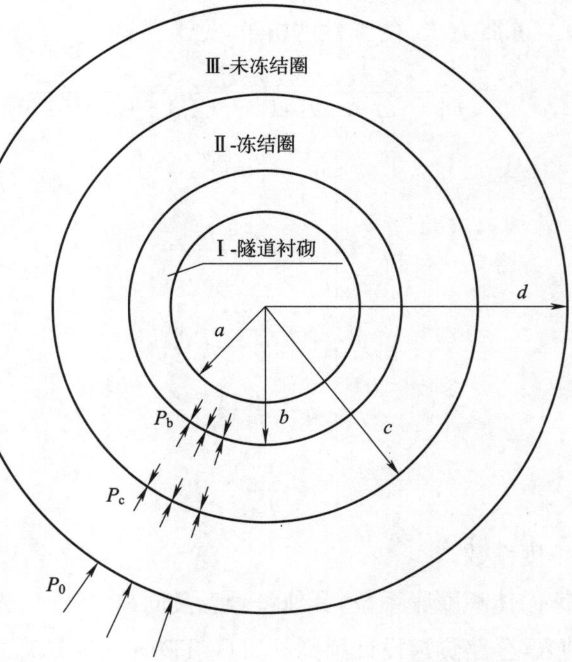

图3-1　隧道围岩整体冻胀计算模型

$$P_b=\frac{1}{\Delta}\varepsilon_0(1+\mu_2)\left[\frac{(1+\mu_2)(c^2+b^2-2\mu_2c^2)}{E_2(c^2-b^2)}+\frac{1+\mu_3}{E_3}\right]-\frac{1}{\Delta}\left[\varepsilon_0(1+\mu_2)+\frac{(1+\mu_3)}{E_3}P_0\right]\frac{2(1-\mu_2^2)c^2}{E_2(c^2-b^2)} \tag{3-2}$$

$$\Delta=\frac{(1+\mu_1)(1+\mu_2)[2\mu_1b^2-(b^2+a^2)][c^2+b^2-2\mu_2c^2]}{E_1E_2(b^2-a^2)(c^2-b^2)}-$$

$$\frac{(1+\mu_2)^2(b^2+c^2-2\mu_2 b^2)(c^2+b^2-2\mu_2 c^2)}{E_2^2(c^2-b^2)^2}+\frac{4(1-\mu_2^2)^2 c^2 b^2}{E_2^2(c^2-b^2)^2}+$$

$$\frac{(1+\mu_1)[2\mu_1 b^2-(b^2+a^2)](1+\mu_3)}{E_1 E_3(b^2-a^2)}-\frac{(1+\mu_2)(1+\mu_3)(b^2+c^2-2\mu_2 b^2)}{E_2 E_3(c^2-b^2)} \tag{3-3}$$

式中　a,b,c—— 隧道内轮廓半径、冻结圈半径、未冻结圈半径，详见图 3-1；

ε_0——冻胀产生的线性应变；

μ_1,μ_2,μ_3——衬砌、冻结圈、原岩的泊松比；

E_1,E_2,E_3——衬砌、冻结圈、原岩的弹性模量。

此外，根据弹性-黏弹性计算原理，赖远明等又相应推导得出了基于鲍埃丁-托姆逊黏弹性本构模型的隧道冻胀力黏弹性解析解。

与赖远明等人不同的是，吴紫汪等、张德华等引入冻结圈膨胀量 Δh，将未冻围岩视为不受力的无限大平面体，并令冻结圈与未冻围岩交界处的位移满足如下连续条件：

$$u_r^{\mathrm{III}}|_{r=c}-u_r^{\mathrm{II}}|_{r=c}=\Delta h \tag{3-4}$$

得出衬砌所受围岩冻胀力 P_{b} 的弹性解析解，见下式：

$$P_{\mathrm{b}}=\frac{n\alpha E_2}{pq+(m_2+1)[e(m_1-\mu_1)+(m_2-\mu_2)]} \tag{3-5}$$

$$\begin{cases} m_1=\dfrac{b^2+a^2}{b^2-a^2} \\ m_2=\dfrac{c^2+b^2}{c^2-b^2} \\ p=\dfrac{2b^2}{c^2-b^2} \\ q=\dfrac{2c^2}{c^2-b^2} \\ e=\dfrac{E_1}{E_2} \end{cases} \tag{3-6}$$

式中　n——围岩完整度系数；

α——水变成冰的体积膨胀系数，其他符号意义同前。

该成果目前已纳入《公路隧道设计细则》(JTG/TD 70—2010)。

高广运等通过近似求解冻融岩石圈与衬砌交界处的冻胀变形 Δh_1 及冻融岩石圈与未冻围岩交界处的冻胀变形 Δh_2，令以上两交界处位移满足如下连续条件：

$$\begin{cases} u_r^{\mathrm{II}}|_{r=b}-u_r^{\mathrm{I}}|_{r=b}=\Delta h_1 \\ u_r^{\mathrm{III}}|_{r=c}-u_r^{\mathrm{II}}|_{r=c}=\Delta h_2 \end{cases} \tag{3-7}$$

进而，采用弹性力学理论推导了隧道冻胀力解析解。

黄继辉等考虑围岩的不均匀冻胀，引入围岩环向应力 σ_θ 与径向应力 σ_r，以及围岩环向应变 ε_θ 与径向应变 ε_r，根据弹性力学理论，推导出隧道冻胀力解析解，并以大坂山隧道为工程依托，计算当采用不同围岩不均匀冻胀系数 k（$k=\alpha_r/\alpha_\theta$，α_r 为沿隧道径向的线冻胀率，α_θ 为沿隧道环向的线冻胀率）以及冻结围岩弹性模量 E_2 与原岩弹性模量 E_3 比值时，隧道冻胀力在 0～1.72 MPa 和 0～3.13 MPa 范围内。郑波等依托东北地区某铁路隧道，采用现场试验、数值模拟等手段，发现在地下水丰富，围岩饱水的粉质黏土地层段，围岩冻胀压力荷载对衬砌结构破坏性强，而在砂性土段的破坏性则要弱很多，围岩属性和地下水条件对冻胀力产生的影响程度大。

3.2.3　积水冻胀

中铁西南科学研究院根据青藏线寒区隧道的相关研究成果，认为在岩石隧道中冻胀力主要由衬砌背后积水结冰引起。由于开挖面不平整、喷混凝土和钢架施工的表面不平整，以及防水板铺设等原因使衬砌与围岩间留有局部存水空间，一旦结冰即产生冻胀力。基于此，王建宇等建立了三角形积水空间冻胀模型，根据水结冰膨胀后体积与冻胀力作用下存水空间变形后体积相等，推导了隧道冻胀力解析解。范磊等在王建宇等的基础上，考虑了冰体的弹性变形性质，并引入弹性抗力系数，推导了隧道冻胀力解析解，并通过计算得出隧道冻胀力通常为 0.9～1.43 MPa，而对于地下水丰富的地区，其冻胀力可达 0.92～2.31 MPa。

邓刚等在以上三角形存水空间冻胀模型的基础上，假定存水空间为正四面体，将积水冻胀问题拓展为三维问题，并针对冻胀围岩和冻胀水体的形变约束特征，考虑衬砌结构刚度和围岩刚度对冻胀压力的影响，建立了隧道存水空间约束冻胀模型，并推导了相应的冻胀力 P_b 的解析解，见式(3-8)。

$$P_\mathrm{b}=\frac{\sqrt{6}}{9}\alpha_\mathrm{w}a_1\left(\frac{3}{k_\mathrm{r}}+\frac{1}{k_\mathrm{L}}\right)^{-1} \tag{3-8}$$

式中　a_1—— 衬砌和围岩的受压面边长；

α_w——水变成冰的体积膨胀系数；

k_r——围岩各受压面的抗压刚度；

k_L——衬砌刚度。

通过计算发现，存水空间尺度对结构安全度有显著影响，当存水空间体积大于 0.1 m^3，冻胀压力足以导致一般的混凝土衬砌结构发生破坏，而增加结构配筋仍旧是提高衬砌抗冻能力的有效措施。

王道远等开展了浅埋隧道局部存水冻胀室内模型试验，并结合数值计算，揭示了局部存水冻胀对隧道受力的影响机制，发现局部存水冻胀具有显著的位置性特征，衬砌冻胀开裂主要发生在局部存水与非存水交界处，冻胀力大小取决于交界处冻胀产生的应力集中效应，衬砌裂缝多为纵、斜向裂缝；衬砌局部存水冻胀最不利位置由优到劣依次为拱脚、边墙、仰拱、拱腰和拱顶，当取 20 cm 局部存水厚度时，拱顶、拱腰和仰拱的拉应力比均大于 3，取 80 cm 时，拉应力比均大于 5.2，更多甚至可达 10，易出现受拉破坏。

3.3　寒区隧道温度应力

由于寒区气温日较差或年较差大，造成隧道衬砌混凝土及侧沟等附属结构存在明显的干缩、热胀冷缩现象，所以在气温急剧变化时，衬砌内部不可避免地产生了温度应力。混凝土是一种抗拉强度远低于抗压强度的材料，当温度应力超过衬砌混凝土的抗拉强度时，衬砌结构往往出现明显的开裂现象。

调研近年来开通的多个寒区高速铁路隧道运营实践表明，设置以深埋排水设施为主体的隧道保温排水系统，杜绝了主要排水设施的冻害问题，并大大降低了衬砌挂冰、道床积冰等病害发生的可能性。但也随之出现了新的冻害特征，主要表现为严寒地区长大隧道洞口一定范围段，由于施工期与运营后洞内冬季存在较大负温差，不仅各类结构缝冬季张开明显，局部隧道衬砌以及洞内侧沟、无砟轨道底座板等附属结构在非缝处表面出现了明显的环向锯齿形裂缝，但同一位置夏季观测时结构裂缝则并不明显，如图 3-2、图 3-3 所示，由于衬砌开裂，大大削弱了隧道结构的耐久性。

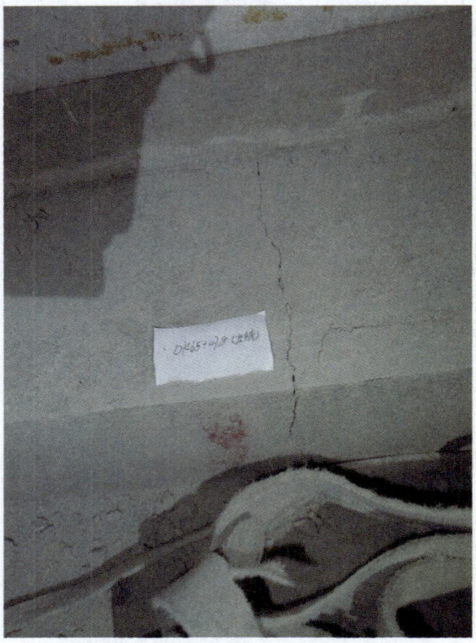

图 3-2　隧道内仰拱填充和无砟轨道底座板拉裂

图 3-3　隧道侧沟在施工缝附近拉裂

分析隧道结构及洞内无砟轨道结构等产生裂缝的主要原因是由于隧道施工期间混凝土施工要求环境温度不应低于 5 ℃，而隧道开通运营后受自然通风和列车活塞风等因素影响，洞内外热交换急剧增大，加之严寒地区冬季气温低、负温持续时间长，运营后冬季隧道内温度远低于施工期间，形成较大的负温差环境，由于混凝土的干缩、热胀冷缩，以及隧道二次衬砌受周边围岩的约束，同时侧沟和无砟轨道底座板等洞内附属结构受仰拱填充或二次衬砌的约束，阻碍了结构的自由变形，产生的温度应力大于混凝土结构的抗拉强度而开裂。

目前，针对结构温度应力的研究主要集中在大坝、箱形基础等大体积混凝土上，针对隧道结构的温度应力，《铁路隧道设计规范》(TB 10003—2016)提出了隧道结构因温度变化引起的变形值计算，蒲春平等根据隧道与周边围岩的相互作用，推导了圆形隧道的温度应力计算公式。

3.3.1　温度变化引起的隧道结构变形计算

根据《铁路隧道设计规范》(TB 10003—2016)相关要求，隧道各部构件受温度变化影响后产生的变形值，应根据当地温度情况与施工条件所确定的温度变化值等按式(3-9)计算确定。

$$\Delta l = l\Delta t\alpha \tag{3-9}$$

式中　Δl—— 温度变化引起的变形值，m；

l——构件的计算长度，m；

Δt——温度变化值，℃；

α——材料线膨胀系数，钢筋混凝土和混凝土线膨胀系数可取 1×10^{-5}/℃。

由式(3-9)，假定混凝土或钢筋混凝土的衬砌结构为均质弹性体，则衬砌结构的温度应力可按式(3-10)计算。

$$\sigma = -E\alpha\Delta t \tag{3-10}$$

式中　σ—— 衬砌结构的温度应力，N/m^2；

E——混凝土的弹性模量，N/m^2。

式(3-10)未考虑混凝土徐变的影响，也未考虑隧道衬砌结构受到周边围岩约束的影响。

3.3.2　圆形截面隧道的温度应力计算

当圆形截面隧道在施工过程中严格控制建筑材料的质量且混凝土浇筑后养护良好时，环境气温变化导致隧道结构产生温度应力时需考虑周边围岩约束的影响。

图3-4所示的计算简图，假设隧道壁厚为 t，平均周长 s(即通过截面中心的周长)，任意

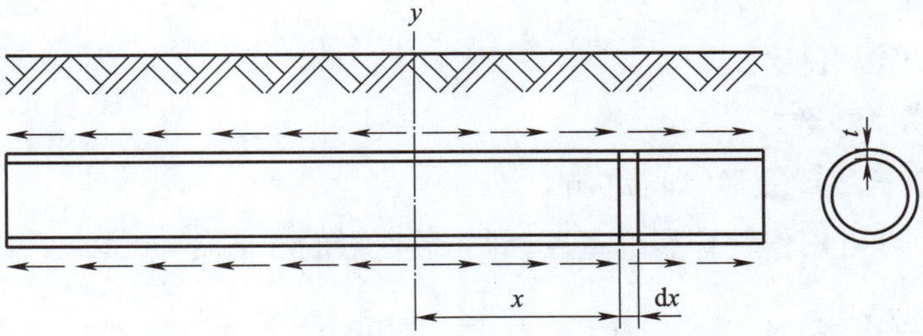

图3-4　计算简图

点的水平位移为 u，假定围岩阻碍隧道变形的剪应力 τ 与该点的水平位移 u 成比例：

$$\tau=-C_x u \tag{3-11}$$

式中 C_x——围岩对隧道的水平阻力系数，$\mathrm{N/mm^3}$。

从隧道某处截取一微体 $\mathrm{d}x$ 段，其平衡方程：

$$\left.\begin{aligned}&\mathrm{d}\sigma_x ts+\tau s\mathrm{d}x=0\\&\mathrm{d}\sigma_x+\frac{\tau}{t}\mathrm{d}x=0\end{aligned}\right\} \tag{3-12}$$

$$u=u_0+\alpha Tx \quad (u_0\text{ 为约束位移}) \tag{3-13}$$

$$\sigma_x=E\frac{\mathrm{d}u_0}{\mathrm{d}x},\frac{\mathrm{d}u}{\mathrm{d}x}=\frac{\mathrm{d}u_0}{\mathrm{d}x}+\alpha T \tag{3-14}$$

$$\frac{\mathrm{d}^2u}{\mathrm{d}x^2}=\frac{\mathrm{d}^2u_0}{\mathrm{d}x^2} \tag{3-15}$$

$$\frac{\mathrm{d}\sigma_x}{\mathrm{d}x}=E\frac{\mathrm{d}^2u_0}{\mathrm{d}x^2}=E\frac{\mathrm{d}^2u}{\mathrm{d}x^2} \tag{3-16}$$

$$E\frac{\mathrm{d}^2u}{\mathrm{d}x^2}-\frac{C_x u}{t}=0 \tag{3-17}$$

$$\frac{\mathrm{d}^2u}{\mathrm{d}x^2}-\beta^2u=0 \tag{3-18}$$

$$\beta=\sqrt{\frac{C_x}{tE}} \tag{3-19}$$

式(3-18)是线性二阶常微分方程，其全解为

$$u=A\cosh\beta x+B\sinh\beta x \tag{3-20}$$

式(3-20)中 A、B 为积分常数，由边界条件确定：

(1)当 $x=0$，$u=0$(变形不动点)，代入式(3-20)，则 $A=0$。

(2)当 $x=L/2$，$\sigma_x=0$(自由端)，

$$\left.\begin{aligned}&\sigma_x=E\frac{\mathrm{d}u_0}{\mathrm{d}x}=E\left(\frac{\mathrm{d}u}{\mathrm{d}x}-\alpha T\right)=0\\&\frac{\mathrm{d}u}{\mathrm{d}x}=\alpha T=B\beta\cosh\beta x\end{aligned}\right\} \tag{3-21}$$

$$B=\frac{\alpha T}{\beta\cosh\beta\dfrac{L}{2}} \tag{3-22}$$

式中 T—— 环境温度变化，℃；

α——线膨胀系数，1/℃；

L——隧道长度或变形缝间距，m。

衬砌裂缝宽度(可用作验算裂缝宽度，即一端变形的 2 倍)：

$$u=\frac{\alpha T}{\beta\cosh\beta\dfrac{L}{2}}\sinh\beta x \tag{3-23}$$

法向应力：

$$\sigma_x=E\left(\frac{\mathrm{d}u}{\mathrm{d}x}-\alpha T\right)=-E\alpha T\left(1-\frac{\cosh\beta x}{\cosh\beta\frac{L}{2}}\right) \tag{3-24}$$

剪应力：

$$\tau=-C_x u=-\frac{C_x\alpha T}{\beta\cosh\beta\frac{L}{2}}\sinh\beta x \tag{3-25}$$

上述应力为材料处于弹性应力时的情况，实际上岩石具有黏弹性，混凝土也具有徐变性质，将引起应力松弛，松弛系数一般为0.3～0.5，可以 $H(t)$ 表示，则最终应力见式(3-26)。

$$\sigma_x=-E\alpha T\left(1-\frac{\cosh\beta x}{\cosh\beta\frac{L}{2}}\right)H(t) \tag{3-26}$$

最大应力($x=0$)：

$$\sigma_x=-E\alpha T\left(1-\frac{1}{\cosh\beta\frac{L}{2}}\right)H(t) \tag{3-27}$$

由式(3-27)分析可知，衬砌结构的最大应力与七个因素相关，其中每一模衬砌的长度与温度应力呈非线性关系，如图3-5所示。由图可知，衬砌结构的最大应力在一模衬砌较短的范围时，随着长度增加，应力随之增大，但长度超过一定数值后，应力趋于一个常数。

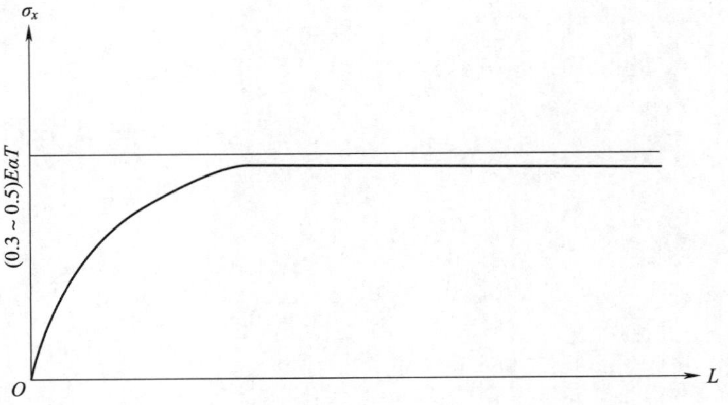

图3-5　隧道的最大温度应力与长度关系

由式(3-24)和式(3-25)得到应力分布，如图3-6所示。分析可知，最大法向应力在每一模衬砌中部。当法向应力超过抗拉强度时，衬砌结构出现开裂，而后应力重分布，并在衬砌开裂后的每段中部出现裂缝，如此往复，直至中间最大应力小于衬砌混凝土的抗拉强度 R_f，裂缝稳定不再增加。

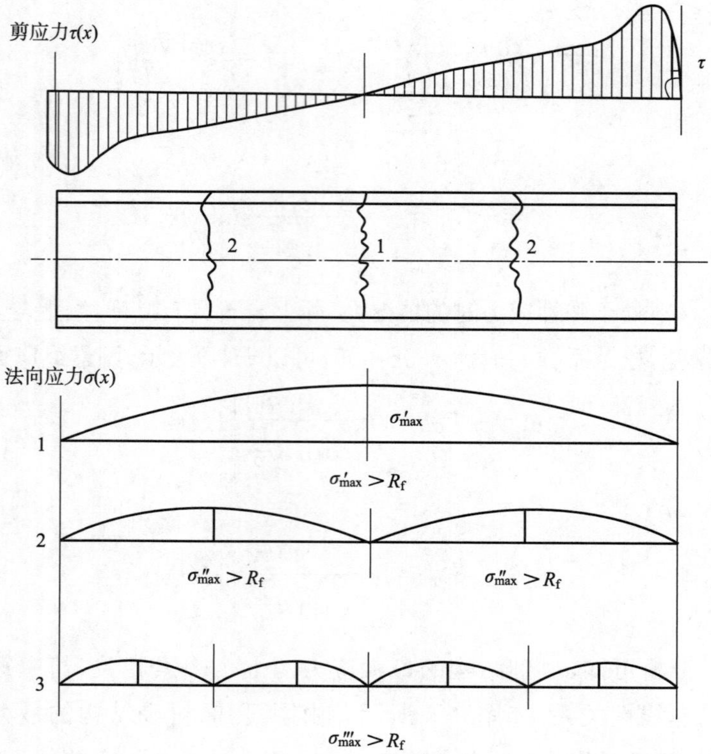

图 3-6　隧道的应力分布及裂缝次序

第4章　寒区隧道工程对策

4.1　寒区隧道工程勘测

4.1.1　隧道勘察

位于寒区的隧道工程勘测期间除按一般地区隧道查明隧道洞身工程地质和水文地质等外,还有应结合寒区的气候特点,完成以下工作:

(1)重点收集隧道所在地区的不少于近30年的历年各月平均气温,历年各月平均最高气温,历年各月平均最低气温,历年各月极端最高气温,历年各月极端最低气温;历年各月降水日数,历年各月降水量;历年各月风向频率,历年各月最大风速及风向、时间;历年各月最大积雪深度,历年最大冻土深度及冻结日期、解冻日期;低洼处最大的风吹雪厚度,风速风向,寒暖季的主导风向与频率,区域地温等地区气象参数。

(2)查明影响隧道洞口安全或洞身稳定的雪崩、冰川等不良地质,分析其类型和规模以及发生原因、发展趋势,判明对隧道的影响。

(3)查明冻土的成因、范围及岩土力学特性以及分布情况,分析其对隧道的影响。

(4)查明围岩含水层地下水赋存、分布与补给条件,判断垂直补给量及与区域含水层的联系。提供各围岩含水层富水性指标(渗透系数、涌水量、流速、水头高度),开挖时洞内的可能涌水量。

(5)查明构造断裂破碎带、不同岩性接触带等位置的地层含水情况、涌水量、水头压力和寒、暖季涌水量的可能变化规律。

4.1.2　隧道位置的选择

(1)隧道位置宜避免洞口长段落浅埋及洞身以浅埋方式穿越大型沟谷。

(2)隧道抗防冻设防段宜避免穿越长段落的黏性土、泥岩等地层,并宜减少通过断层、节理密集带等富水地层的段落。

(3)当隧道洞口位于迎风背阴面、地形相对低洼时,冬季容易大量积雪、春融期间因排水困难又易结冰,导致冻害反复出现,因此,隧道洞口宜选择在背风向阳、不易积雪、便于排水的位置。另外,当隧道位于降雪量较大山区时,洞口不宜设置在边、仰坡陡峻等易造成雪崩的位置。

(4)隧道洞口相对高差引起的气压差会对隧道内气流速度存在一定的影响,且当洞口高差引起的气流方向与隧道所在地区冬季主风向一致时,易导致隧道内气流交换速度加快,洞内外热传导加剧,因此较长隧道宜采用人字坡降低洞口高差,隧道轴向宜与冬季主风向加大角度相交。

(5)水工实践经验表明,寒区输水隧洞内明流排水的流速不宜小于1.2 m/s。综合隧道中心管沟的尺寸、流量等,隧道内的纵坡不宜小于5‰。当纵坡小于5‰时,隧道内的排水系统除应进行正常的防寒保温系统设计外,还应采取加大排水沟坡度、加强保温等措施。

4.2 寒区隧道设计分区

4.2.1 年平均气温

隧道是一种埋置于地层内的工程建筑物,其使用功能不可避免地受地层温度、地下水等环境因素影响。矿区地温预测研究表明:近地表的地层温度会受季节性气温变化影响,其温度变化幅度随着深度增加而逐渐降低。当近地表的地层温度随气温的变化幅度小于0.1 ℃时,该处地层通常称为恒温层。即恒温层是地表下某一深度处地热与太阳辐射能量影响达到平衡的层带。以天津地区为例,一年内气温、地面温度随季节性变化如图4-1所示。由图4-1可以判断,天津地区地表下约32 m深度处地温受气温的影响微弱,亦即地表下32 m深处为恒温层。

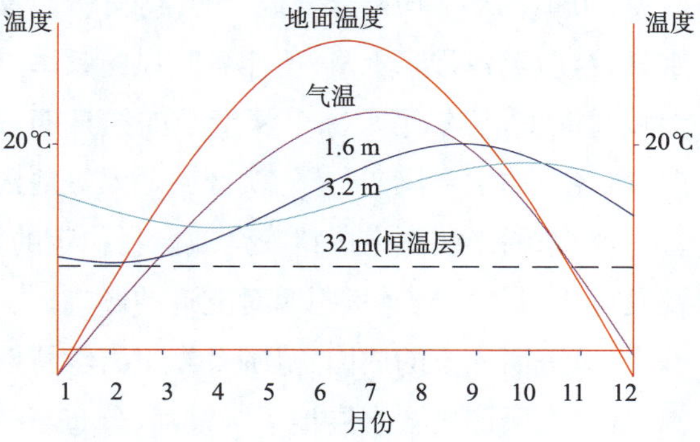

图4-1 天津地区气温、地温年度变化曲线示意

以恒温层分界,其上地层地温受季节性太阳辐射热影响通常具有周期性的变化规律,亦称"变温带"或"外热带"。而恒温层以下地层地温则主要受控于地球内热而不断增温,亦称"增温带"或"内热带"。从我国恒温层深度(变温带厚度)的分布特点来看,总体上青藏高原、西北地区及东北地区深,东南沿海地区浅,恒温层深度大致处于10～45 m之间,见表4-1。

表4-1 部分地区的恒温层位置分布

区域位置	部分地区的恒温层位置
东北地区	哈尔滨31.5 m,长春30 m,沈阳45 m
青藏高原	拉萨32.6 m
西北地区	西安20 m,西宁15 m,乌鲁木齐25 m,兰州19.8 m,银川30 m
西南地区	成都27.4 m,贵阳25 m,昆明20 m
东南地区	杭州11 m,南京14 m,上海13.3 m

此外，相关研究结论表明：恒温层的温度一般与当地年平均气温的变化有关，而我国陆区恒温层的温度平均比当地年平均气温要高 2.4 ℃，其中青藏高原、内蒙古和东北大部分地区、新疆北部以及宁夏北部等寒冷地区两者相差较大，其温度差值最高为 5 ℃，最低为 3.5 ℃。

结合我国铁路隧道的设计，由于深埋隧道通常位于恒温层及以下的增温带内，而浅埋隧道则通常位于恒温层及以上的变温带内，恒温层的温度水平，影响寒区隧道洞口段防抗冻设计。因此，寒区隧道保温排水设计，宜考虑隧道所在地区的年平均气温因素的影响。

4.2.2　年平均气温对寒区铁路隧道排水设施的影响

通过近十余年来对东北及华北寒区铁路隧道的冻害情况进行调研分析发现，年平均气温对寒区铁路隧道排水设施产生明显的影响：

(1)年平均气温处于 8～12 ℃的地区，隧道洞内排水沟(管)可不采取保温措施，但洞口段的高式侧沟冬季可能产生冻结，仰拱内排水管沟的洞外出水口无保温措施时，冬季易产生结冰。如石太高速铁路沿线隧道所在地区最冷月平均气温为－6.5～－2.5 ℃，年平均气温为 9.5～12.9 ℃，全线未设置保温排水设施，虽然冬季部分隧道中心排水管出水口附近产生了冻结情况，但洞内侧沟及排水沟均未出现冻结现象。

(2)年平均气温处于 4～8 ℃的地区，洞口段高式侧沟采取保温措施或仰拱内排水管已不能防止冬季作为排水设施的沟及管内结冰，需要在洞口端设置一定段落的仰拱内保温排水管沟或置于仰拱结构以下的保温水沟，其他段落可设置高式保温侧沟或仰拱内排水管。如呼准鄂铁路沿线隧道所在地区最冷月平均气温为－12.6～－10.5 ℃，年平均气温为 6.2～8.3 ℃，在隧道洞口段 300 m 范围设置了仰拱下中心深埋水沟，洞身 300～1 000 m 范围侧沟进行了保温。隧道运营后冬季均未出现冻害现象。

(3)年平均气温处于 0～4 ℃的地区，需在距洞口一定范围段落设置位于仰拱结构以下的中心深埋保温水沟，其他段落可设置位于仰拱结构以下的保温中心水沟或仰拱内保温中心水沟。如牡绥铁路沿线隧道所在地区最冷月平均气温为－18.4～－17.2 ℃，年平均气温为 2.3～3.7 ℃，隧道洞口段 1 000 m 范围设置了仰拱下中心深埋水沟，洞身 1 000～2 000 m范围侧沟进行了保温。隧道运营后冬季中心排水沟除个别缓坡隧道因水沟堵塞导致冻结外，其余均未出现冻害现象，但侧沟有水时大部分产生了冻结。

(4)年平均气温在－4～0 ℃的地区，需在距洞口较长段落范围设置位于仰拱结构以下的深埋中心保温水沟(当水沟埋置深度过大时也可采用防寒泄水洞)，其他段落应设置位于仰拱结构以下的保温中心水沟。如滨州线兴安岭隧道及沙力隧道所在地区最冷月平均气温为－21.3 ℃，年平均气温为－1.0 ℃，隧道均设置中心深埋水沟或泄水洞排水，而隧道排水系统冻害的主要原因是检查井密封不良，空气对流所致，因此该地区的排水系统应以中心深埋水沟或防寒泄水洞为主。

(5)年平均气温低于－4 ℃的地区，洞口段可能为多年冻土区，宜按多年冻土隧道开展防排水设计，其他段落宜采用防寒泄水洞排水。如嫩林线的白卡尔隧道和西罗奇 2 号隧道所在地区最冷月平均气温为－32 ℃，年平均气温低于－3 ℃，最大冻结深度超过 4.5 m，白卡尔隧道采用保温水沟，水沟冻结严重，而西罗奇 2 号隧道则在隧道底板下 5.85 m 处设置防寒泄水洞排水，泄水洞常年不冻。

4.2.3 按气温条件对寒区隧道进行设计分区

1. 高纬度寒区设计分区

高纬度寒区以华北北部及东北地区为代表，纬度大致介于北纬 40°至北纬 52°，最冷月平均气温－28～－3 ℃之间，年平均气温－4～12 ℃，近地表不受环境温度影响的恒温层温度大致介于－1～15 ℃之间。该地区大部分为季节性冻土，仅在大兴安岭及长白山海拔超过 1 200 m 的局部分布有多年冻土。根据黑龙江、吉林、辽宁、内蒙古中东部、山西北部及河北北部(含京津)铁路工程所经地区的气象特点及既有隧道工程冻害情况及抗防冻技术特点，可按年平均气温和最冷月平均气温将高纬度寒区隧道划分为五个分区，详见表 4-2。

表 4-2 高纬度寒区铁路隧道的设计分区

设计分区	气象特征参数		地表恒温层温度 t_c/℃	北纬纬度 N	区域分布
	最冷月平均气温 t_m/℃	年平均气温 t_a/℃			
Ⅰ	$-8 \leqslant t_m < 0$	$8 \leqslant t_a < 12$	$11 \leqslant t_c < 15$	$38° \leqslant N < 40.5°$	山西北部，河北北部，辽东南
Ⅱ	$-15 \leqslant t_m < -8$	$4 \leqslant t_a < 8$	$7 \leqslant t_c < 11$	$40.5° \leqslant N < 43°$	辽中、辽西，内蒙古中部等
Ⅲ	$-20 \leqslant t_m < -15$	$0 \leqslant t_a < 4$	$3 \leqslant t_c < 7$	$43° \leqslant N < 47°$	吉林中南部，黑龙江中东部，内蒙古东部等
Ⅳ	$-28 \leqslant t_m < -20$	$-4 \leqslant t_a \leqslant 0$	$-1 \leqslant t_c < 3$	$47° \leqslant N < 51°$	黑龙江西北部，内蒙古东北部等
Ⅴ	$t_m < -28$	$t_a < -4$	$t_c < -1$	$N \geqslant 51°$	黑龙江、内蒙古最北部

2. 高海拔寒区设计分区

青藏高原深居内陆，地势高亢，高原的东南部山体雄伟，河流深切，高原西北部地势平缓，呈现大范围的无人区，季节性冻土广泛分布，多年冻土线的海拔高程基本稳定在 4 500 m 以上，海拔高度超过 5 000 m 的地区，表层土壤虽有冻融，但变温带内的温度难以达到冰点以上。因此，高海拔寒区气候随高程垂直变化明显，季节性冻土层广泛分布、多年冻土连片分布的冻融特点是青藏高原交通工程抗防冻面临的重要难题。建议高海拔寒区隧道按年平均气温和最冷月平均气温划分为 5 个分区，见表 4-3。

表 4-3　高海拔寒区铁路隧道设计分区

设计分区	气象特征参数		地表恒温层温度 t_c/℃	海拔高度 H/m	区域分布
	最冷月平均气温 t_m/℃	年平均气温 t_a/℃			
Ⅰ	$-0.5 \leqslant t_m < 0$	$8 \leqslant t_a < 12$	$11 \leqslant t_c < 15$	$2\,000 \leqslant H < 2\,500$	青藏高原东部峡谷等地带
Ⅱ	$-4.7 \leqslant t_m < -0.5$	$4 \leqslant t_a < 8$	$7 \leqslant t_c < 11$	$2\,500 \leqslant H < 3\,250$	甘肃西南部、西北部，青海大部，西藏东南部，四川西部等局部青藏高原的爬升地带，柴达木盆地
Ⅲ	$-8.9 \leqslant t_m < -4.7$	$0 \leqslant t_a < 4$	$3 \leqslant t_c < 7$	$3\,250 \leqslant H < 4\,000$	青藏高原爬升地带
Ⅳ	$-13.1 \leqslant t_m < -8.9$	$-4 \leqslant t_a < 0$	$-1 \leqslant t_c < 3$	$4\,000 \leqslant H < 4\,750$	青藏高原面
Ⅴ	$t_m < -13.1$	$t_a < -4$	$t_c < -1$	$H \geqslant 4\,750$	昆仑山、祁连山、喜马拉雅山等高山地带

4.3　寒区隧道抗防冻原则

(1)由于地下水在冬季产生的危害作用大，寒区隧道位置宜选择在地下水水位较低、储水构造较少且对冻胀敏感性较低的地层。

(2)实践经验与实测数据表明，寒区隧道洞口段受环境温度影响大，洞口应设置抗冻设防段，抗冻设防段结构除应满足正常环境作用要求外，还应重点考虑冻胀作用及温度应力的影响。冻胀力应根据当地的气象条件、工程地质、水文地质以及衬砌结构形式和排水条件等综合计算确定。与温和地区相比，寒区隧道施工期间的环境温度需在 5 ℃以上，但开通运营后冬季温度低，寒区隧道结构除应考虑混凝土结构自身收缩影响外，还应考虑“温差”引起的变形影响。

(3)隧道的防排水设计除遵循“防、排、截、堵结合，因地制宜，综合治理，保护环境”的原则外，还应结合项目的气候条件、工程与水文地质、环境条件等影响因素，遵循“防寒可靠、排水通畅、施工方便、维护易行”的原则，采取切实可靠的设计、施工措施，对地表水与地下水进行妥善处理，使洞内外形成一个完整、可靠、通畅的防排水系统，达到初期支护基本不渗水、初期支护与二次衬砌间不积水、二次衬砌不浸水及排水系统不冻结的状态，确保隧道工程安全、可靠、耐久。

4.4　寒区隧道结构抗冻

相对于一般地区的隧道，由于受所处环境温度变化的影响，寒区隧道工程具有如下特点：

(1)隧道结构需考虑较大负温差引起的温度应力作用影响。

(2)当周边环境的地下水发育时,隧道内及周边一定范围的围岩可能需反复经历由非冻结状态到冻结状态的冻融循环作用,并对寒区隧道的结构和防排水系统产生明显的影响,不仅需要隧道结构承担周期性冻胀作用,还要求围绕隧道建立一个完善、通畅且具有保温性能的防排水系统。

因此,寒区隧道结构除考虑一般地区荷载作用外,还需要进行抗冻设计,以抵御温度应力及冻胀作用叠加的周期性作用。而寒区隧道的防排水系统,则需进行保温防冻设计,确保冻融循环过程中排水畅通。

4.4.1 寒区气候环境对隧道结构的影响

工程实践表明,寒区隧道由于受冻融作用、温度应力作用影响,衬砌、洞门端墙等结构常常出现开裂、酥脆、剥落甚至掉块等劣化特征,大大影响了隧道结构的耐久性,严重时甚至危及行车安全。此外,近年来国内开通的多个寒区快速铁路或高速铁路项目隧道运营经验也表明,设置以深埋排水设施为主体的隧道保温排水系统,可大大降低衬砌挂冰、道床积冰等病害,但与此同时由于施工质量等问题,也出现了一些新的结构冻害特征:一类表现为春融期间因冻胀导致隧道结构开裂,严重时甚至出现了衬砌裂损、掉块等情况,危及行车安全,给运营部门带来了诸多不便;另一类表现为严寒地区隧道内尤其是长大隧道洞口一定范围段,由于施工期与运营期冬季洞内出现较大负温差,不仅各类结构缝张开明显,局部甚至造成二次衬砌、轨道板、侧沟等结构拉裂,大大削弱了结构的耐久性。

4.4.2 寒区隧道的环境作用

1. 冻融作用

寒区实践经验表明,持续的低温和充足的地下水是产生冻融作用的必要条件。而大量工程实践和近代工程材料的细观研究也表明,属于脆性材料的混凝土结构的裂缝是不可避免的,但其有害程度通常是可以控制的,目前国内外技术人员在进行混凝土结构设计时通常以结构最大允许裂缝宽度作为无害裂缝的控制标准。由于混凝土结构裂缝的存在,当寒区隧道防排水系统失效且结构自身有缺陷时,地层中的地下水进入隧道结构内部成为了可能,加之混凝土结构体内大量的空隙、粗孔及毛细孔中的自含水,当隧道所在地区持续低温且衬砌背后出现负温区时,隧道结构不可避免受冻胀作用影响。

混凝土冻融试验研究表明:混凝土冻融破坏作用主要与所处环境中的地下水、最低温度、降温速率、反复冻融循环次数等因素相关,且在相同的条件下,处于含氯盐水体环境的混凝土冻融破坏作用更大。因此,目前进行铁路混凝土结构耐久性设计时通常根据工程所在地区的最冷月平均气温、混凝土的饱水状况和水中是否含氯盐情况,将冻融破坏环境划分为4个等级,并重点提出了混凝土最低强度等级、氯离子含量、碱含量、电通量、抗冻等级、含气量、气泡间距系数、抗裂性、护筋性、抗碱-骨料反应性等耐久性评价项目。

需要指出的是，我国铁路隧道多采用新奥法理念设计，多数采用拱墙设置防水层的“半包”防水形式，少部分采用全环设置防水层的“全包”防水形式。但无论采取何种防水措施，如果防排水系统功能正常，隧道各部位初期支护及二次衬砌受冻融作用影响分析如下：

(1)隧道二次衬砌拱墙为防水板保护下的薄壁结构，一般情况下与水不直接接触，无冻融作用。

(2)初期支护与地下水直接接触，当拱墙二次衬砌背后出现负温区域时，拱墙初期支护及围岩需考虑受冻融作用影响。

(3)仰拱(含填充)厚度大，仰拱与围岩或初期支护密贴，仰拱底部积水或冻融的可能性小，仰拱部位的初期支护和二次衬砌可不考虑冻融作用影响。

因此，在隧道防排水系统功能正常的前提下，且拱墙二次衬砌背后存在负温区域时，寒区隧道的初期支护及围岩应考虑冻融作用影响，而二次衬砌(含仰拱)、仰拱部位的初期支护及围岩均可不考虑冻融作用影响。

2. 负温差引起的温度应力作用

通过对近些年开通的牡绥铁路、哈佳铁路、哈牡高速铁路等位于东北季节性冻土区地层的铁路隧道进行现场调研后发现，冬季隧道内尤其是长大隧道距洞口一定范围段，不仅环向结构缝明显张开，个别隧道在非缝处甚至产生了环向裂缝，而夏季同一位置现场裂缝则并不明显。

分析产生上述裂缝的主要原因是寒区隧道二次衬砌结构冬季受较大的负温差引起的以拉应力为主的温度应力作用影响。由于隧道内混凝土施工时要求环境温度不应低于 5 ℃，而隧道开通运营后受自然通风和列车活塞风等因素影响，洞内外热交换急剧增大，加之寒区冬季气温低、持续时间长，运营后冬季隧道内温度远低于施工期间，从而形成较大的负温差，导致衬砌结构产生较大温度应力。

4.4.3　寒区隧道结构冻胀机理分析

处于高纬度寒区的东北及华北北部地区的冬季气温低、持续时间长，是我国季节性冻土的主要分布区域，至今已修建了数量众多的寒区隧道，取得了较为丰富的隧道结构抗冻经验。因此，调研了位于该地区隧道的冻害情况，总结寒区隧道的结构冻胀机理通常可分为以下两种类型：

(1)特殊地层隧道围岩冻胀型结构冻害

这种类型的隧道通常位于粉土、粉砂、粉质黏土等含水率较高、渗透系数小、冻胀变形明显的地层。当冬季隧道衬砌背后出现持续负温区域时，周边的围岩冻胀易造成隧道衬砌结构的开裂破坏。该类冻害的典型案例如伊阿铁路的哈布特盖隧道、格吉格特隧道、呼吉日延1号、2号隧道，调研发现上述隧道均为单线隧道，采用“马蹄形”断面形式，且结构冻害均发生在距隧道洞口约几百米范围段的饱水粉质黏土地层，其冻害表现为隧道洞内水沟盖板面上方 2～3 m 的边墙处出现了对称、贯通的纵向水平裂缝，局部甚至出现错台，通过观测发现裂缝宽度随冻融循环发生变化，每年最冷月裂缝宽度最大，夏季裂缝则明显变窄，如图 4-2 所示。

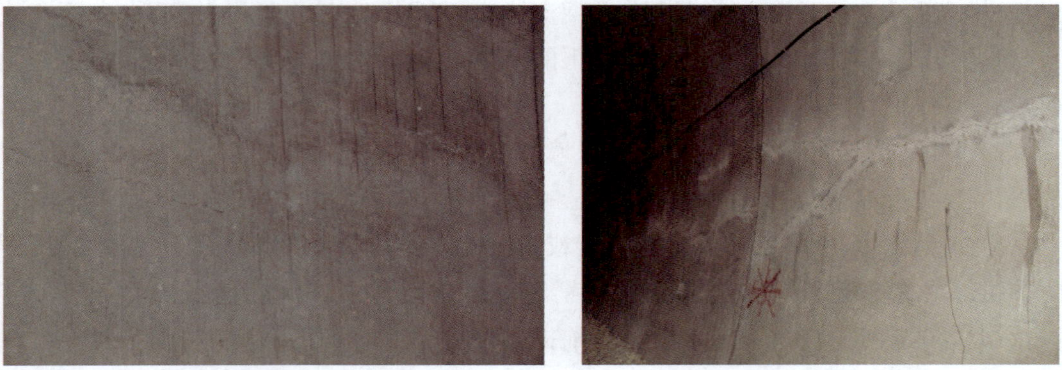

图 4-2　特殊地层隧道围岩冻胀型结构冻害

(2)结构缺陷型结构冻害

这种类型的隧道防排水系统往往失效，且结构自身也往往存在较明显的缺陷。该类结构冻害一般有以下两种表现形式：一种是由于衬砌背后局部存在空洞，积水冻胀体积增大引起结构产生冻害；另一种是由于二次衬砌混凝土体自身存在较大贯通裂缝，且伴随着渗漏水后经过了反复冻融作用最终导致结构产生冻害。该类冻害的典型案例如图佳线、滨洲线、嫩林线、滨绥线等早期铁路项目的 9 座隧道，其冻害表现为伴随着严重的渗漏水和冻害导致衬砌结构出现了严重的开裂、错台、掉块等情况，而进一步调研发现上述隧道产生冻害的段落均位于冻胀力可忽略不计的花岗岩、安山岩、凝灰岩等地下水极发育的岩质地层内。此外，近年来东北地区开通运营的局部铁路隧道也出现类似冻害特征。由于我国东北地区、华北北部地区以及高原铁路沿线地区等隧道多位于冻胀力基本可忽略不计的岩质地层，因此，该类结构冻害是目前我国寒区隧道的主要结构冻害类型，如图 4-3 所示。

图 4-3　结构缺陷型结构冻害实景

4.4.4　总体原则

(1)当冬季隧道拱墙二次衬砌背后有负温可能时,应对渗透性较强的破碎围岩或土层采取注浆堵水措施,缓解冬季围岩及初期支护的冻融作用。

(2)针对特殊地层隧道围岩冻胀型结构冻害,宜采取优化结构断面形式,如加大断面曲率等,衬砌结构采用配筋等加强措施,防止隧道结构在冻融作用下发生破坏。

(3)针对结构缺陷型结构冻害,一方面可设置以深埋排水设施为主体的隧道保温排水设施,保证隧道排水通畅,该项技术在近年来建成运营的牡绥铁路、哈牡高速铁路、长珲城际铁路等东北寒区高标准铁路项目中得到推广应用,效果显著;另一方面则需加强施工过程管理,保证围岩与初期支护、初期支护与防水层、防水层与二次衬砌均形成密贴,防止衬砌背后产生空洞;三是拱墙二次衬砌应连续浇筑避免形成不必要的“冷缝”,防止结构产生贯通性裂缝损伤,从而减少或杜绝结构自身缺陷的产生。

(4)针对负温差引起的温度应力作用,可按照一定距离设置横断面贯通的变形缝,降低衬砌开裂风险。

4.4.5　暗洞结构抗冻措施

1. 初期支护

实测数据表明,严寒地区隧道衬砌背后冬季会出现负温区域。当隧道周边的地下水发育时,喷射混凝土孔隙内必然含水,冻融作用不可避免会对初期支护结构产生影响。

(1)喷射混凝土

工程试验表明:一方面,在冻融循环作用下,混凝土结构表面剥蚀严重,抗压强度和劈裂强度等力学性能指标均有一定程度的降低,而从微观状态下观察喷射混凝土内部的孔隙含量进一步增加,水化物变得酥松、劣化,裂缝宽度增大,导致结构承载能力逐渐降低;另一方面,由于喷射混凝土结构内部形成的封闭球状气泡隔断了混凝土体内渗水的毛细通道,有效地缓解了冻胀力和渗透压力对硬化水泥基体的破坏,故喷射混凝土的抗冻性能较高。考虑隧道喷层与冻融试验环境的差异性,初支喷射混凝土一般不采取加强措施。

(2)钢架及钢筋网

不同形式的初期支护对其抗冻性能的影响较大,由于工字钢、H 型钢等本身多为半封闭的空间结构,喷射混凝土与钢架之间不仅难以形成完整的结合体,其接触面局部还极易形成渗水通道,在冻融循环作用下,易导致初期支护的耐久性降低。与之相比,格栅钢架则恰好相反,与喷射混凝土可形成整体,因此,初期支护采用格栅钢架时抗冻性能一般要优于型钢钢架。此外,钢筋网的使用也增加了渗水通道,降低了初期支护的抗冻性能。因此,初期支护喷射混凝土中宜减少钢筋网片的使用,设计钢架时宜采用格栅钢架。

此外,由于喷射混凝土中掺加钢纤维、玄武岩纤维后,一方面,纤维的弹性模量相对高于凝结初期喷射混凝土基本的弹性模量，增加了混凝土塑性和硬化初期的抗拉强度，从而有效地抑制了喷射混凝土早期收缩裂缝的产生和发展，降低了混凝土的孔隙率，同时，纤维使喷射混凝土基体的失水面积减小，水分迁移困难，从而使毛细管因失水收缩所形成的毛细管张力减小，提高了混凝土的抗渗性；另一方面，纤维有效防止微裂缝扩展和贯通，在纤维混凝土的固结硬化过程中，由于重力的作用，纤维和固体颗粒逐渐下沉，乱向分布的纤维互相交叉，增大了固体颗粒下沉的阻力，相应地减少了混凝土的硬化收缩，使骨料与砂浆界面之间的原始微裂纹减少。因此，钢纤维、玄武岩纤维掺入喷射混凝土，能够显著提高结构抗冻性能。

2. 二次衬砌

实践经验与实测数据表明，寒区长大隧道洞口段受环境温度影响大，洞口应设置抗冻设防段。抗冻设防段长度可根据隧道长度及坡度、洞口朝向、当地最冷月平均气温、地下水水量、隧道内外气温、风速、风向、列车长度、行车速度和密度等影响因素综合确定。一般可参考当地最冷月平均气温并结合邻近项目既有隧道的设防条件类别及效果等综合确定。通过调研近年来陆续开通的牡绥铁路、哈佳铁路、哈牡高速铁路、长珲城际铁路、京哈高速铁路京沈段等东北地区铁路隧道衬砌结构抗冻设防段长度并结合其抗冻效果，提出严寒地区铁路隧道衬砌结构抗冻设防段长度建议值，详见表 4-4。

表 4-4　严寒地区隧道衬砌结构抗冻设防段长度建议值

气候环境分类	最冷月平均气温 t/℃	抗冻设防段长度/m
严寒地区	$t \leqslant -25$	洞口 2 000
	$-25 < t \leqslant -20$	洞口 1 500
	$-20 < t \leqslant -15$	洞口 1 000
	$-15 < t \leqslant -8$	洞口 500

此外，抗冻设防段衬砌结构还应满足下列要求：

(1)抗冻设防段应采用曲墙带仰拱形式复合式衬砌，二次衬砌采用防水钢筋混凝土。

(2)隧道抗冻设防段衬砌结构应设置温度伸缩缝，且温度伸缩缝设置应避开地下水集中出水点。由于隧道二次衬砌浇筑及养护的环境条件要求，加之寒区温差大、冰冻期长的气候特点，且隧道冬季沿纵向温度场的分布一般呈“两端低、中间高”的抛物线形规律，所以隧道抗冻设防段二次衬砌纵向间隔一定距离后需设置温度伸缩缝消除负温差引起的温度应力。

(3)位于抗冻设防段的隧道拱墙、仰拱、仰拱填充的施工缝、温度伸缩缝、沉降缝上下应贯通对齐，以避免由于隧道衬砌结构上下部位变形不一致而导致结构开裂。

需要说明的是，虽然隧道衬砌结构裂缝不影响承载力，但对于防水和耐久性影响较大。而目前设计中隧道衬砌结构的纵向配筋一般按构造配置，但钢筋间距一般为 200～300 mm，可能不利于结构抗裂，有研究建议纵向构造钢筋适当加密至 100～150 mm。

4.4.6　隧道结构保温层设计探讨

1. 保温层设置的目的

设置保温层也是防止寒区隧道结构产生冻害的有效手段之一。该方法一般通过对隧道洞口易受冻融影响地段设置保温层,这样做避免了衬砌背后环境与洞内空气发生剧烈的热交换,防止衬砌背后形成负温区域,从而达到防治冻害的目的。

2. 保温层设置位置分析

设置保温层防止隧道结构冻害时,按保温层敷设的位置通常有两种方式:一种是直接在隧道二次衬砌结构表面设置保温层,另一种则是在隧道初期支护与二次衬砌之间设置保温层。

不同设置位置保温层的优缺点对比分析详见表 4-5。

表 4-5　保温层不同设置位置优缺点对比分析

保温层位置	优点	缺点
二次衬砌表面	施工工艺相对简单,质量易控制;维修相对方便	①保温层安装受洞内表面悬挂设备的影响大,固定较复杂,且保温材料需采取特殊的防火和饰面处理。 ②衬砌结构发生破坏时,设置保温层后无法及时观察衬砌表面病害发生、发展情况,不利于病害的预防及及时处治。 ③隧道内运营车辆产生的气流、振动等易对保温层耐久性造成破坏,危及行车安全
初期支护与二次衬砌之间	有利于行车安全,对洞内设备安装干扰小	①施工工序繁琐,工效低。 ②保温层阻燃性能低,施工时易发生火灾,风险高。 ③保温层在二次衬砌混凝土振捣过程中易脱位而造成局部空洞。 ④围岩有压力时,由于保温层的强度和弹性模量偏低,受压后保温层变形破坏,从而降低保温性能。 ⑤处于夹层位置的保温层维修难度大,无更换可能性

目前保温层保温在国内多个交通隧道中得以应用,取得了一定成效。公路隧道多数情况下将保温层设置在二次衬砌表面,如黑龙江绥满公路的雾凇岭隧道在二次衬砌表面喷涂了保温层,哈尔滨环城高速天恒山隧道、四川国道 317 线的鹧鸪山隧道和国道 213 线郎川公路的日尔郎山隧道在二次衬砌表面铺设保温板,初期支护与二次衬砌之间设置保温层也有工程实例,河北承德秦青公路的梯子岭隧道在初期支护与二次衬砌之间设置了保温层。而与公路隧道相比,考虑铁路隧道内运营列车密度、时速等影响以及维修养护的要求,为保证安全,铁路隧道的保温层一般不得敷设于衬砌结构表面。此外,实践经验表明,保温层要达到保温效果的关键在于保温层必须处于相对干燥的环境中,分析多年冻土区及季节性冻土区地层中地下水的不同形态对设置于初期支护与二次衬砌之间保温层的保温效果产生不同影响,具体如下:

(1)对于多年冻土区铁路隧道,设置保温层的主要目的是防止夏季隧道周边多年冻土圈产生融化，由于该地层中地下水多为固态，故设置于初期支护与二次衬砌间的保温层基本可保持为干燥状态，因此，设置保温层基本可实现保温防融的目的。

(2)对于季节性冻土区铁路隧道，由于该地层中的地下水长时间为液态，且防水层的破损等原因极易导致地下水在保温层内窜流，位于初期支护与二次衬砌之间的保温层难以保持干燥，不仅使得保温效果大大降低甚至失效，而且当保温层内窜水不能及时排出时，低温状态下将不可避免地产生冻结，进而对隧道结构产生影响。

3. 保温层的适应性分析

总结上述分析，铁路隧道的保温层应设置在初期支护与二次衬砌之间，且通过设置保温层保温防止铁路隧道产生冻害的方法主要适用于多年冻土区隧道，对于季节性冻土区的铁路隧道应慎用保温层。公路隧道保温层设置于衬砌表面，应做防火处理。

4. 保温层设计

用作隧道保温层的材料应具有较低的导热系数、足够的抗压强度、较低的吸水率甚至不吸水，且具有良好的化学稳定性及耐久性等特点。目前寒区隧道常用的保温材料有酚醛泡沫塑料、聚氨酯泡沫塑料等。根据保温层材料的性能指标和保温层的不同位置，其设防厚度计算如下：

(1)隧道采用表面保温抗冻构造时，防冻保温层厚度可按式(4-1)计算确定：

$$\frac{1}{\lambda_p}\ln\frac{r+Z_s(x)}{r}=\frac{1}{\lambda}\ln\frac{r+\delta}{r} \tag{4-1}$$

式中 λ_p——围岩导热系数，W/(m·K)，宜根据现场情况进行实测，无实测条件可按表4-6取值；

r——衬砌结构的曲率半径，m；

$Z_s(x)$——围岩的冻结深度，m；

λ——防冻保温材料导热系数，W/(m·K)，取材料实测值；

δ——保温层厚度，m，当计算值小于0.05 m，取δ=0.05 m。

表 4-6 围岩导热系数

围岩类别	围岩导热系数 λ_p/[W/(m·K)]	围岩类别	围岩导热系数 λ_p/[W/(m·K)]
泥质页岩	1.55～2.19	闪长岩	2.15～2.44
致密砂岩	1.28～3.02	粗粒土	1.25～1.55
石灰岩	0.81～2.19	细砂土	0.80～1.18
大理岩	3.02～3.72	黏质土	0.70～1.12
花岗岩	2.36～3.61		

(2)隧道采用初期支护与二次衬砌间设置保温层抗冻构造时，防冻保温层厚度可按式(4-2)计算：

$$\frac{1}{\lambda_p}\ln\frac{r+Z_s(x)}{r}=\frac{1}{\lambda}\ln\frac{r+\delta_2+\delta}{r+\delta_2}+\frac{1}{\lambda_2}\ln\frac{r+\delta_2}{r} \tag{4-2}$$

式中 λ_2—— 二次衬砌混凝土的导热系数，W/(m·K)，一般钢筋混凝土导热系数为 1.74 W/(m·K)，素混凝土导热系数为 1.65 W/(m·K)；

δ_2——二次衬砌混凝土的厚度，m。

其余符号意义同前。

4.5 寒区隧道防排水系统防冻

(1)仅有季节性冻土的寒区隧道

针对季节性冻土区的水冬季冻结成冰、夏季融化为水的特点，铁路隧道工程技术人员经过多年的研究和工程实践证明，设置保温排水系统能有效防止隧道产生冻害，该方法主要是在隧道底部建立一个以深埋排水设施为主体的管沟进行保温，及时排除隧道周边地下水，达到隧道衬砌表面不渗水、背后不积水和排水沟不冻结的目的。

(2)有多年冻土的寒区隧道

针对多年冻土区中的水全年呈固态的情况，通常采取在初期支护与二次衬砌间设置全环保温层保温，防止夏季隧道周边的冻土融化的处治思路。

当设置隧道内排水沟时，一般在水沟内增加保温措施。

4.5.1 隧道防水设计

实践经验表明，寒区运营隧道的冻害大多数是由于防排水系统原因导致的。隧道的开挖改变了周边地下水的渗流场，地下水不断向隧道入渗。而位于寒区的隧道，当盲沟、隧底深埋排水沟等隧道衬砌外部排水系统出现不畅情况时，易造成衬砌背后积水，冬季则产生结冰冻胀，如果在衬砌薄弱位置进入隧道后，则容易出现挂冰等冻害；当中心水沟、侧沟等隧道衬砌内部排水系统出现不畅情况时，冬季则易产生道床积冰等冻害。此外，由于低温状态下隧道所采用的防水材料性能往往急剧下降，也极易造成隧道的冻害问题。

1. 围岩防渗

当隧道洞口地层松散、透水性较强时，或隧道洞口位于浅埋沟谷等易形成汇水、储水的地段时，冬季隧道内形成冻害的可能性将大大增加，采用以“防寒堵水”为主要目的的径向注浆或超前注浆，可以在隧道初期支护外侧的围岩体中构建一个封闭的防渗圈，减少地下水向隧道的入渗，从而降低隧道冻害风险。

防渗圈的范围可按承受外部静水压力设计，一般裂隙地段防渗圈的范围按 0.2～0.5 倍隧道开挖跨度考虑。

防寒注浆完成后需进行防渗注浆效果检查和评定，通常采用标准如下：

（1）一般岩质地层防寒注浆防渗标准可采用钻孔压水试验成果表示，压水试验成果一般要求透水率 $q \leqslant 5$ Lu，透水率 q 可按式(4-3)计算。

$$q=\frac{Q}{pL} \tag{4-3}$$

式中 Q——每分钟注水量，L/min；

p——注浆压力，MPa；

L——试验长度压力，m。

压水流量稳定标准：在稳定的压力下，每 3～5 min 测读一次压入流量，连续四次读数中最大值与最小值之差小于最终值的 10%，或最大值与最小值之差小于 1 L/min 时，本阶段试验即可结束，取最终值作为计算值。

（2）土质地层防寒注浆防渗标准一般采用渗透系数 K（单位为 cm/s）表示，要求 K 降低到 10^{-5} cm/s 量级。

由于注浆工程多采用钻孔压水试验成果表示，渗透系数 K 与透水率 q 之间的关系可按式(4-4)估算：

$$K=q\times 1.5\times 10^{-5} \tag{4-4}$$

2. 初期支护抗渗

初期支护作为隧道暗洞段防水系统的第一道防线，应重点考虑系统锚杆施作、初期支护与围岩间的密贴对隧道防水系统的影响。

（1）系统锚杆往往需径向钻孔后安设，而锚杆孔施作后易成为集中的渗水通道。为了保证系统锚杆孔的防渗要求，确保各锚杆封孔注浆饱满且孔内无空隙积水，要求隧道最大跨以上部位宜采用中空注浆锚杆，最大跨以下部位可采用砂浆锚杆。

（2）为保证喷射混凝土与围岩密贴，初期支护背后无空洞、不积水，一方面应严格控制隧道的超欠挖，另一方面则要求钢筋网片施工时实现对孔搭接，从而避免网眼错开后导致喷射混凝土不密实。

3. 防水层防水

工程经验表明，由于防水层基面的不平顺、局部突出易造成防水层在衬砌施工过程中发生损伤，从而形成隧道在运营期的渗漏水，冬季则容易出现挂冰病害。

4. 接缝防水

寒区隧道结构设置沉降变形缝及温度伸缩缝的防水设计应结合寒区温差大、冰冻期长的气候特点按以下两种情况进行考虑：

（1）当隧道所在地区年平均气温较高，气温年较差较大时（主要为新疆地区），隧道的沉降变形缝及温度伸缩缝应结合所在地区的气温年较差考虑设置，并保持一定的缝宽。

(2)当隧道所在地区年平均气温不高，气温年较差较大时，隧道沉降变形缝可不考虑缝宽，由于隧道施工期间的环境温度要求在5 ℃以上，且开通运营后冬季隧道内的温度低，隧道结构应考虑混凝土结构自身收缩变形影响和由于负温差引起的纵向收缩变形影响，温度伸缩缝设计时可不考虑设置缝宽，仅考虑设置隔离材料即可。隔离材料可选用喷涂沥青橡胶等防水材料，满足接缝防水要求。

4.5.2 隧道排水设计

为防止寒区隧道排水系统发生冻害，保证隧道排水通畅，必须结合气候条件和地下水发育程度确定针对性的防寒措施，一般设置保温水沟、中心深埋水沟、防寒泄水洞及相关配套排水设施组成的防寒保温排水系统。高纬度寒区、高海拔寒区无具体资料时可参考表4-7、表4-8分别确定保温排水措施。

表4-7 高纬度寒区隧道保温排水措施建议长度一览

<table>
<tr><th colspan="2">隧址区气温/℃</th><th rowspan="2">设计分区</th><th colspan="4">仰拱下保温水沟</th><th colspan="4">仰拱内保温水沟</th></tr>
<tr><th>最冷月平均气温 t_m</th><th>年平均气温 t_a</th><th>仰拱下浅埋排水沟 L_1</th><th>仰拱下深埋排水沟 L_2</th><th>防寒泄水洞 L_3</th><th>设置长度/m</th><th>高式</th><th>设置长度 L_s/m</th><th>低式或暗管</th><th>设置长度或范围/m</th></tr>
<tr><td>$-8\leqslant t_m<0$</td><td>$8\leqslant t_a<12$</td><td>Ⅰ</td><td>不需设</td><td>不需设</td><td>不需设</td><td>—</td><td>洞口段适当保温</td><td>$0<L_s\leqslant 300$</td><td>不需保温</td><td>—</td></tr>
<tr><td>$-15\leqslant t_m<-8$</td><td>$4\leqslant t_a<8$</td><td>Ⅱ</td><td>洞口段设</td><td>不需设</td><td>不需设</td><td rowspan="3">$L\leqslant -1\ 000-200t_1$时，$L_1+L_2+L_3=L$；$L>-1\ 000-200t_1$时，$L_1+L_2+L_3=-500-100t_1$</td><td>洞口段及洞身段需保温</td><td>$300<L_s\leqslant 1\ 500$</td><td>当不设仰拱下保温水沟时，洞口段需保温</td><td>设置长度可同 L_1</td></tr>
<tr><td>$-20\leqslant t_m<-15$</td><td>$0\leqslant t_a<4$</td><td>Ⅲ</td><td>洞身段设</td><td>洞口段设</td><td>不需设</td><td>—</td><td>—</td><td>洞身段需保温</td><td>当 $L\leqslant -1\ 000-200t_1$ 时，不需设；当 $L>-1\ 000-200t_1$ 时，距洞口 $(-500-100t_1)\sim(500-100t_1)$ 范围段设置</td></tr>
<tr><td>$-28\leqslant t_m<-20$</td><td>$-4\leqslant t_a<0$</td><td>Ⅳ</td><td>洞身段设</td><td>洞口段及洞身段设</td><td>计算水沟埋置深度超过2.5 m时，洞口段及洞身段设置</td><td>—</td><td>—</td><td colspan="2">—</td></tr>
<tr><td>$t_m<-28$</td><td>$t_a<-4$</td><td>Ⅴ</td><td colspan="4">洞口段宜按多年冻土隧道设计，洞身段排水设计可按Ⅳ区设计</td><td>—</td><td>—</td><td colspan="2">—</td></tr>
</table>

注：表中 L 为隧道长度。

表 4-8 高海拔寒区隧道保温排水措施建议长度

设计分区	最冷月平均气温 t_m/℃	洞口保温排水设防段长度 L_m/m	备注
Ⅱ	$-4.7 \leqslant t_m < -0.5$	$1\,000 \leqslant L_m < 1\,500$	
Ⅲ	$-8.9 \leqslant t_m < -4.7$	$1\,500 \leqslant L_m < 2\,000$	
Ⅳ	$-13.1 \leqslant t_m < -8.9$	$2\,000 \leqslant L_m < 2\,500$	
Ⅴ	$t_m < -13.1$	$2\,500 \leqslant L_m \leqslant 3\,000$	

1. 保温水沟

(1)适用条件

保温水沟一般适用于冬季衬砌背后不会出现负温状态，隧道周边的地下水通过边墙处侧沟的泄水孔进入洞内后，通过采取保温措施的水沟引排即可达到冬季水流不冻结的地区。

(2)设置方式

保温水沟一般采用侧沟式或中心埋置式，其结构形式应结合隧道衬砌断面设计。保温水沟设计如图 4-4 所示。

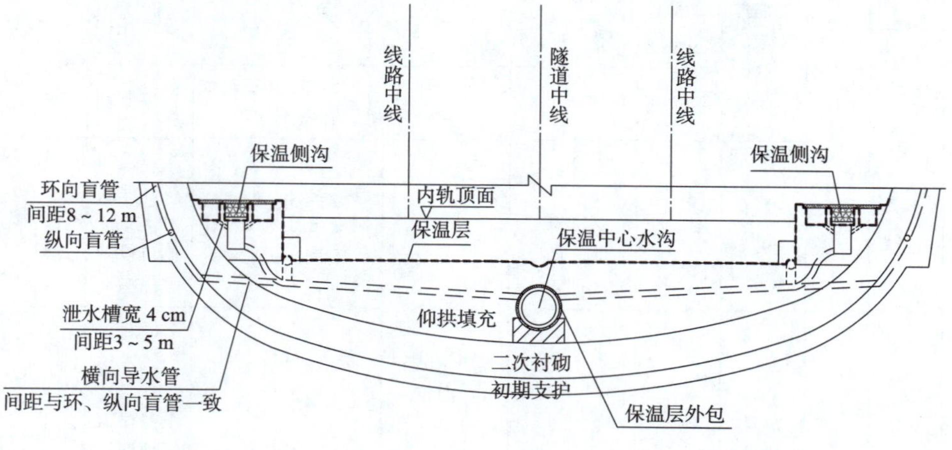

图 4-4 保温水沟

保温中心水沟管径与普通隧道相同，一般设置在隧道仰拱填充内或紧贴隧道底板设置。当采用仰拱内保温中心水沟无法满足隧道排水量要求时，应进一步研究增加泄水洞等其他排水措施。

2. 中心深埋水沟

(1)适用条件

中心深埋水沟一般适用于冬季衬砌背后会出现负温状态，但围岩冻结深度不大于 2.5 m，隧道周边的地下水可通过渗水盲沟系统或重力下渗作用，并经设置于隧道结构下方的中心深埋水沟引排，从而达到冬季不冻结目的的地区。

(2)设置方式

中心深埋水沟是将水沟的流水面埋置于洞内的冻结深度以外,可确保冬季水沟流水不冻结的排水设施,中心深埋水沟设计如图 4-5 所示。为满足最大冻结深度的要求,中心深埋水沟设置在隧道仰拱或底板以下,其管径可根据隧道出水量计算确定。当隧道水量大,中心深埋水沟排水困难时,可采用防寒泄水洞。

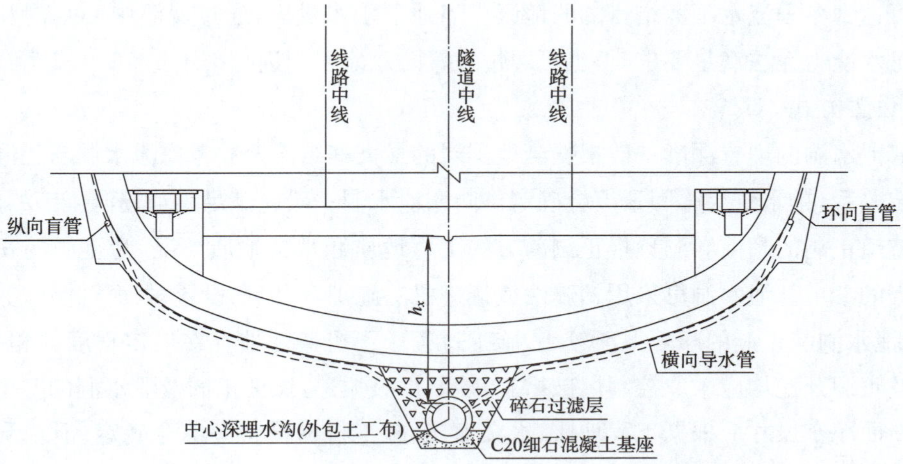

图 4-5　中心深埋水沟

中心深埋水沟的埋置深度一般可按式(4-5)确定。

$$h_x=\frac{Kh_0t_x}{t} \tag{4-5}$$

式中　h_x——隧道内距洞口 x m 处深埋水沟的最小埋深,m;

K——与岩性有关的冻结深度系数,可按表 4-9 选用;

h_0——隧道所在地区的最大冻结深度,m;

t_x——隧道内距洞口 x m 处最冷月平均气温,℃,根据隧道沿纵向距洞口温度梯度推算,无资料时低洞口端距隧道进口沿纵向温度梯度可按 0.1 ℃/10 m考虑;

t——隧道所在地区最冷月平均气温,℃。

表 4-9　冻结深度系数

围岩类别	黏质土、粉质土	砂类土、碎石土	岩石
K 值	1.0	1.1～1.3	1.3～2.0

为保证排水效果,中心深埋水沟下部需设置基座,基座可直接采用 C20 细石混凝土现浇而成。中心深埋水沟上部的回填材料应具有足够的强度、良好的透水性且方便施工。回填材料通常采用经水洗的碎石过滤层,碎石的粒径宜控制在 2.5～5.0 cm 之间,且颗粒表面泥块含量不应大于 0.17%,针、片状颗粒含量不应大于 8%,在水饱状态下岩石抗压强度不

宜小于 60 MPa。碎石过滤层与隧底结构间铺设一层土工布作为隔离层。

3. 防寒泄水洞

(1)适用条件

防寒泄水洞一般适用于冬季衬砌背后会出现负温状态，且围岩冻结深度大于 2.5 m，隧道周边的地下水可通过渗水盲沟系统或重力下渗作用经设置于隧道结构下方的防寒泄水洞引排后可达到冬季流水不冻结目的的地区。当地下水水量大，通过保温中心水沟及中心深埋水沟排水能力无法满足要求时，也可通过设置防寒泄水洞进行排水。

(2)设置方式

防寒泄水洞的埋置深度一般根据当地围岩的最大冻结深度并考虑泄水洞与正洞施工的相互影响关系、排水效果等因素综合确定。防寒泄水洞一般应满足超前正洞施工的要求，并可兼做隧道正洞的超前导洞预报正洞前方的工程地质和水文地质情况，为正洞的安全施工提供适当的参考。泄水洞可采用钻爆法或掘进机法施工，一般均设置衬砌。此外，为满足排水要求，泄水洞与正洞的净距一般较小，施工过程中不可避免地存在一定程度的相互干扰，泄水洞及正洞开挖均应采取控制爆破措施，控制爆破振速，保证正洞及泄水洞的安全。防寒泄水洞断面净空尺寸应根据工程地质、水文地质、施工机械设备等综合确定，泄水洞的一般净空尺寸不小于 2.2 m×2.5 m(高×宽)，防寒泄水洞设计如图 4-6 所示。

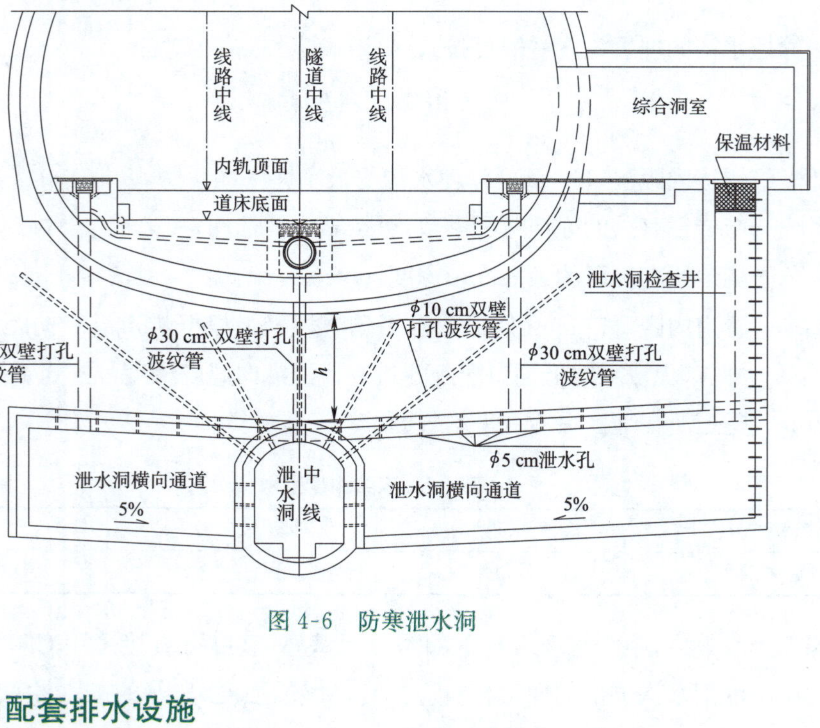

图 4-6　防寒泄水洞

4.5.3　洞内配套排水设施

设置保温水沟、中心深埋水沟或防寒泄水洞的寒区隧道，洞内还应设置保温检查井、盲管(沟)、泄水孔、排水横沟等洞内配套排水设施。

1. 保温检查井

由于检查井是保温水沟、中心深埋水沟及防寒泄水洞等主要排水设施与隧道内的连接通道，冬季易对隧道的排水系统造成影响，是寒区隧道保温的薄弱环节，故应对检查井进行保温设计。

检查井一般沿线路纵向间距为 30～50 m，检查井断面一般为方形，截面净尺寸一般为 1.0 m×1.0 m。保温检查井设置双层盖板，两层盖板之间充填保温层，保温层的厚度一般为 25～50 cm，如图 4-7 所示。检查井盖板四周应与井壁周边密贴，防止冷空气进入。

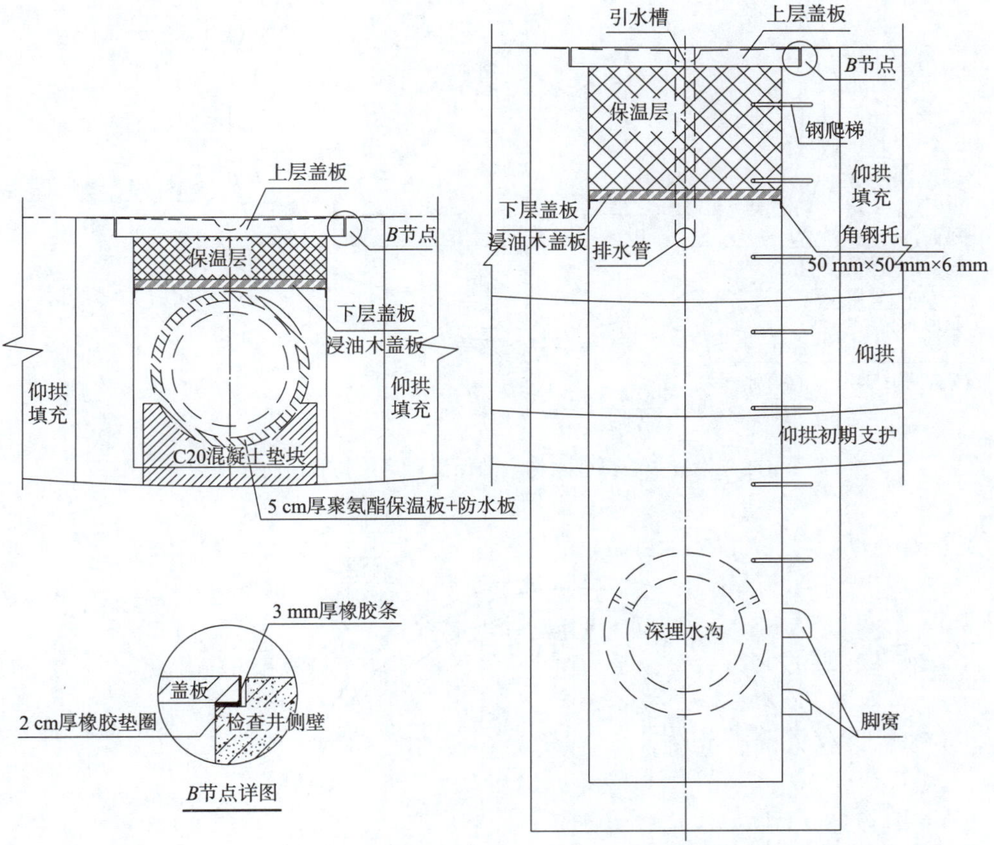

图 4-7　中心水沟保温检查井(左)和中心深埋水沟保温检查井(右)

2. 盲管(沟)系统及横向导水管

为保证冬季衬砌背后局部负温状态对盲沟系统排水产生影响，需进行局部泄水减压。而寒区隧道暗洞段地下水水位较高且设置中心深埋水沟时，为减少高水压作用对隧道结构的影响，可设置位于围岩冻结线以外的深埋环向盲沟或边墙碎石盲沟。深埋环向盲沟沿拱脚以下的边墙部位，通过局部开槽扩挖至围岩冻结深度以外的方式设置，并在两侧拱脚位置斜向上分别设置直径为 100 mm，长为 4 m 的排水潜孔；边墙碎石盲沟沿边墙部位初期支护外侧设置，在地下水发育地段还可斜向上设置直径为 100 mm，长为 4 m 的排水潜孔，如图 4-8～图 4-10 所示。

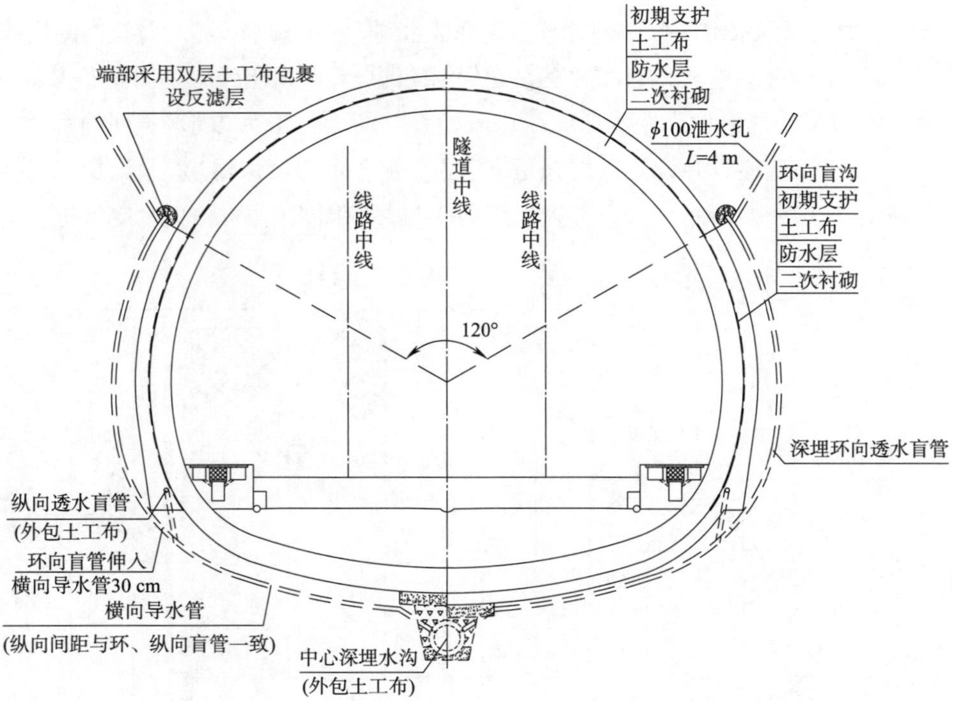

图 4-8　设置中心深埋水沟段的保温盲沟及基底横向导水管

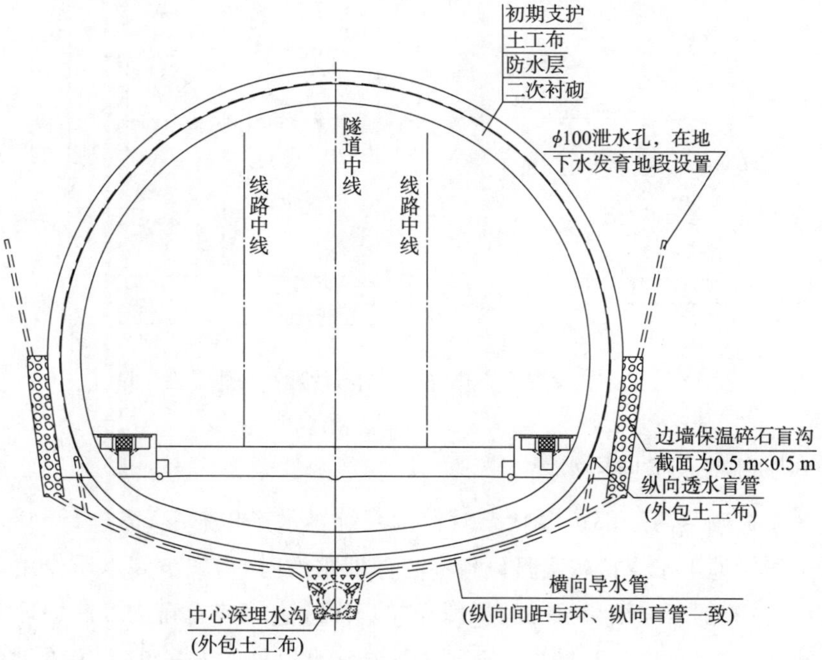

图 4-9　设置中心深埋水沟段边墙碎石盲沟及基底横向导水管

此外，为保证隧道衬砌内部排水系统的畅通，避免因盲沟局部堵塞影响隧道安全，位于严寒地区隧道衬砌背后的环、纵向盲沟(管)可互不连通，形成独立的排水通道。环向盲沟(管)纵向间距一般为 8～12 m，当地下水发育时可加密环向盲管至 3～5 m 一道，纵向盲沟(管)一般每 8～12 m 设置为一个分段，纵向盲沟排水坡度一般不得小于 5‰。

设置中心深埋水沟段的环、纵向盲沟(管)分别通过位于隧底的横向导水管与中心深埋水沟或保温检查井连通。设置保温中心水沟段的环、纵向盲沟(管)分别通过位于仰拱填充内的横向导水管与保温中心水沟或保温检查井连通。设置于隧底的横向导水管应打设泄水孔，并在管外包裹土工布，防止堵塞。

导水管的纵向间距应与环、纵向盲沟(管)设置间距一一对应，其排水坡度一般不小于 5‰；位于隧底的横向导水管可与 20 cm×20 cm(宽×深)碎石盲沟结合使用，增强排水效果，如图 4-11 所示。

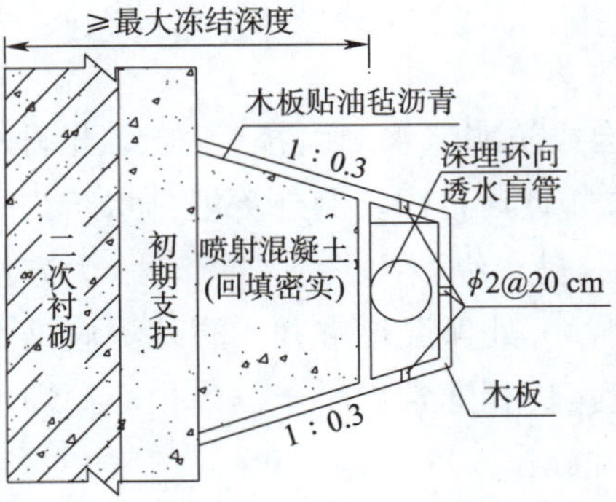

图 4-10　环向深埋盲沟

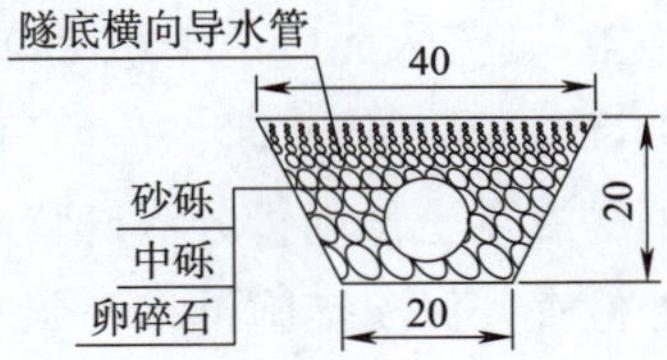

图 4-11　隧底横向碎石盲沟(单位:cm)

保温侧沟可通过位于仰拱填充内的横向导水管与保温检查井连通，导水管纵向间距同保温检查井纵向间距，横向排水坡度不小于 3%。

3. 泄水孔

实践证明，由于严寒地区冬季气温低、冰冻期长，而现有的技术条件下保温侧沟的防寒能力有限，因此，位于严寒地区隧道受冻害影响明显地段的侧沟不宜作为排水通路，即严寒地区设置中心深埋水沟段边墙处侧沟不应设置泄水孔。而与之相对，由于寒冷地区隧道保温侧沟可作为主要排水设施，故边墙处侧沟应设泄水孔。泄水孔孔径一般为 80 mm，纵向间距为 2～4 m。

4.6 寒区隧道洞口抗防冻

4.6.1 洞门及明洞结构抗冻、防冻措施

(1)当隧道洞门墙基础位于冻胀性地层时,应将洞门墙基础底面埋置于冻结线以下0.25 m处;当冻结深度较大时,可采取基底换填处理等措施,确保洞门墙基底安全。

(2)当隧道洞口浅埋段位于冻胀性敏感性高的围岩地段时,宜优先采用明挖法施工,并采用非冻胀性材料回填。

(3)为避免春融时节,积雪融化后在缓冲结构孔洞处形成挂冰,危及隧道安全,宜采用侧向开孔的缓冲结构洞门,且开孔处应设置外檐等拦水结构。

4.6.2 洞外排水

1. 洞外深埋排水暗沟

隧道内的水经洞内保温水沟、中心深埋水沟或防寒泄水洞引排后,应结合洞外地形条件,采用深埋排水暗沟将水引排至地形低洼处或邻近河道内。洞外深埋排水暗沟一般采用明挖法施工,其流水面应位于最大冻结深度以下,排水纵坡一般不小于5‰;为方便运营期维修养护,洞外深埋排水暗沟一般每隔50 m设置一处保温检查井。洞外深埋排水暗沟一般采用钢筋混凝土预制管分节拼装而成,排水管沟内径通常不小于洞内中心深埋水沟的管径。洞外检查井保温措施可参考洞内保温检查井施作。

2. 保温出水口

在洞外深埋排水暗沟的末端,一般选择背风向阳处设置保温出水口。目前常用的保温出水口形式有圆包式、端墙式、三排管式及阳光房式,如图4-12~图4-15所示。

圆包式保温出水口适用于地形较为平缓、洞外排水条件较好的情况;端墙式保温出水口、阳光房式保温出水口均适用于地形相对陡峭、洞外排水条件较好,且隧道内的水经保温出水口能迅速排泄的地方;三排管式保温出水口适用于地形平缓、洞外排水条件较为困难,容易出现积水的环境;阳光房式保温出水口适用于排水量小,阳光充足的地方。

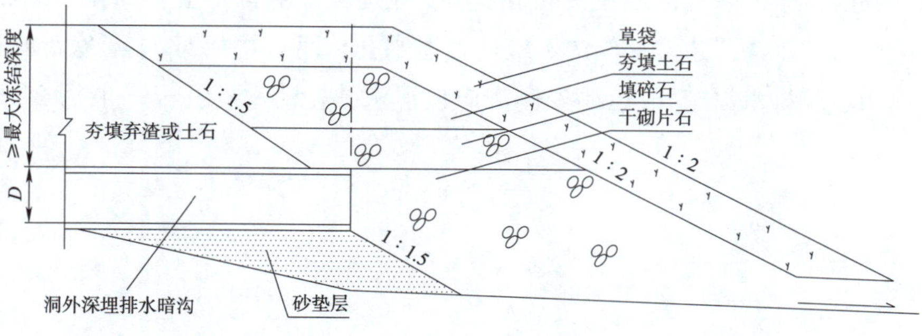

图4-12 圆包式保温出水口

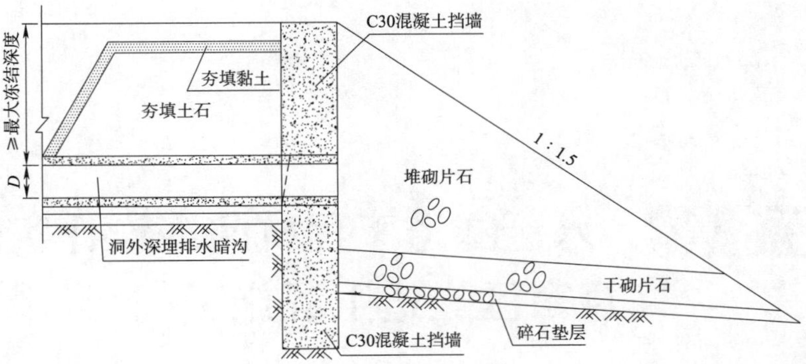

图 4-13　端墙式保温出水口

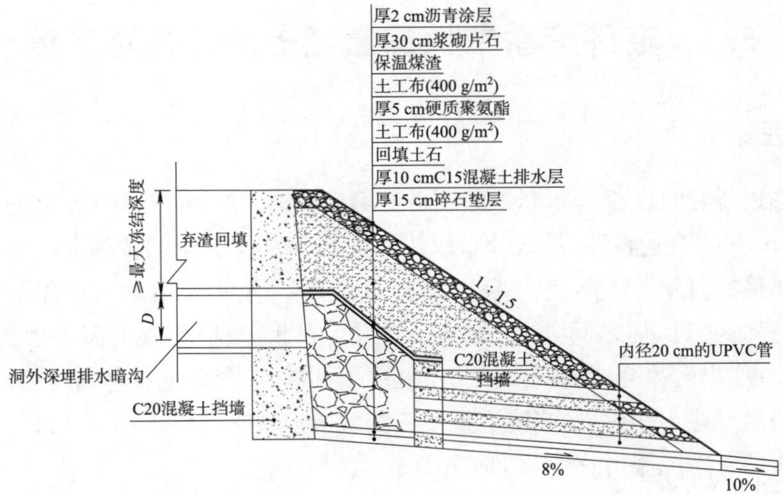

图 4-14　三排管式保温出水口

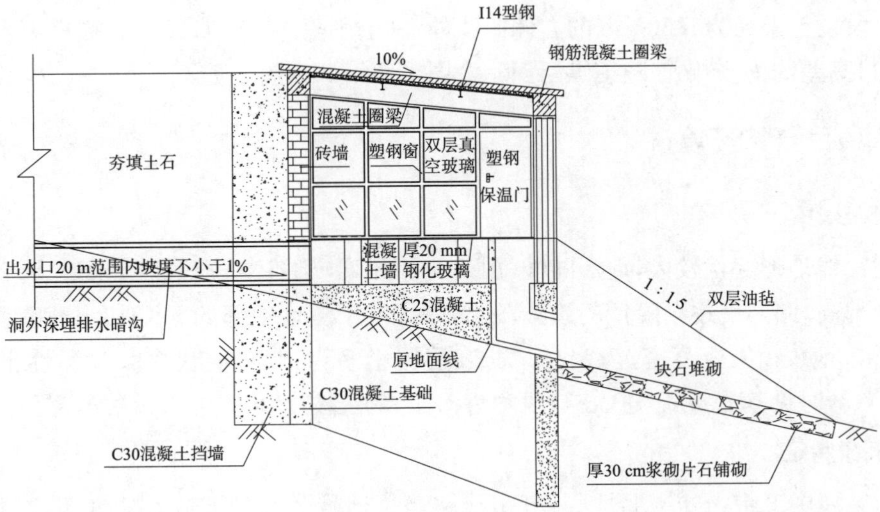

图 4-15　阳光房式保温出水口

第5章 寒区隧道工程抗防冻设计实例及寒区隧道工程施工

5.1 高纬度季节性冻土区七星峰铁路隧道

5.1.1 工程概况

七星峰隧道是牡丹江至佳木斯铁路项目的第一长隧，项目位于黑龙江省东部，设计标准为时速 250 km 双线高速铁路，沿线分布双线隧道共 34 座，总长 63.732 km。由于项目沿线经过地区累年最冷月平均气温为－18.23～－15.3 ℃，累年土壤最大冻结深度为 1.91～2.55 m，属于严寒地区，加之低温冰冻持续时间长，因此，该项目隧道需考虑持续低温条件下，排水系统可能出现冰冻堵塞造成排水不畅的不利影响；衬砌结构除需考虑所处环境因较大温差引起的温度应力作用外，当隧道处于冻胀敏感地层且地层含水率超过一定范围时，洞门及衬砌结构需考虑冻胀力作用及冻融循环作用的影响。

七星峰隧道起讫里程为 DK307＋778～DK318＋069，全长 10 291 m，洞身最大埋深约 423.5 m。隧道平面线位走向大致为西南～东北，与冬季主风向成正交，除距隧道出口端长 795.4 m 段位于半径为 5 500 m 的右偏曲线外，其余段落均位于直线上。隧道为人字坡，隧道进、出口高差约为 66 m。隧道纵断面示意图参照第 2 章图 2-7。

5.1.2 项目自然环境

1. 地形地貌

隧道沿线地形起伏较大，地形陡峻，山体高大雄厚，沟谷狭长深邃，坡度一般 20°～35°，整体呈中部高，向两端逐渐降低的趋势，最高海拔位于隧址中部的 DK313＋580 里程处，约 755.17 m。地表植被较茂密，为密林区。表层覆土多为细角砾土，含大量黏性土，一般厚 2.0～5.0 m，时见基岩裸露，进、出口段均为河流岸坡，坡度 35°～45°，植被茂密。

2. 气象特征

隧道区属中温带大陆湿润性气候区，线路经过地带冬季受极地大陆气团控制，严寒干燥；夏季受副热带海洋气团的影响，炎热多雨；春秋两季因冬夏季风交替，气候多变，春季多大风,降水少蒸发快,易发生干旱;秋季多寒潮侵袭,降温急剧,易发生冻害,属严寒地区。隧址所在的桦南县、双鸭山市、集贤县主要气象要素分列见表5-1。

表5-1 隧道所在地区主要气象要素

气象要素	桦南县	双鸭山市	集贤县
历年年平均气温/℃	4.04	4.77	4.6
累年极端最高气温/℃	37.0	38.6	38.6
累年极端最低气温/℃	−35.1	−32.8	−35.1
历年最热月平均气温/℃	22.0	22.9	23.02
历年最冷月平均气温/℃	−17.61	−16.5	−17.4
累年平均风速/(m/s)	3.24	2.68	3.57
历年最大风速/(m/s) 风向	21.7 WSW	22.1 W	21.7 WSW
累年最多风向	W、WSW	SSW、SW	W、C
最大积雪深度/cm	65	68	62
累年土壤最大冻结深度/cm	240	240	240

3. 工程地质与水文地质情况

隧道表覆第四系上更新统坡洪积层粗砂、细角砾土,局部山间冲沟地表为第四系全新统人工堆积层填筑土、第四系全新统冲洪积层粉质黏土。下伏地层为下元古界麻山群建堂组片岩及混合岩,下元古界麻山群柳毛组片岩、变粒岩、大理岩及混合岩。

隧道区地下水主要为第四系孔隙潜水及基岩裂隙水,主要赋存于山间冲沟细角砾土层中,以及下元古界麻山群建堂组片岩、混合岩和下元古界麻山群柳毛组片岩、大理岩、变粒岩及混合岩的基岩裂隙中。结合隧道工程地质资料,参考区域水文地质资料,并考虑隧道埋深及地表含水层的分布情况,设计推荐七星峰隧道正常涌水量为27 873 m^3/d(运营期间涌水量),最大涌水量为80 050 m^3/d(施工期间的最大涌水量)。

5.1.3 隧道抗防冻设计

1. 隧道防排水等级及总体原则

(1)隧道防水等级满足《地下工程防水技术规范》(GB 50108—2008)规定的一级防水标准,衬砌表面不渗水,衬砌背后不积水,排水沟不冻结。

(2)隧道防排水采取“防、排、截、堵结合,因地制宜,综合治理”的原则,并结合该项目的气候条件、工程与水文地质、环境条件等影响因素,遵循“防寒可靠、排水通畅、施工方便、维护易行”的原则,采取切实可靠的设计、施工措施,对地表水与地下水进行妥善处理,使洞内外形成一个完整、可靠、通畅的防排水系统。

2. 防水设计

(1)隧道二次衬砌混凝土采用防水混凝土,抗渗等级不低于P10;当地下水发育或对混凝土具有侵蚀性时,抗渗等级不低于 P12。

(2)隧道拱墙初期支护与二次衬砌之间铺设防水层。防水层由 EVA 防水板和土工布缓冲层组成,防水板厚为 1.5 mm,土工布质量为 400 g/m^2。

(3)为减少冻胀对衬砌的影响,隧道洞身位于土质地层和全风化～强风化岩质地层的段落采用径向注浆充填围岩裂隙,封堵地下水并加固地层。

(4)位于富水断层及不整合接触带的隧道段,围岩节理裂隙发育、地下水水量大,采用开挖前预注浆或开挖后径向注浆等措施对地下水进行截堵,在隧道开挖线外围一定范围内截断地下水与隧道之间的水流通路,达到限制地下水排放的目的。

(5)洞口 1 000 m 范围段结合施工缝全环设置温度伸缩缝,暗洞段设置温度伸缩缝处,全环设置一道宽为 200 cm 的防排水板,下部延伸至仰拱下(深埋)中心保温检查井处,并通过检查井侧壁上设置泄水孔将水引入检查井内。泄水孔迎土侧采用双层土工布包裹。拱墙部位防排水板位于土工布与防水板之间;仰拱部位防排水板位于二次衬砌外表面,且下部铺设双层宽为 250 cm 的土工布作为缓冲层。

3. 隧道保温排水设计

(1)隧道距进口 2 km 和距出口 2 km 范围均设置内径为 80 cm、壁厚为 12 cm 的仰拱下深埋中心管沟,管沟采用 C40 钢筋混凝土预制管;其余洞身段设置内径为 60 cm、壁厚为 6 cm的仰拱内中心保温管沟,管沟采用 C40 钢筋混凝土预制管。

(2)隧道通长设置保温侧沟,边墙侧沟处取消泄水孔,如图 5-1 所示。

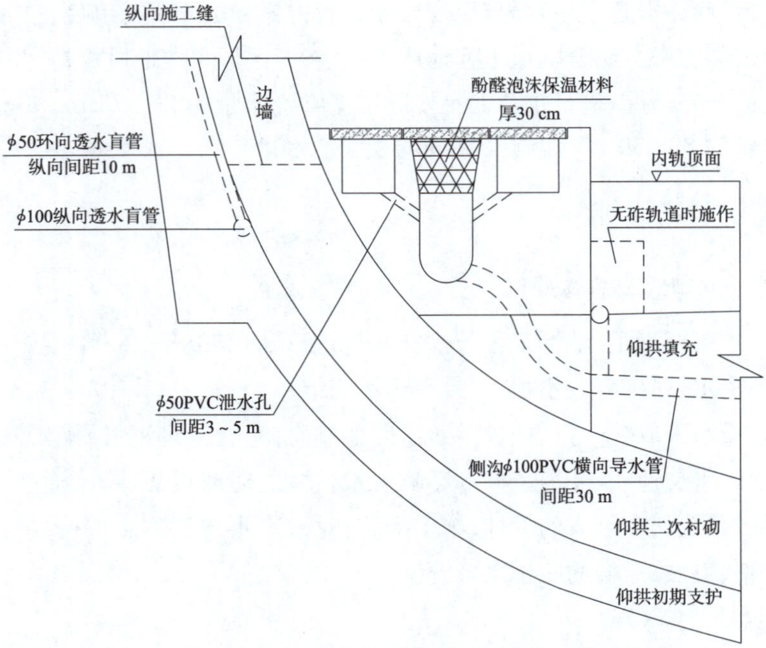

图 5-1　保温侧沟示意图

(3)中心检查井隧道内每隔30 m设置一处，检查井井身采用C35钢筋混凝土。中心检查井设置双层盖板，上层采用10 cm厚的钢筋混凝土盖板，下层采用5 cm厚的浸油木盖板，两层盖板之间充填并塞紧外包土工布的酚醛泡沫保温材料，保温材料可分块设置但块体之间不得形成通缝。

(4)衬砌背后盲沟系统：

①距洞口500 m段。

a. 环、纵向盲管互不连通，纵向每隔10 m为一独立单元。当地下水发育时可结合水量加密设置环向盲管。

b. 位于温度伸缩缝处设置一环 ϕ50 深埋环向盲管，深埋环向盲管开槽设置于冻结线外，其中拱脚以下的边墙部分(拱部120°以下)外放至冻结深度以外，两侧拱脚位置斜向上分别设置一个直径为100 mm、长为4 m的潜孔，如图5-2(a)所示。ϕ100纵向盲管及温度伸缩缝间 ϕ50 环向盲管均设置于初期支护与防水板之间，内嵌于初期支护内；纵向盲管表面铺设保温层，保温层采用宽2 m、厚2 cm的酚醛泡沫保温板，如图5-2(b)所示。

c. 环、纵向盲管分别通过位于隧底的 ϕ100PVC横向导水管与仰拱下深埋中心管沟或仰拱下深埋中心保温检查井连通，且横向导水管间距与环、纵向盲管排水单元间距一一对应。横向导水管外包一层土工布，置于20 cm×20 cm(宽×深)碎石盲沟内。

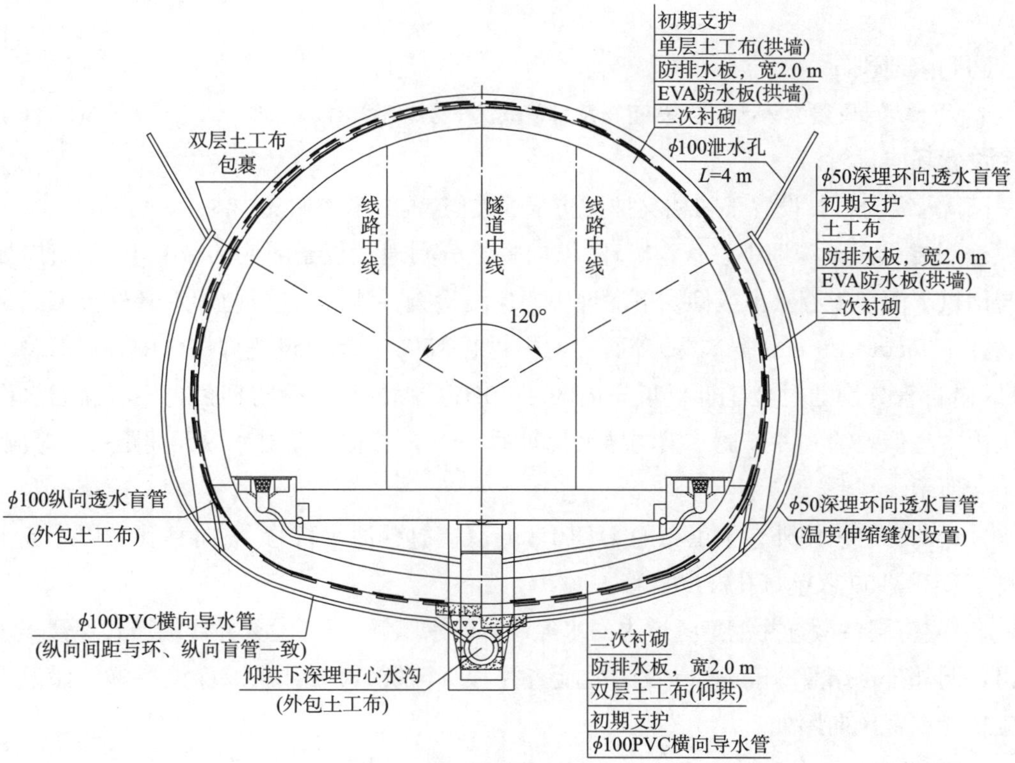

(a) 洞口500 m段暗洞有深埋环向盲管处

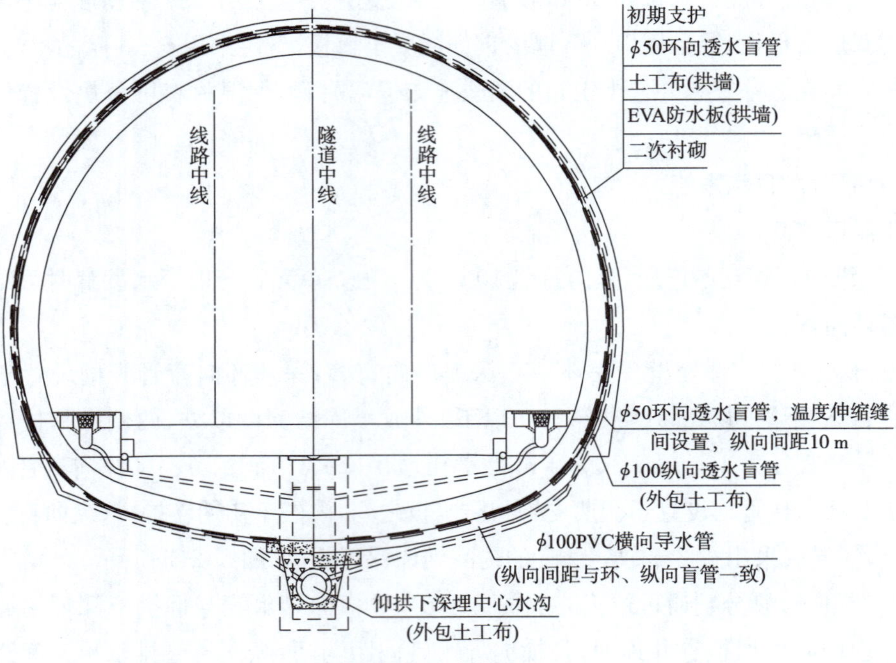

(b) 暗洞深埋环向盲管间

图 5-2 距洞口 500 m 段隧道防排水系统

②剩余地段。

a. 环、纵向盲管互不连通，纵向每隔 10 m 为一独立单元。当地下水发育时可结合水量加密设置环向盲管。

b. 环、纵向盲管设置于初期支护与防水板之间，内嵌于初期支护内。

c. 设置仰拱下深埋中心管沟段环、纵向盲管分别通过位于隧底的 ϕ100PVC 横向导水管与仰拱下深埋中心水沟或仰拱下深埋中心保温检查井连通，且横向导水管外包一层土工布，置于 20 cm×20 cm(宽×深)碎石盲沟内，如图 5-3 所示。设置仰拱内中心保温管沟段环、纵向盲管分别通过位于仰拱填充内的 ϕ100PVC 横向导水管与仰拱内中心保温水沟或仰拱内中心保温检查井连通。横向导水管间距均与环、纵向盲管排水单元间距一一对应，如图 5-4 所示。

③环向盲管采用外包土工布的 HDPEϕ50 双壁打孔波纹盲管，纵向盲管采用外包土工布的 HDPEϕ100 双壁打孔波纹盲管。

(5)隧道洞口检查井汇集隧道内的水经洞外排水暗管、洞外检查井和端墙式保温出水口排出。洞外排水暗管每隔 50 m 设一处检查井和沉淀坑，检查井采取保温措施。保温出水口应选择在背风向阳处。

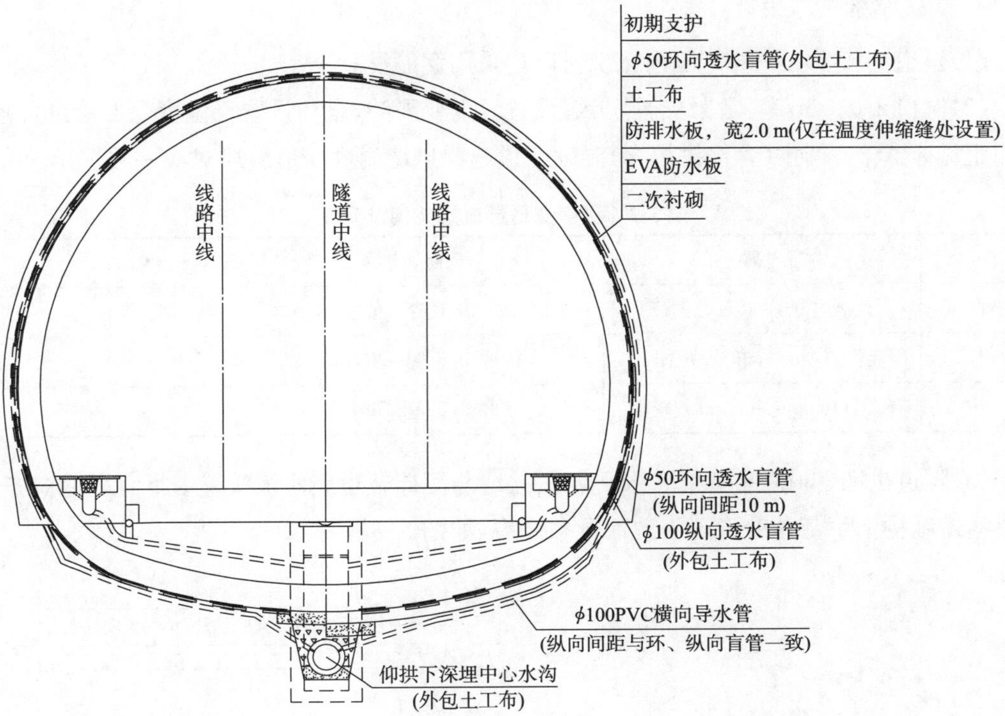

图 5-3　距隧道洞口 500～2 000 m 段暗洞防排水系统

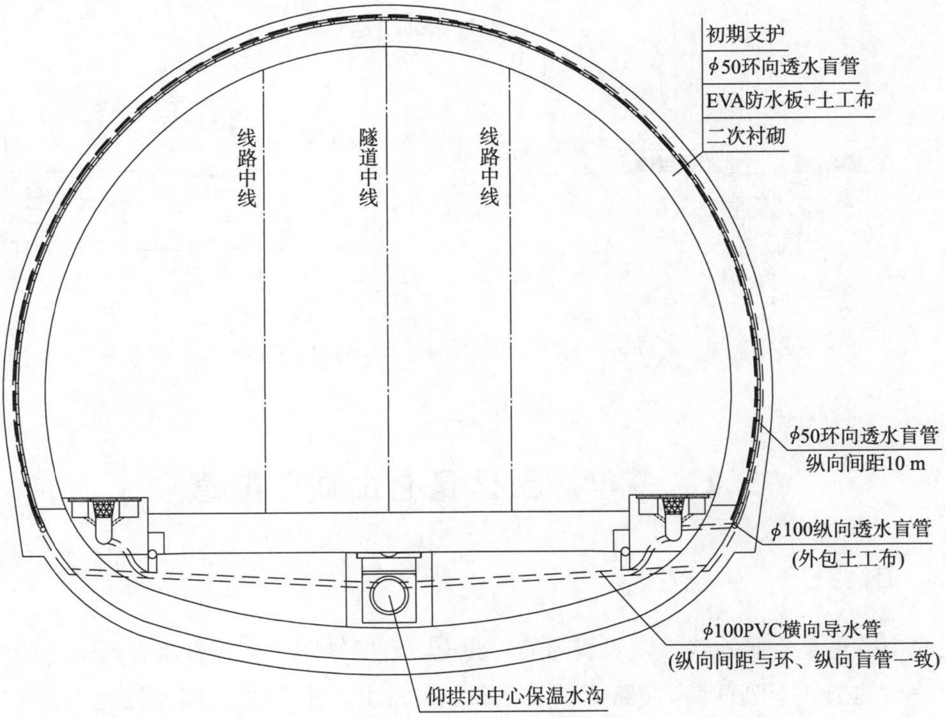

图 5-4　洞身保温中心管沟暗洞防排水系统

4. 隧道结构抗冻设计

(1)隧道洞口 1 000 m 范围内二次衬砌均采用钢筋混凝土。

(2)洞口 1 000 m 范围段结合施工缝设置温度变形缝,全环设置。温度变形缝设置范围及间距见表 5-2。仰拱(含仰拱填充)温度变形缝与拱墙温度变形缝应对应一致。

表 5-2 温度变形缝设置范围及间距

序号	位置	间距	附注
1	距洞口 0～300 m 范围段	每 30 m 设置一道	
2	距洞口 300～500 m 范围段	每 60 m 设置一道	
3	距洞口 500～1 000 m 范围段	每 90 m 设置一道	

(3)隧道拱墙、仰拱、仰拱填充及侧沟的接缝与无砟轨道底座板接缝上下宜贯通对齐,以避免隧道结构上下部位变形不一致而导致开裂,如图 5-5 所示。

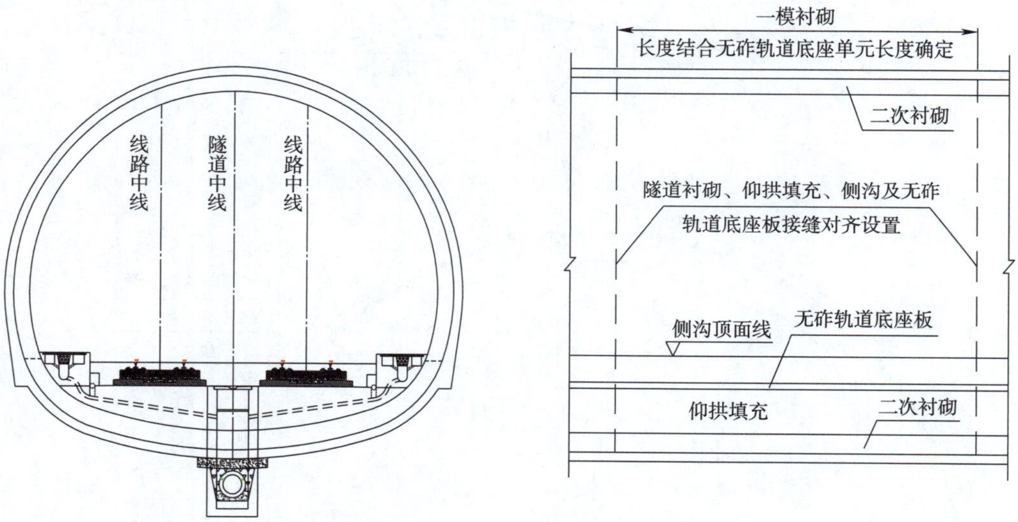

图 5-5 铺设无砟轨道的隧道结构与洞内附属结构对缝施工示意图

5.2 多年冻土区昆仑山铁路隧道

5.2.1 工程概况

昆仑山隧道是青藏铁路二期工程的最长隧道。青藏铁路是连接青海省西宁市至西藏自治区拉萨市的国铁Ⅰ级铁路,线路全长 1 956 km,是世界上海拔最高、线路最长的高原铁路。项目分两期建成投产,一期工程东西分别连接青海省西宁市和格尔木市,线路长

814 km,设计速度为 160 km/h,项目于 1958 年开工建设,1984 年 5 月建成通车;二期工程东西分别连接青海省格尔木市和西藏自治区拉萨市,线路长度为 1 142 km,设计速度为 100 km/h,项目于 2001 年 6 月 29 日开工,2006 年 7 月 1 日全线通车。

昆仑山隧道起讫里程为 DK976＋250～DK977＋936,全长 1 686 m,轨面设计高程 4 642.66～4 665.91 m,洞身最大埋深 106 m。隧道平面线位走向大致为东东南～西西南,除距隧道出口端长 592.4 m 段位于半径为 1 000 m 的左偏曲线外,其余段落均位于直线上。隧道为单面上坡,由进口至出口分别为 14‰上坡,坡长 1 100 m;13.4‰上坡,坡长 586 m。隧道进、出口高差约为 23 m。

5.2.2　项目自然环境

1. 地形地貌

隧道所在地区属昆仑山北麓低、中高山区,地形起伏大,山坡陡峻,坡面破碎,植被稀少,以古冰川、现代冰川及寒冻风化地貌为主。区内发育一峡谷——乱石沟(又名惊仙谷),昆仑河顺沟流淌。青藏公路沿昆仑河修建。昆仑山隧道位于乱石沟西侧中高山区,隧道穿越的山梁最高峰 4 764 m,山梁一般高度为 4 700 m,隧道进口为一山梁,地表植被发育,覆盖率 40%。隧道出口为陡峻山坡,分布坡积碎石土,局部基岩出露,坡面无植被,隧道出口紧靠青藏公路。

2. 气象特征

昆仑山隧道处于高原腹地,具有明显的冰缘干旱气候特征,且随海拔增加具有明显的气候垂直分布带性。区内寒冷干旱,一年冻结期长达 7～8 个月,年平均气温－3.6 ℃,最冷月平均气温－16.7 ℃,极端最高气温 23.7 ℃,极端最低气温－27.7 ℃,主导风向为西风。洞身全部位于多年冻土层,在 36 m 以上岩层中局部分布薄层裂隙冰,推测多年冻土下限 100～110 m 之间,隧道进口山坡为阴坡,冻土上限为 2.7 m,出口山坡为阳坡,冻土上限为 2.1～3.0 m。

3. 工程地质与水文地质

隧道表覆坡积角砾土、碎石土,洪积碎石土。坡积角砾土厚 2～3 m,分布于隧道进口;融后潮湿,Ⅳ级软石,Ⅰ级不冻胀;冻土上限为 2.8 m,冻土上限以下为饱冰冻土,Ⅳ级软石,Ⅳ级强融沉。坡积碎石土厚 2～20 m,分布于山体表层及隧道出口;融后潮湿,Ⅳ级软石,Ⅰ级不冻胀;冻土上限为 2.5～3.1 m,冻土上限以下为多冰冻土,Ⅳ级软石,Ⅱ级弱融沉。洪积碎石土厚 4～8 m,分布于山坡冲沟中;融后潮湿,Ⅳ级软石,Ⅰ级不冻胀;冻土上限为 2.6～2.7 m,冻土上限以下的多冰冻土,Ⅳ级软石,Ⅱ级弱融沉;冻土上限以下的富冰冻土,Ⅳ级软石,Ⅲ级融沉。

洞身下伏板岩夹片岩,以板岩为主,浅灰色、灰黑色,变晶结构,板状构造,岩体致密、坚硬，片岩为片状构造，岩体多柔软、破碎。隧道进口段基岩面以下 1.5 m 强风化层为饱冰冻土，Ⅳ级软石，Ⅳ级强融沉；山坡冲沟中强风化层为富冰冻土，Ⅳ级软石；其余地段强风化层为多冰、少冰冻土，Ⅳ级软石。弱风化层厚 2.3～9 m，岩体呈大块状，Ⅴ级次坚石；局部地段有 0.1～0.3 m 厚的裂隙冰分布。

地表水主要为山体表层冲沟中的季节性流水，主要为大气降水补给，水质较好；地下水主要为暖季分布的冻结层上水，含水层主要为基岩风化层，基岩中地下水不发育。全隧道正常涌水量为 222.55 m^3/d，最大涌水量为 445.10 m^3/d。

5.2.3 隧道抗防冻设计

多年冻土区隧道运营期面临的冻害风险主要是由于隧道洞内气温受区域环境气温季节变化的影响，与隧道周边的多年冻土不断进行热交换并形成一个冻融交替的冻融圈，而多年冻土隧道衬砌结构和防排水系统则正好处于这个冻融循环作用强烈的不利环境中，严重时可能造成衬砌开裂直至破坏。因此，采取针对性的结构抗冻和保温排水措施，控制隧道周边冻融圈的范围和动态变化，确保隧道周边冻土区保持稳定状态，是多年冻土地区隧道结构稳定的核心。

1. 总体设计思路

结合昆仑山隧道洞身通长位于多年冻土区的情况，确定了"保护冻土"的设计、施工总体处治原则，通过在初期支护和二次衬砌间设置隔热保温层，并综合考虑防排水和防冻胀措施，以确保运营期隧道周边多年冻土处于稳定状态。

2. 支护结构抗冻设计

(1)考虑多年冻土区施工环境温度较低，喷射混凝土支护在施工工艺及其与围岩的黏结强度方面需现场试验确定，昆仑山隧道全环采用模筑混凝土支护＋复合防水板＋隔热保温层＋复合防水板＋二次衬砌的支护结构形式，如图 5-6 所示。

隧道采用曲墙带仰拱的衬砌，衬砌内轮廓在一般单线电化铁路的基础上调整边墙曲率，以适应多年冻土地区衬砌的受力特点。结构承担的主要荷载包括围岩压力和结构自重，附加荷载为冻胀力；其中围岩压力只考虑融化圈范围内的松弛压力，冻胀力按 0.5 MPa 的均布荷载考虑，且侧压力系数取 1；冻胀力按最大为 0.5 MPa 控制对结构进行检算。

(2)施作保温层及防水板前应向模筑混凝土支护拱部背后压注水泥砂浆，以回填支护与围岩间的空隙，避免冻害隐患。

(3)隔热保温层厚为 5 cm，具体性能指标要求：导热系数＜0.03 W/(m·K)，体积吸水率＜3%，具低毒性及一定吸收变形的能力。

(4)洞口 300 m 范围结合施工缝设置伸缩缝，纵向间距 20～25 m 设置一道。

3. 防排水设计

(1)昆仑山隧道防排水设计采取"洞外截排、洞内防堵、隔热、水沟保温等多道防线综合

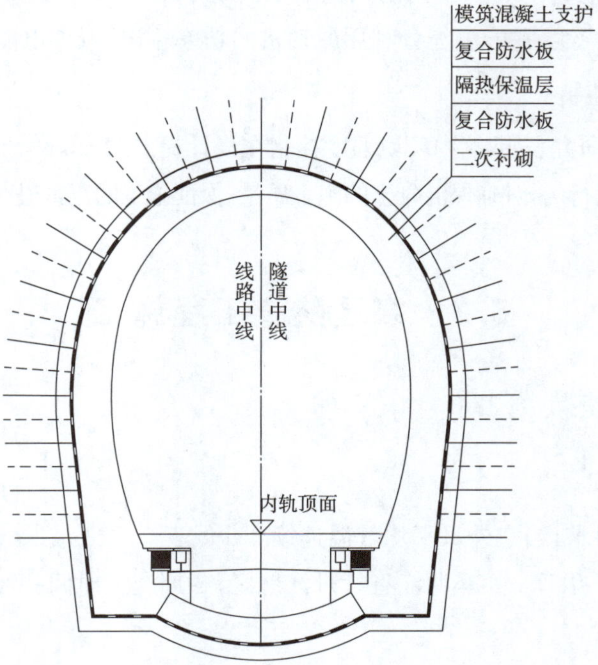

图 5-6　昆仑山隧道支护结构断面示意图

治理”的原则及综合防排水措施。

(2)隧道通长设双侧保温水沟，墙脚处纵向设 ϕ150PVC 盲沟，通过低洞口处检查井与洞外保温暗管顺接，末端出水口采取防冻处理。

(3)隧道全环设置双层防水板间夹隔热保温层，两层模筑混凝土间设耐低温环向盲沟，并与衬砌墙脚纵向盲沟连通。

4. 结构耐久性设计

考虑隧道处于严寒、冻融环境，模筑混凝土支护采用 C25 混凝土，二次衬砌采用 C30 钢筋混凝土，衬砌支护均采用低温早强耐久混凝土。衬砌防水充分利用混凝土的自防水能力，抗渗等级不低于 P8，抗冻等级为 F300。

5. 施工供氧

依托昆仑山隧道施工实践，形成了吸附式制氧、隧道氧吧和便携呼吸器相结合的制氧与供氧系统方案，解决了高原空气稀薄、制氧效率低、现场无动力电源以及设备系统的高原可靠性差等难题，使每位隧道施工人员呼吸到 90%以上的医用氧，健康和安全有了保障，工作效率大大提高。

6. 施工通风

结合洞内环境温度控制的要求，研制了高原高寒隧道专用通风/空调一体化机组，风机最高效率为85%。通过测试,所研制的风机功率曲线平坦,高速挡变化在20～21.6 kW之间,几乎属于恒功率特性,它能够充分利用原动机的功率输出,减少电能的浪费。

7. 施工温度场控制

现场施工和试验研究表明,洞内环境温度控制在设计提出的－5～＋5 ℃之间,对于保护冻土、避免冻土融化是可行的,对确保混凝土的施工质量、保证施工的正常进行也是必要的。

5.3 寒区隧道工程施工

5.3.1 寒区隧道冬期施工

1. 冬期施工时间

根据相关规范要求,当室外日平均气温连续3 d低于5 ℃或最低气温低于0 ℃时,混凝土施工应按冬期施工办理。如黑龙江省牡丹江地区,冬期施工时间一般为当年11月1日—次年3月31日。

2. 混凝土生产

(1)保温措施

拌和站暖棚采用钢骨架外包彩钢保温复合板,搅拌机、传送带、出料口采用彩钢保温板封闭。暖棚顶支撑采用钢桁架结构与钢立柱刚性连接,暖棚顶采用彩钢板配合保温板覆盖,并设置透光板利于采光。

(2)加热措施

加热可采用地热和暖气管相结合的方式,分别对骨料、水、搅拌设备及整个保温空间加热。其中,骨料采用地热、墙挂暖气管相结合的方式,在每个骨料仓地面下及侧墙分别安设钢排管,通过管壁进行热交换。地热排管采用ϕ50的厚壁无缝钢管,水平布设,管间距为0.7 m,侧墙暖气管采用ϕ80的厚壁无缝钢管,紧贴侧墙垂直布设,管间距为0.8 m。每个骨料仓均安设阀门可独立控制供暖,根据混凝土生产供应需要,可针对某一料仓的骨料进行集中加热,其余料仓利用墙挂暖气加热。拌和用水采用地下井水,抽送至拌和站的水池内采用蒸汽加热,在水池内安装蒸汽管,管上钻孔径约4 mm出气孔,孔数按其总面积等于蒸汽管截面积计算。结合黑龙江省牡丹江地区的工程经验,测算结果表明拌和站每平方米供暖需400 cal的热量,确保暖棚内温度维持在18～22 ℃。

冬季混凝土搅拌具体采取如下措施:

①拌制前对各项材料温度进行测定,当各项材料温度能够满足混凝土拌和所需温度时,方可开盘拌料。根据环境温度变化随时动态调整混凝土拌和温度,当材料原有温度不能满足需要时,要在暖棚内对原材料进行加温处理,确保拌和出料温度满足施工要求。

②冬季混凝土施工对原材料的要求。

a. 拌和用水的加热及保温措施：利用蒸汽低压锅炉直接向水箱内通蒸汽加热，水的加热温度一般为 50～80 ℃(以能保证混凝土拌和物温度在 10～30 ℃范围内)。

b. 对砂、石料进行加热：砂、石料使用前必须提前运入暖棚进行自然预热。暖棚实景如图 5-7 所示。

图 5-7　拌和站暖棚内部

c. 砂、石料的上料及保温措施：砂、石料的上料均采用带式输送机分别从砂、石料暖棚内直接输送到拌和站的砂石料斗内，整个输送带用保温板进行全封闭保温。

d. 混凝土拌和：混凝土的拌和以尽可能减少热量损失为原则，避免水泥发生"骤凝"，砂、石料的上料做到随上随用，中间不积压。其投料顺序为砂石料→水→外加剂和水泥。混凝土的拌和在不低于 10 ℃的暖棚内进行，拌制混凝土前用热水冲洗搅拌机，搅拌时间较常温施工延长 50%。

3. 混凝土运输

(1)混凝土采用混凝土罐车运输，要合理配备罐车，根据运输的距离和混凝土的灌注时间计算出罐车的数量，应尽量缩短罐车到现场后等待的时间。

(2)在运输时，加强运输工具的保温覆盖，在混凝土罐车车身包裹一层棉织物，减少运输过程中的热量损失。运输车雪天采取防滑措施。

(3)混凝土运输过程中以 2～4 r/min 的转速搅动，当罐车到达浇筑现场时，高速旋转 20～30 s后再进行混凝土浇筑。

(4)运输到现场的混凝土保证其均匀性和规定的坍落度，灌注时混凝土的出罐温度不低于5 ℃，保证灌注混凝土的连续性。

(5)为了确保运输安全，施工现场所有便道在施工期间采用人工配合机械的方式清理路面积雪。

4. 钢筋加工、运输

(1)冬期施工钢筋加工厂实行全封闭管理，煤炉加热取暖，钢筋统一集中在钢筋加工厂集中加工，钢筋加工环境温度尽量保持在 5 ℃以上，并确保不低于 0 ℃。如有特殊部位和特殊情况，必须在棚外进行时，最低温度不低于－20 ℃，并采取防雪、挡风等措施，减少焊件的温度差。焊接后的接头严禁立刻接触冰雪。在室外温度环境温度低于－5 ℃条件下进行焊接时，除符合常温焊接有关规定外，还应调整焊接工艺参数，如焊接电流、电弧电压、焊接通电时间等，使焊缝和热影响区缓慢冷却。

(2)钢筋加工厂配置专用车辆进行运输，考虑冬季道路运输安全，需对道路进行清雪、撒防滑料，车辆进行检修换雪地胎。

5. 隧道洞口保温

根据黑龙江地区的隧道施工经验，考虑钻爆法施工的安全距离问题，入冬之前隧道洞口进尺大于 100 m 时，可采取在隧道洞口安设保温门，如图 5-8 所示，隧道内采用锅炉取暖的方式保证施工的环境温度。而入冬之前隧道洞口进尺小于等于 100 m 时，应采取在隧道洞口搭设保温棚的方式，隧道内采用锅炉取暖的方式保证施工的环境温度，如图 5-9 所示。

图 5-8　隧道洞口保温门

图5-9　隧道洞口保温棚

隧道洞口设置保温棚时一般在保温棚进口处和隧道进口处各设一道保温门，双门设置，隧道进口处采用钢管骨架结构的简易保温门。保温棚大门采用钢管、方钢焊接，外铺10 cm厚阻燃保温板，并设置滑道式保温门帘，保温棚端墙做成可拆卸式，方便台车进出，并在保温棚口设置专用人行的小门，以利于保温，避免热量流失。保温棚内采用煤炉进行加热。

保温棚大门处设置2个轴承合页气门，主要功能为洞内爆破时减小冲击波对暖棚的损坏，洞内爆破时冲击波冲击气门，门自动打开。外露供水管线采用聚苯乙烯泡沫塑料管壳保温。施工机械、车辆停放在暖棚车库内，并采取防冻保温和防滑措施。

6. 冬期施工质量保证措施

(1)对每天大气温度、混凝土温度、拌和站暖棚温度、施工暖棚温度进行监测。

(2)落实施工过程各环节的防寒保温措施，严格温度监测制度，认真落实质量责任制，准备充足的防寒保温物资设备。

(3)经常检查暖棚的密封情况，检查供暖设备的完好情况，检查施工设备的防寒保温情况，发现问题及时处理。

(4)加强混凝土养护工作，保证混凝土养护环境足够的湿度，保持混凝土表面湿润，防止混凝土失水过快引起混凝土表面裂纹。

(5)严格控制混凝土水胶比，掺入减水剂、引气剂等外加剂，加强振捣，提高混凝土结构的致密性，控制养护过程中混凝土结构内外温差(小于20 ℃)，防止水分转移造成混凝土结构松散。

(6)采取控制外加剂的掺量、外加剂充分溶解后与混凝土料搅拌均匀、加强混凝土养护等措施，防止外加剂渗透到混凝土表面形成泛霜。

7. 施工安全措施

(1)消防安全

逐级建立防火责任制，落实责任。具体措施如下：

①工地建立防火责任制，明确职责。领导干部分工包保并设专职消防员。

②重点部位（炸药库、暖棚、油库、隧道晾衣房等）建立规章制度，有专人管理，落实责任。按要求设置警告标志，配置相应的消防器材。

③非重点仓库及宿舍，明确明火手续，并有监护措施。

④酸碱泡沫灭火器由专人维修、保养，定期调换药剂，标明换药时间，确保灭火器效能正常。

⑤排烟管道与暖棚接触位置采用石棉瓦等隔热材料隔开，排烟管道竖直排烟，并设置防火罩。

(2)交通安全

①教育培训。每月对全项目范围内的司机进行培训，并召开冬季行车安全技术交底会，增强司机安全意识，新进场司机必须进行岗前培训方可上岗。

②道路安全。在各路口设置警示标志及减速设施，加强道路清雪及防滑处理，项目部配备清雪设备、防滑料运输车及人员，及时对覆雪路面进行清理，并重点对弯道、坡道泼洒防滑料，确保运输安全，如图 5-10、图 5-11 所示。

图 5-10　清雪作业

图 5-11　设置警示标志及减速设施

(3)机械安全

施工车辆在冬季全部使用雪地胎并对特殊车辆配备防滑链，施工机械在进入冬季前配备专人负责维修、保养，并经常对机械的关键部位进行检查，并更换冬季车辆用油。

5.3.2　寒区隧道保温排水系统施工

1. 深埋中心水沟

深埋中心水沟一般开槽设置于隧道结构物的下方，沟体一般采用钢筋混凝土预制管逐节拼装而成。

(1)管沟槽体开挖

由于深埋中心水沟一般位于隧道结构下方，其槽体的开挖易对隧道拱墙部位初期支护的稳定性造成影响，这种影响对于小跨度隧道断面尤为明显。而为控制管沟槽体开挖导致仰拱超挖，可结合围岩情况采用机械开挖，或采用预裂爆破后机械开挖成槽。为保证安全，深埋中心管沟槽体的开挖进尺一般不得大于仰拱的开挖进尺。

当沟槽采用预裂爆破后机械开挖时，应结合不同的围岩级别调整单孔装药量及炮孔布置，以便充分发挥围岩的自承能力，减少爆破对隧底围岩及隧道结构的扰动影响，确保隧道结构安全。为了控制沟槽体的超挖，机械开挖时一般在沟槽体底部预留 20～30 cm 厚的虚渣，而后采用人工开挖清除。对于沟槽体的超挖部分一般可采用喷射混凝土回填、找平，而对于局部欠挖部分，则可采用小药量补炮或风镐处理。中心深埋管沟预裂爆破布孔及装药作业如图 5-12 所示。

为改善沟槽体开挖技术经济指标，每次爆破后应根据围岩岩性、节理裂隙的发育程度、爆破石砟的大小、开挖面圆顺等情况，进一步修正炮眼的间距、炮眼的深度和单孔用药量等参数。当爆破后石砟块体较小时，表明主炮眼布置偏密；而当石砟块体较大时，则说明主炮眼偏疏，用药量过大。

图 5-12　中心深埋管沟预裂爆破布孔及装药作业

(2)细石混凝土底座浇筑

中心深埋管沟的 C20 细石混凝土底座可采用预制压模按设计纵坡现浇完成，从而保证管沟安装的顺直度及稳定性。预制压模的弧度、卡槽等应结合管沟的尺寸进行设计。中心深埋管沟底座浇筑及完成效果如图 5-13 所示。

(3)中心管沟安设

中心管沟在铺设前，应先将管节接口的内、外表面采用钢丝刷将油污等杂物清除干净，按管径规格选用相应的橡胶密封圈，并套入插口槽内，做到四周均匀、平顺、无扭曲，以防渗水。

为防止吊装过程中管口受损并保证安全，应采用人工配合挖掘机吊装中心水管，吊点设置在水管的重心处，并采用平衡起吊的方式完成吊装，严禁采取钢索穿管吊管或单头起吊的吊装方法。铺管时，应将管节平稳吊起并移动至上一管节的接口处，顺底座坡度调整管节的标高和轴线，然后用紧管设备将管的端部慢慢嵌入上一管节的企口内；铺管过程中应保证管节处于悬吊状态，以降低紧管时的拉力；管节嵌入时，应注意橡胶圈不出现扭曲、脱槽等现象，中心深埋管沟安设如图 5-14 所示。

图 5-13　中心深埋管沟底座浇筑及完成效果

图 5-14　中心深埋管沟安设

(4)隧底横向导水管安装

横向排水管处于隧道基底段放置在 20 cm×20 cm(宽×深)碎石盲沟内，导水管安装必须顺直，且导水管管口应伸入中心排水管上部的排水孔内。

(5)回填层铺设

为保证隧道基底承载力要求，中心深埋排水管上部回填粒径 2.5～5.0 cm 碎石层至隧底，碎石回填层与隧底结构间设置一层土工布作为隔离层。碎石层回填时两侧应对称进行，防止管体单侧受压移位。

2. 深埋环向盲沟

为保证施工安全，深埋环向盲管的施工一般在初期支护完成后进行，采取凿除初期支护喷混凝土后再掏槽、埋管，形成深埋环向盲沟。当深埋环向盲管位于Ⅱ、Ⅲ级围岩段时，可采用控制爆破或机械开挖方式完成掏槽，而Ⅳ、Ⅴ级围岩段可利用前后两榀钢架及邻近的系统锚杆作为径向支护，采用机械开挖或控制爆破方式完成掏槽。设置深埋环向盲管处邻近的钢架纵向间距可根据现场实际情况局部调整，以方便开挖掏槽。深埋环向盲管支护示意如图 5-15 所示。

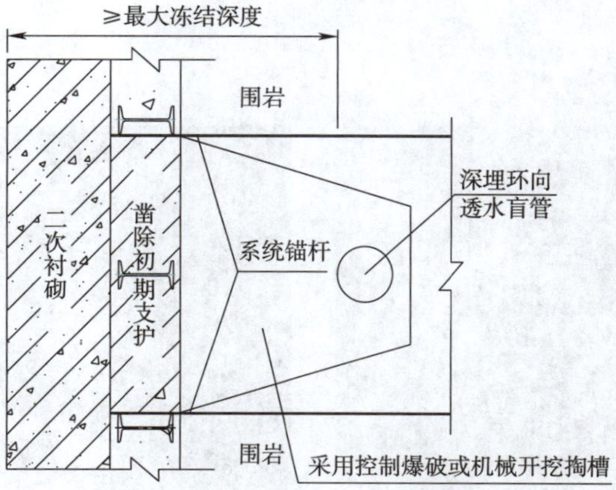

图 5-15　深埋环向盲管支护示意图

3. 防寒泄水洞

泄水洞可采用钻爆法或掘进机法施工，一般均设置衬砌。为满足排水要求，泄水洞与正洞的净距不能太大，泄水洞及正洞开挖均应采取控制爆破措施，控制爆破振速，保证正洞及泄水洞的安全。

4. 保温层施工

目前铁路隧道的保温层一般位于初期支护与二次衬砌之间，一般采用吊挂法施工。

采用吊挂法施作保温层时，保温层一般采用双层防水板间夹保温板的形式，其施作原理：采用防水板连接点环向张拉法进行防水板和保温板的施作，即第一层防水板与固定无纺布的热熔垫片之间利用手动电热熔接器焊接，设置防水板条带固定保温板并与第二层防水板焊接，从而保证保温层和防水板之间有效连接，如图 5-16 所示。现场施工如图 5-17 所示。

吊挂法施作保温层施工注意事项：

(1)为便于焊接牢固，用作吊带的连接带应与防水板采用同一种材料，且连接带两端分别与第一层和第二层防水板表面焊接并将保温板固定牢固。防水板连接带一般可利用防水板剩余边角料加工而成，宽度约为 5 cm，长度可由保温板宽度及厚度、两侧连接焊接长度等确定，但一般不小于 100 cm，且连接带与两层防水板的焊接长度不少于 15 cm。

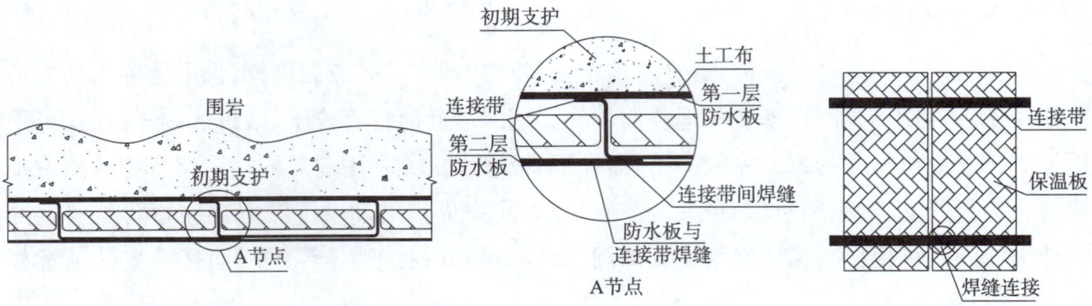

(a) 横截面　　(b) 平面

图 5-16　吊挂法施作保温层施工工艺

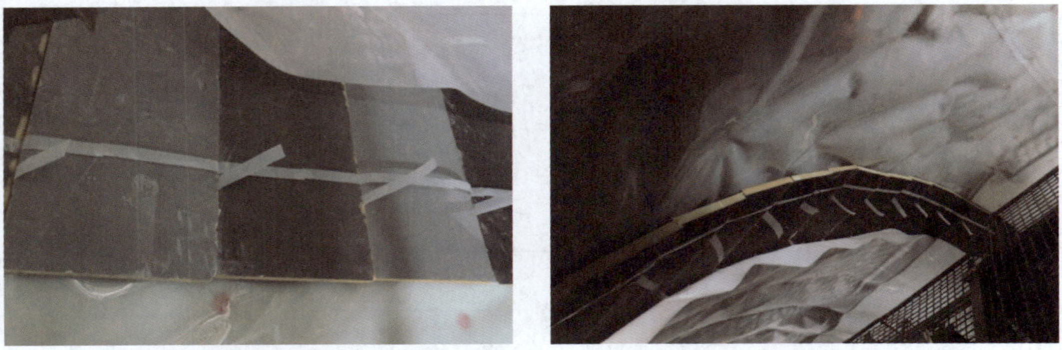

图 5-17　吊挂法现场施作

(2)每块保温板纵向不应少于 2 道防水板连接带用作连接。

(3)保温板宜与第二层防水板同步施工,且一般可由隧道两侧边墙由下向上施作。

(4)采用固定在第一层防水板上的两条连接带拉紧保温板后就位,并将连接带的另一端焊接在第二层防水板表面,从而完成第一块保温板固定;将固定第二块保温板的连接带焊接在固定第一块保温板的连接带表面,并安装第二块保温板。依次类推,施作全隧拱墙保温板。

第 6 章 寒区隧道冻害及防治

6.1 寒区隧道冻害现状

与一般地区的隧道工程相比，寒区隧道工程最显著的特点是所处环境会以年为单位随着自然界的四季更迭交替而周期性出现气温从 0 ℃以上下降到 0 ℃以下并长时间处于 0 ℃以下的变化过程，伴随这个变化过程，虽然较长隧道洞身围岩仍可能处于恒温带内，但环境温度的变化使得隧道内及周边一定范围的围岩反复经历着由非冻结状态到冻结状态的冻融变化过程。这种周期性的冻融过程对寒区隧道的防排水系统产生了直接的影响，需要隧道形成一个完善、通畅且具有保温性能的防排水系统。

国内外大量寒区隧道运营实践的经验表明，由于排水系统冻结堵塞，隧道建成后冬季常常会发生冻害。这些冻害表现形式较多的是衬砌挂冰、洞内接触网挂冰、隧底冰锥、排水沟冰塞、道床（或路面）积冰等，部分情况下可能出现隧道衬砌、洞门端墙等结构因壁外冻胀而产生开裂的结构损伤，个别情况下也可能因衬砌结构内部含水冻胀而产生的酥脆、剥落等，进而造成结构破坏，如图 6-1～图 6-4 所示。当冻害出现后，轻则增加了隧道运营期间维修养护的工作量，重则威胁到隧道结构安全及运营的安全，并造成严重的经济损失。

早期由于人们未认识到寒冷气候变化对隧道的不利影响，寒区隧道未开展针对性的抗防冻设计，导致隧道出现了严重的冻害问题，局部甚至直接报废。其中冻害特征最明显的是新疆独库公路的玉希莫勒盖隧道，全长 1.11 km，由于未采取防寒排水措施，隧道于 1983 年建成通车后长期受冻害问题困扰，没有运营几年就因为形成冰塞而完全报废，迫使公路长期改为明线运营，于 2008 年在旧隧道附近新建了玉希莫勒盖隧道。

随着我国在东北、西北、华北等寒区修建了大量交通隧道，寒区隧道抗防冻技术取得了长足进步，尤其是近十余年来，寒区隧道开通运营的冻害症状已大大减轻，冻害数量已大大减少，但仍未彻底杜绝，其中铁路项目中冻害类型主要表现为接缝等薄弱位置渗漏水挂冰，少部分表现为因排水系统冻结而导致道床积冰，因处于冻胀敏感性地层而导致衬砌出现裂缝，以及因衬砌厚度不足且衬砌背后空洞积水结冰而导致结构开裂掉块等问题，不利于行车安全，需要引起重视。

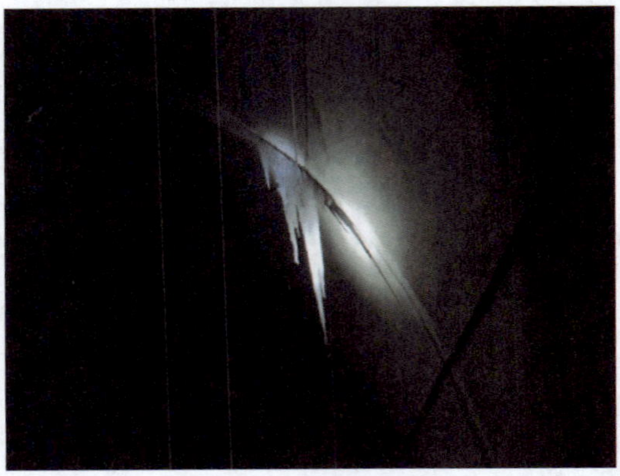

图 6-1　衬砌接缝漏水形成拱腰挂冰

图 6-2　中心管沟冻结堵塞形成道床结冰

图 6-3　保温侧沟冻结

图 6-4　中心水沟检查井冻结

6.2　铁路隧道冻害及处置典型案例

6.2.1　锡乌铁路隧道冻害

1. 项目概况

锡乌铁路为西南～东北走向线，设计标准为时速 160 km 单线预留双线条件以及内燃预留电气化条件铁路，全线分布隧道 9 座，总延长 19.856 km，均为单线隧道，最长隧道为扎尔斯台隧道，长 5 470 m。沿线隧道经过地区最冷月平均气温为－24.0～ －18.2 ℃，冬季主导风向为西～西北风，最大冻结深度 1.83～2.75 m，按对铁路工程影响的气候分区，属严寒地区。

2. 扎尔斯台隧道冻害情况及处治分析

(1)设计概况

扎尔斯台隧道设计为单线隧道，隧道起讫里程为 DK380＋130～DK385＋600，全长

5 470 m。隧道进口长约 341 m 段位于半径为 2 500 m 左偏曲线上，其余段落位于直线上。隧道由进口至出口为单面下坡，4.2‰下坡，坡长 370 m；4.5‰下坡，坡长 5 100 m。

隧址区地形平坦、地势开阔，为典型的草原牧场。隧道进口端 DK380＋130～＋500 段为Ⅵ级围岩，地层从上至下依次为细砂、中砂、砾砂，潮湿～饱和，松散结构；粉质黏土，松软结构；安山岩，全～强风化，节理裂隙发育，岩体破碎，呈角砾状松散结构。DK380＋500～＋715 段为Ⅴ级围岩，岩层为安山岩，强～弱风化，节理裂隙发育，岩体破碎，呈碎石状松散结构。隧道地处内蒙古大草原，冬季漫长而寒冷，风雪天气较多。隧址区年平均气温约 2 ℃，最冷月平均气温为－20 ℃，土壤最大冻结深度 1.83 m。

隧道出口端设置长 500 m 中心深埋水沟，隧道进出口均设置长 500 m 的双层保温侧沟。隧道进口端 DK380＋130～＋630 段拱墙二次衬砌和初期支护之间环向设置 ϕ50 深埋保温盲沟，每约 10 m 设置一道，边墙墙脚处纵向设置 ϕ80 盲沟，要求环向、纵向盲沟保持连通，且环、纵向盲沟均采用聚氨酯保温层覆盖，保温层幅宽 2 m。在隧道内严寒影响范围之外，环、纵向盲沟与洞内侧沟相连，使盲沟的水由侧沟排出。

(2)冻害情况

①洞内轨面结冰。扎尔斯台隧道于 2012 年 9 月贯通，2013 年 3 月初施工单位进场时，发现隧道洞口段地面上约 200 m 范围内大面积结冰，冰层最大厚度达到 1 m 左右；2014 年 3 月初进场时，在隧道洞口约 220 m 范围内的道砟面和轨道上大面积结冰，部分地段冰面高度超过轨面标高。

2015 年 3 月 22 日进场后，发现从洞口 DK380＋130 处开始，到洞内 DK380＋360 处为止，共 230 m 范围内的道砟面和轨道结冰，冰面高度超过水沟电缆槽盖板顶面 20～50 cm；DK380＋130～＋500 段(共 370 m)的保温水沟内结满了冰，DK380＋500 前方附近的水沟内无冰、无水。洞外路堑的道床上和路堑水沟平台上也有结冰现象，现场积冰情况如图 6-5 所示。

图 6-5　洞口路堑及隧道洞内积冰

②衬砌边墙冻胀裂缝。2013 年 3 月，发现隧道进口段衬砌结构受冻，解冻后发现存在若干条纵向水平细微裂纹，之后无明显发展，如图 6-6 所示。

图 6-6　隧道洞内纵向裂缝

2014 年 3 月，DK380＋240～＋282 段双侧边墙上出现明显的纵向水平裂缝，并在衬砌表面产生错位现象，裂缝最宽约 10 mm，衬砌表面错台最大处约 5 mm。6 月 30 日—8 月 28 日期间，由施工单位和监理单位共同对隧道衬砌裂缝（裂纹）进行了一次全面观测，较 3 月份时的缝宽值有所减小，衬砌表面错台已消失，在此 2 个月的观测期内，缝长和缝宽值均无变化。

在 2014 年冬季的季节性观测过程中，11 月 9 日和 12 月 8 日的两次观测结果均显示裂缝无任何变化，并在 12 月 28 日施工单位冬休退场前均未发现有任何的裂缝发展或道砟面结冰现象。

2015 年 3 月进场后，经过现场观测和描绘，边墙冻胀裂缝的数量和缝长、缝宽均有不同程度发展，冰冻期间裂缝处无水无冰，解冻期间个别裂缝开始出现渗漏水和挂冰现象。

（3）冻害原因分析

①隧道进口洞内结冰可能的原因有洞口路堑积雪融水进洞后成冰、仰拱渗水成冰、保温水沟堵塞加剧洞内冰害等。

②衬砌边墙冻胀裂缝。根据现场调研和既有资料分析，边墙纵向裂缝具有以下特点：边墙纵向裂缝左、右边墙具有对称性，裂缝主要分布在水沟盖板顶上 2～4 m 范围内，具有明显的季节性；裂缝发展主要出现在寒冷的冬季，当气温升高后，裂缝宽度有一定收缩性，但不能完全恢复到前一年的水平；边墙裂缝发展程度具有一定的积累性，在衬砌开裂段，裂缝的数量、裂缝的宽度、长度相比上一年有进一步发展的趋势，符合季节性冻胀开裂的特征。分析认为导致扎尔斯台隧道进口端衬砌开裂的主因可能是冻胀力。

由于隧道顶部白霍公路路堤的修建，抬高了地下水位线，且白霍公路的排洪涵设置的排水冲向铁路隧道上方区域，排水水流漫流导致扎尔斯台隧道进口段地层含水率增加，甚至处于饱和状态。在冬季负温持续作用下，产生的冻胀力会使隧道边墙处产生较大的弯矩，使边墙中间弯矩最大的位置附近出现拉裂缝。其后，随着冻胀圈不断发展，冻胀力不断增大的情况下，在拉裂缝上下不远处会出现较大剪切力，当剪切力达到一程度时，衬砌边墙会被剪断，致使衬砌出现错台现象。

(4)冻害处理措施

①衬砌裂缝治理。在边墙衬砌纵向裂缝上、下侧各打设一排 ϕ25 砂浆锚杆，对局部破损的衬砌结构进行补强。锚杆长 5 m，纵向间距 80 cm(梅花形布置)。锚杆施工完毕后，采用环氧树脂砂浆封口，最后安装锚垫板和螺母。

对裂缝缝口进行开槽处理，斜向埋设注浆嘴，将环氧树脂砂浆压入槽内，采用环氧树脂灌缝。

②结冰治理。在隧道 DK380＋130～＋630 长 500 m 范围段的双侧水沟内布设电加热板，并通过温度传感器和融冰传感器实现电加热板的自动启停控制，如图 6-7 所示。当水沟内气温低于 0 ℃时，由温度传感器传输信号到控制箱，启用底部加热板。当气温极低、底部加热板无法阻挡结冰、水沟内产生结冰现象时，融冰传感器传输信号到控制箱，启用两侧壁加热板，实现其融冰功能，确保水沟通畅。

a. 在 DK380＋130～＋500 段，水沟内按底部和两侧壁三面铺设电加热板。

b. 在 DK380＋500～＋630 段，仅保温侧沟底部设置电加热板。

c. 在 DK380＋130～＋230 段，隧道仰拱填充面上每隔 6 m 设置两道电加热管。

d. 根据电加热板的功率要求和控制箱的容量限制，单侧每 60 m 设置一台控制箱，对 60 m长度范围内的电加热板实施控制。为了确保用电安全，控制箱进线端采用 220 V 或 380 V 电压，经过控制箱内变压器后，变压为 36 V 安全电压，对加热板实施供电。结合洞内避车洞位置设计，控制箱安放在避车洞内。

图 6-7　侧沟电加热板安装

③衬砌表面保温层。在DK380+130～+530长400 m范围内的拱墙衬砌表面喷涂聚氨酯泡沫保温层,厚15 cm(不侵入建筑限界),如图6-8所示。为了防止保温层脱落,喷涂时在保温层中部加入一层钢丝网,钢筋直径6 mm,其网眼大小为20 cm×20 cm,并采用钢膨胀螺栓锚入衬砌混凝土结构中连接固定,锚钉间距为1.0 m×1.0 m。聚氨酯喷涂时加入阻燃剂以改善其防火性能。

图6-8　衬砌表面保温层施作

聚氨酯保温层喷涂完成后,采用抗裂砂浆抹平,压入一层网格布后再抹一层抗裂砂浆饰面,最后喷涂两道防火涂料,使其达到A级防火等级要求。

④洞口地表回填。进口端明洞洞顶回填层按原设计要求顺地形重新回填,回填表层施工50 cm厚的隔水层。回填完毕后须能够将明挖段的地表水顺畅引入洞口截水天沟,并由截水天沟顺利排到洞外地势低洼处。

⑤挡雪墙。在隧道进口路堑段及路堤零填方段设置挡雪设施,防止洞口段路堑内造成大量风积雪,以减轻洞口段和路堑段的积雪和融雪水量。在DK378+750～DK380+130段线路左、右两侧的堑坡顶修建挡雪墙,阻止风雪进入路堑。

6.2.2　伊阿铁路隧道冻害

1. 项目概况和隧道冻害概况

伊阿铁路线路总长185.4 km,设计时速120 km,单线非电气化铁路,隧道预留电气化条件。全线分布单线隧道共6座,总长10.064 km,隧线比5.43%。最长隧道为哈布特盖隧道,长3 549 m。隧道建筑限界采用"隧限-2A",单线复合式衬砌结构,隧道内轨道类型为有砟轨道,碎石道床。

伊阿铁路北起内蒙古自治区呼伦贝尔市鄂温克旗伊敏河镇,南到兴安盟伊尔施镇,南出口与白阿铁路相连。线路位于呼伦贝尔草原和大兴安岭山脉西缘上，属大陆性亚寒带型气候，冬季漫长酷寒，夏季短促炎热，昼夜温差较大。全年冰冻期和霜期长达 7～8 个月，一般每年 9 月下旬开始降雪，到翌年 4 月底开始融化，最冷月平均气温 −26 ℃，极端最低气温达 −50 ℃以下，土壤最大冻结深度 3.2 m。林区多雨、多雪，雨量比较充沛，雨量多集中在 6～8月，多为连阴天，气候特别潮湿。

项目通车以后至 2016 年间，现场发现部分隧道出现衬砌开裂和中心水沟冻结的情况，冻害范围较广。

(1)衬砌裂缝冻害

根据现场调查，衬砌存在开裂现象的共有 4 座隧道，分别是哈布特盖隧道、格吉格特隧道、呼吉日延 1 号、2 号隧道。裂缝总体表现较为一致，发生在两侧水沟盖板面上方 2～3 m 的边墙上，呈纵向对称状，裂缝宽度 0.5～6 mm，从洞口向里由宽渐窄，个别处伴有竖向开裂，裂缝宽度 0.5～2 mm，洞口段局部有错台，错台宽度 0.5～1.5 mm。根据观察，裂缝宽度随冻融循环而有所变化，每年最冷月 12 月到次年 1 月裂缝宽度达到最大值，夏季裂缝宽度有明显减小，有些裂缝甚至很难发现。统计上述 4 座隧道冻胀裂缝见表 6-1。

表 6-1　隧道二次衬砌冻胀裂缝统计

隧道名称	裂缝范围	裂缝总长/m	裂缝宽度/mm	二次衬砌类型	备注
哈布特盖隧道	DK130+015～DK131+191	419	0.5～6	C30 素混凝土	采取裂缝封堵、贴碳纤维补强治理
格吉格特隧道	全隧分布	940	0.5～1.5	C30 素混凝土	采取裂缝封堵、贴碳纤维补强治理
呼吉日延 1 号隧道	进、出口各 20 m	80	1～2	C30 素混凝土	未处理
呼吉日延 2 号隧道	DK156+015～+352	327	2～5	C35 钢筋混凝土	更换钢筋混凝土二次衬砌，进行裂缝封堵治理

现场部分因冻胀产生的二次衬砌裂缝及相关处置措施如图 6-9 所示。

(a) 衬砌纵向裂缝

(b) 碳纤维布剥脱

(c) 衬砌混凝土粘贴破坏

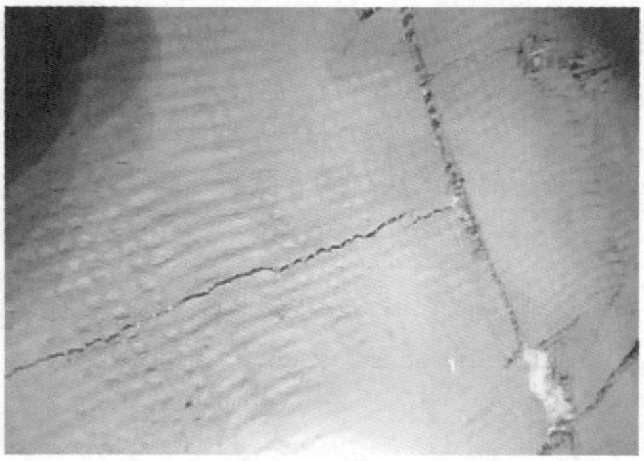

(d) 衬砌表面保温层冻胀开裂

(e) 采用环氧树脂灌缝修补

(f) 采用碳纤维布粘贴修补

(g) 衬砌表面全环喷聚氨酯保温层

图 6-9　二次衬砌因冻胀导致开裂及处置现场

(2)中心水沟冻结病害

伊阿铁路开通运营后在 2010 年 2 月至 2014 年期间,除杜拉尔隧道其余 5 座隧道均发生了中心水沟冻结情况(图 6-10),现场调查统计资料表明,共约 160 处中心水沟检查井均存在冻结现象。主要表现为每年春节前后,中心水沟检查井内开始发生冰凌堆积现象,不清理时最终将导致检查井井口堵死,个别井口有水冒出,在道床上漫流结冰。为确保运营安全,现场需定期组织人力对冻结严重的检查井进行清掏、抽水。

(a) 冰漫道床

(b) 清冰清淤

图 6-10　中心水沟检查井冻结及处置实景

2. 隧道冻害原因分析及处置措施

(1)设计概况

隧道洞口Ⅴ级围岩段采用 C30 钢筋混凝土衬砌,其余段为 C30 混凝土衬砌。防排水设计根据《铁路隧道设计规范》(TB 10003—2005)，考虑严寒地区特点，在隧道正下方设置了中心水沟，中心管直径 50 cm。其中洞口 500 m 范围段采用中心深埋水管，轨面至管底高度 4.2 m，其余段水沟埋置深度为 3.2 m。为便于中心管检查、清理，隧道线路中心每 60 m 设置一处检查井，检查井顶面与轨底平齐，检查井内设置聚苯乙烯保温层。

(2)冻害原因分析

①衬砌裂缝。由于隧道地处高寒地区，冬季极端最低气温达－50 ℃以下，且隧道冻害主要发生在饱和粉质黏土地层Ⅴ级围岩段，在冬季严寒条件下，使饱和富水的粉质黏土层受冻产生强大的冻胀力，而隧道本身为单线马蹄形断面，较双线类圆形断面的受力相对差，最终导致衬砌在弯矩最大的两侧边墙位置产生纵向延展裂缝。

②中心水沟冻结。该地区冬季气温极低，最冷月平均温度为－26 ℃，全年平均气温－0.5 ℃，极端最低温度更达到－50 ℃以下。

中心深埋水沟施工开挖采取爆破法，底部纵坡有铺设不平顺情况，浇筑仰拱过程中存在水泥浆渗入、渣土未清掏干净等情况，造成局部水流速度过缓，导致隧道全线中心水沟冻结。

中心水沟深度设计安全系数不足，管径过小，施工稍有偏差便会导致过水断面不足、流速过缓、清掏困难等情况；未考虑混凝土结构与自然地层之间导热系数的差别，导致埋置深度计算偏差，检查井保温密封措施考虑不足，低温通过检查井壁和缝隙传入。

(3)冻害处置措施

①衬砌裂缝处置措施。根据衬砌裂损程度、地质条件、原衬砌结构形式及冻害发展趋势等因素综合选取整治方案。对裂损程度较轻，衬砌结构较完整的冻害段落采用“裂缝修补＋增设表面保温层”的整治方案；对衬砌裂损较严重，危及行车安全的段落采用“钢筋混凝土二次衬砌＋增设保温层”的整治方案。

a. 对呼吉日延 2 号隧道出口段 103 m 的冻害段素混凝土衬砌采取了拆换为钢筋混凝土衬砌处理。

b. 哈布特盖隧道、格吉格特隧道采取了环氧树脂裂缝修补、贴碳纤维补强处理。

c. 哈布特盖隧道出口段 50 m 范围，全环采取了铺设 6 cm 厚聚氨酯保温层的试验段。

②中心水沟冻结处置措施，如图 6-11 所示。

a. 对全线的中心水沟进行人工清掏，清理施工残留物及冰块。

b. 由于列车运行车次较少，整治初期在隧道口加设了棉门帘，减少冬季冷空气入侵。

c. 在中心水沟内增设了电伴热带，定期通电加温防止结冰，并加强检查井口密封保温措施。

(a) 检查井电加热措施

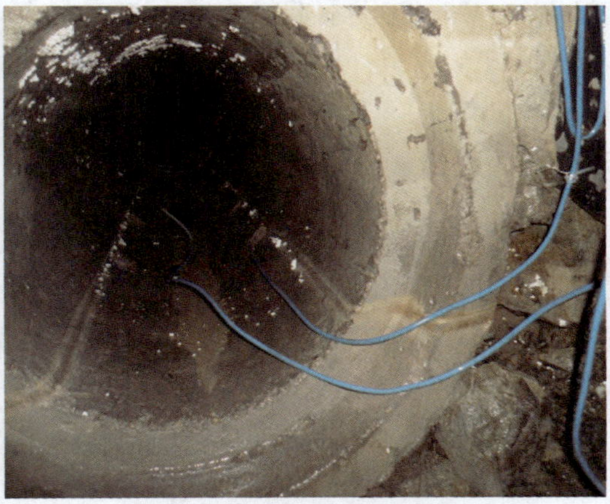

(b) 中心沟内电加热措施

(c) 洞口保温门帘

(d) 清掏中心水沟

图 6-11 现场冻害处置

6.2.3 牡绥铁路隧道冻害

1. 项目概况和隧道冻害概况

牡绥铁路为时速 200 km 客货共线双线铁路，全线分布双线隧道 17 座，总长 51.088 km，最长隧道为双丰隧道，长 7 237 m。沿线城市历年最冷月平均气温为−18.1～−17.2 ℃，土壤最大冻结深度为 1.91～2.41 m，按对铁路工程影响的气候分区，属严寒地区。项目于 2016 年 1 月 1 日开通运营。

据工务部门相关统计数据，2018 年至 2019 年冬季，牡绥铁路隧道内共计发现 11 座隧道 372 处渗漏水问题(起拱线以上渗漏水 185 处,起拱线以下 187 处)。2019 年至 2020 年冬季,牡绥铁路累计发现 9 座隧道渗漏水 143 处(拱顶渗漏水 53 处,拱腰渗漏水 35 处,边墙渗水 23 处,仰拱渗水 32 处)。其中,起拱线以上渗漏水位置在施工缝处共计 65 处,占拱部渗漏水 74%。较严重漏水 18 处(拱顶 17 处、拱腰 1 处)。

2019 年至 2020 年冬季,现场检查发现牡绥铁路共 11 座隧道内出现了衬砌空洞、裂缝、渗漏水等病害,累计共 461 处,其中渗漏水结冰病害共 435 处,占病害总数的 94.4%,且主要集中发生在隧道长度超过 2 700 m 的红池、转心湖、红房子、双丰、绥西、寒葱河等 9 座隧道。

2. 寒葱河隧道冻害情况分析及处置措施

(1)设计概况

寒葱河隧道位于黑龙江省东宁市与绥芬河市交界处,为时速 200 km 的双线隧道,隧道起讫里程 DK491+549~DK497+719,全长 6 170 m。隧道左线 DK491+549~DK494+926.71 段位于半径为 4 500 m 的右偏曲线上,DK497+685.61~出口段位于半径为2 800 m 左偏曲线上,其余段落位于直线上。隧道进口至出口为单面上坡,5.8‰坡长 1 m,3‰坡长 2 900 m,4.5‰坡长 2 550 m,6‰坡长 719 m。隧址区最冷月平均气温−18.1 ℃,年平均气温 3.4 ℃,土壤最大冻结深度 2.41 m。

隧道进口 1 000 m 段及出口 DK497+350~+719 长 369 m 段设置中心深埋水沟,距进口 1 000~2 000 m 范围及出口 DK495+719~DK497+350 长 1 631 m 段中心排水管采用保温膜保温,并于隧道出口(高洞口端)里程 DK497+350 处线路左侧设泄水洞一处,引排出口端中心深埋水沟内水至小绥芬河。隧道进、出口端各 2 km 范围双侧水沟设置为保温水沟。

(2)冻害发生情况

2018 年 2 月 7 日,现场利用维修天窗进行冬季巡查时发现距寒葱河隧道进口约 1 100 m处中心排水沟检查井处冒水后在两线间淌水结冰。8 日,现场持续观察并采取初步措施(沿冰面纵向刨沟槽疏散地表排水)。9 日,淌水沿地表漫流约 500 m,结冰持续上涨,局部地段与道床平齐,打开个别检查井,发现局部段落中心水管已冻结堵塞。现场道床积冰情况如图 6-12 所示。

(3)冻害原因分析

①寒葱河隧道排水系统的局部中心管沟出现了堵塞淤积现象,造成管沟的有效排水截面变小,流水面抬升,流速减缓,加剧排水管沟的结冰堵塞,现场情况如图 6-13 所示。

②1 月中下旬,隧道所在地区经历了多年不遇的极寒天气,连日洞外最低气温低于−30 ℃,对隧道内气温的影响尤为明显。

图 6-12　现场积冰情况

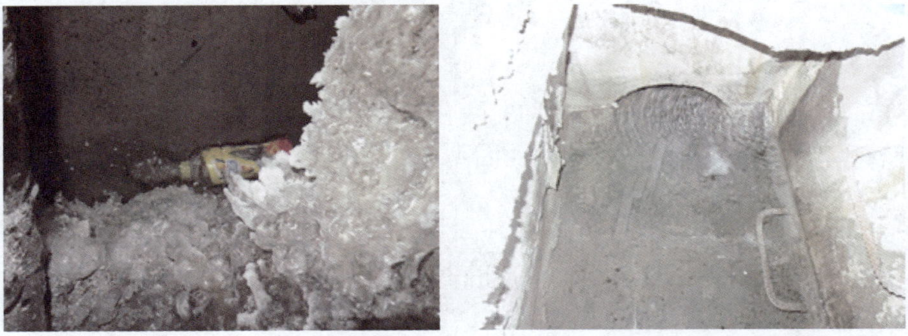

图 6-13　排水系统堵塞

(4)冻害处理措施

①将隧道进口 1 000 m 处中心深埋保温检查井(中心水沟与中心深埋水沟过渡)及邻近段落中心水沟检查井按 0,1,2,…依次编号并打开,排查确定冻结堵塞点。

②未堵塞段由管沟内排水,堵塞点前后排水以抽水过渡(邻近检查井作为集水井,将上游检查井中的水跨越堵塞点抽至下游检查井),避免在地表漫流结冰,同时降低检查井内水位。

③查明堵塞点情况后,人工进行清掏作业,疏通已冻结段的中心水沟及检查井,如图 6-14所示。

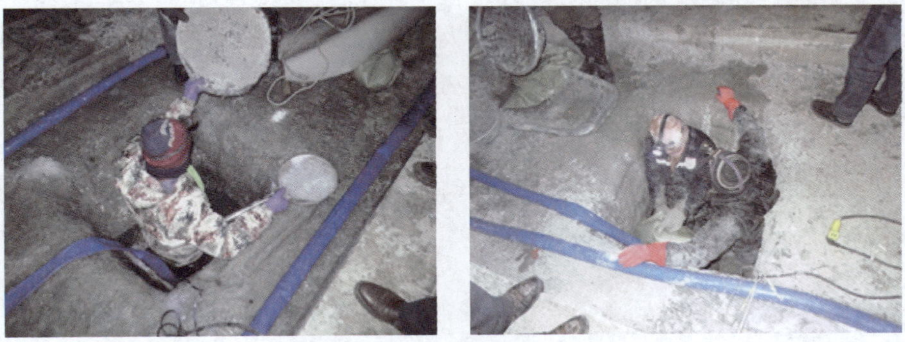

图 6-14　病害应急处理

④排水系统全部疏通后，恢复中心管沟内排水，停止抽排水。

(5)永久补强方案

待天气转暖洞内道床等位置的积冰融化后，选择合适时机利用维修天窗全面疏通隧道的排水系统并局部增加保温措施，具体方案如下：

①对寒葱河隧道进口 DK492+549～DK493+089 段(距隧道进口 1 000～1 540 m)中心水沟增加保温覆盖层处理，即在该段落隧道仰拱填充面上部、双块式无砟轨道间区域增设保温覆盖层，如图 6-15 所示。

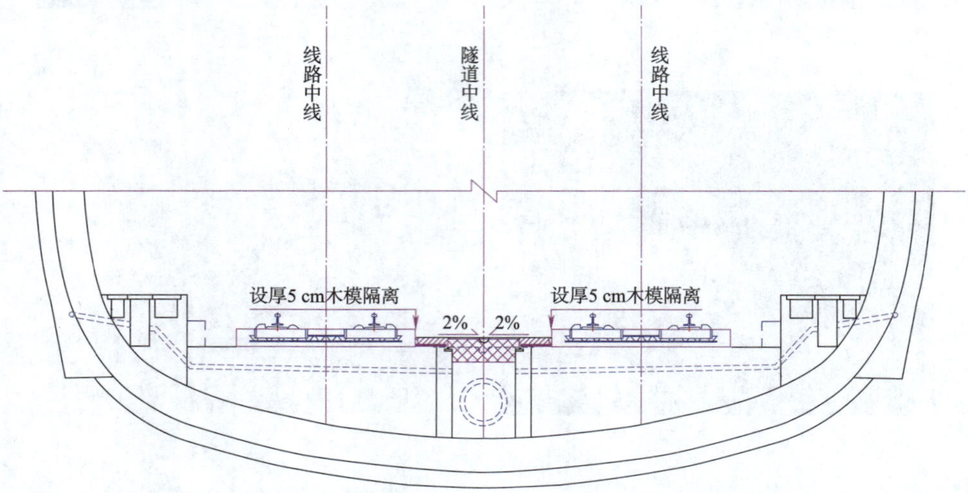

图 6-15　保温中心管沟上部防冻保温补强设计

②位于处理段范围内检查井保温结合保温覆盖层施作，采用双层盖板，上层盖板采用 3 cm厚的铸钢盖板，下层盖板采用 5 cm 厚的浸油木盖板，中间夹 35 cm 厚的保温层。保温层采用麻袋装膨胀珍珠岩材料，保温层应与检查井内壁保持密贴。位于处理段范围外且保温措施已破坏的检查井应按原设计恢复保温措施。

③仰拱填充面覆盖保温层施工完成后，加强对隧道内设置的侧沟与边墙间的进水孔、侧沟、横向导水管、中心排水管、检查井、洞外排水暗管等隧道排水设施的检查与疏通，对由于施工工序衔接过程中堵塞在管路内的建筑垃圾及管(井)内的沉积物等进行清理，对因垃圾堵塞而滞留在管内或检查井内的淤泥或沉积物进行清除。同时用清水冲洗管路内壁，确保水流畅通。

至 2018 年夏天整治完成后，现场未再次发生冻害，整治效果良好。

6.2.4　长珲城际铁路五峰山隧道冻害

1. 项目概况

长珲城际铁路设计时速为 250 km，全线分布双线隧道 85 座，总长 155.704 km，最长隧道为拉法山隧道，长 10.028 km，项目于 2015 年 9 月 20 日开通运营。沿线最冷月平均气温均－23.4～－10.3 ℃，土壤最大冻结深度为 1.67～1.92 m，按对铁路工程影响的气候分区，属严寒地区。

2. 五峰山隧道冻害分析及整治

五峰山隧道位于吉林省安图县石门镇，安图西站至延吉西站区间，隧道起讫里程 DK233＋761～DK237＋451（运营里程 K351＋810～K348＋120），全长 3 690 m，最大埋深约 283 m，为单洞双线隧道，洞内铺设有砟轨道，设计时速 250 km。隧道进口 755 m 位于半径 6 000 m 的左偏曲线上，其余位于直线上，隧道内纵坡设计为人字坡，坡度/坡长分别为 8‰/2 339 m、－6‰/1 351 m。

隧道洞口 500 m 范围进行防寒径向注浆，设置抗冻钢筋，二次衬砌采用 C40 钢筋混凝土。全隧设置 ϕ600 中心深埋水沟及双侧保温水沟，洞外设置深埋保温暗沟及保温出水口，衬砌背后设置环纵向盲管，隧底设置横向导水管及碎石盲沟。衬砌背后地下水通过盲管排水系统直接排入中心深埋水沟后经洞外保温出口排出隧道。

项目开通运营后，五峰山隧道内先后发生了 3 次较为严重的衬砌开裂变形冻害。

（1）K349＋157 处衬砌开裂变形

①冻害情况。2016 年 3 月 6 日，排查时发现五峰山隧道 K349＋157 处（该处距隧道进口 1 037 m）右线拱顶衬砌开裂变形，裂缝处有渗水，3 月 9 日对该段已开裂变形混凝土进行凿除，凿除混凝土块形状近似椭圆形，面积约 8 m^2，防水板外鼓，内有积水。现场情况如图 6-16 所示。

②冻害原因分析。此处衬砌开裂变形位于施工冷缝与施工缝边缘，二次衬砌背后有较大空腔，空腔内有积水。持续低温作用下，空腔内积水结冰，衬砌混凝土开裂变形。

图 6-16　五峰山隧道 K349＋145 处衬砌开裂、变形

③治理情况。

a. 临时加固周边衬砌后对凿除衬砌位置围岩进行注浆，加固围岩，封堵裂隙水。

b. 恢复衬砌结构。对凿除衬砌周边接口部位进行凿毛并清理干净，植筋后采用 C30 混凝土模筑修复既有衬砌。

c. 注浆加固。衬砌修复完成后，对该段拱部 120°范围进行径向注浆加固处理。

d. K349＋157 处两侧边墙各设置一道深切槽碎石盲沟。

(2)K349＋607 处衬砌开裂变形

①冻害情况。2017 年 2 月 4 日，工务段巡检发现五峰山隧道 K349＋607 处(该处距隧道进口 1 487 m)左侧边墙衬砌外鼓变形，鼓起最大处约 20 cm，变形衬砌表面存在较多不规则裂纹，并伴有不同程度的表层剥离疏松现象，表面有冰溜。当天对表面松散混凝土进行了剥离，打设泄水孔。变形混凝土内有结冰现象，泄水孔内有少量股状水流出，后为滴水。现场情况如图 6-17 所示。

②冻害原因分析。此处衬砌背后存在空腔，衬砌混凝土存在不密实缺陷。持续低温作用下，空腔内积水及渗入混凝土内的水结冰，衬砌混凝土开裂、变形、疏松。

③治理情况。

a. 临时加固周边衬砌后凿除开裂变形的衬砌混凝土。

b. 恢复衬砌结构。对凿除衬砌周边接口部位进行凿毛并清理干净，植筋后采用 C30 混凝土模筑修复既有衬砌。

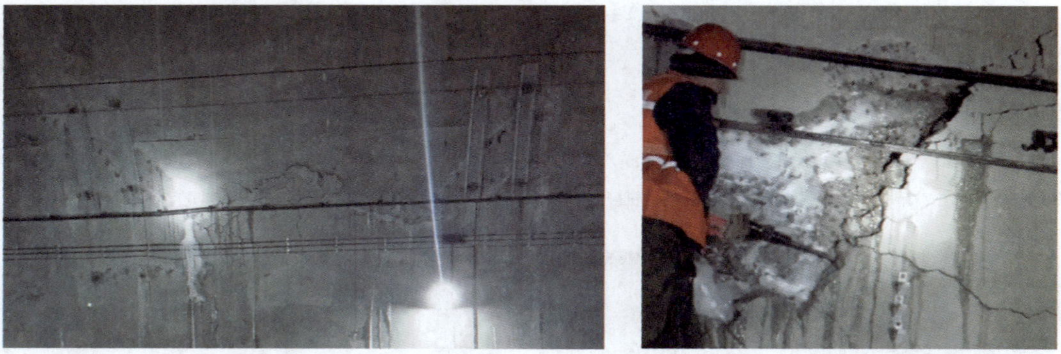

图 6-17　五峰山隧道 K349＋607 处衬砌开裂、变形

c. 注浆加固。待该段衬砌修复完成后，对该段下行侧拱墙范围进行径向注浆处理。

d. K349＋610 处边墙设置一道深切槽碎石盲沟。

(3)K349＋676 处衬砌开裂变形

①冻害情况。2017 年 2 月 13 日，工务段巡检时发现 K349＋676 处(该处距隧道进口 1 556 m)两线间拱顶有渗水，衬砌裂缝变形。2 月 14 日，公司组织设备维管及各参建单位有关人员对该处衬砌开裂变形、渗水情况进行调查后，进行了钻孔泄压，对环向闭合裂缝内的变形衬砌混凝土进行了凿除，凿除衬砌面积约 2 m×4 m。泄水孔有股状水流出，后衰竭为滴水。现场情况如图 6-18 所示。

图 6-18　五峰山隧道 K349＋676 处衬砌开裂、变形

②冻害原因分析。此处衬砌开裂变形一侧位于施工缝边缘，衬砌背后存在空腔，形成水囊，经检测，变形部位衬砌混凝土强度不足，持续低温作用下，水囊内积水结冰，二次衬砌混凝土开裂变形。

③治理情况。

a. 临时加固周边衬砌后对凿除衬砌位置围岩进行注浆，加固围岩，封堵裂隙水。

b. 恢复衬砌结构。对凿除衬砌周边接口部位进行凿毛并清理干净，植筋后采用 C30 混凝土模筑修复既有衬砌。

c. 注浆加固。衬砌修复完成后，对该段拱部 120°范围进行径向注浆加固处理。

d. K349＋676 处两侧边墙各设置一道深切槽碎石盲沟。

五峰山隧道衬砌缺陷、冻害处数多，特别是隧道拱部衬砌闭合裂缝、衬砌背后脱空等缺陷对运营安全影响大，经论证后，对五峰山隧道存在较大安全风险的段落设置波纹钢板套衬进行加固，波纹钢板背后充填聚氨酯保温层，套衬加固情况如图 6-19 所示。

图 6-19　五峰山隧道套衬加固情况

6.2.5 兰新高速铁路隧道冻害

1. 工程概况

兰新高速铁路是一条连接甘肃省兰州市与新疆维吾尔自治区乌鲁木齐市的高速铁路，是世界上一次性建成通车里程最长的高速铁路，线路全长 1 786 km，设 22 座车站，设计速度 250 km/h。项目于 2014 年 12 月 26 日开通运营。

2. 大坂山隧道冻害情况及处置分析

(1)设计概况

大坂山隧道位于青海省西宁市大通县和青海省海北州门源县，隧道洞身穿过大坂山主脊，为大坂山中高山区，进口端海拔约 2 950 m，出口端海拔约 2 940 m，岭脊处海拔约为 4 060 m，相对高差 500～100 m。洞身经过地带地形起伏较大，自然坡度 20°～40°，主脊一带多为基岩峭壁。分布有众多"V"形侵蚀谷。三塘沟和头塘沟内常年流水，沟床堆积大量卵石、漂石。部分沟谷内冰碛漂砾、块石发育。总体而言，工点范围内山高坡陡，基岩裸露，沟壑纵横，地形复杂。

隧道位于青藏高原严寒地区，冬季寒冷、漫长。区内气候具分带性，气温有随海拔上升而显著降低的变化规律，山区寒冷潮湿，盆地区温暖干燥。气温变化大，根据西宁市大通县气象站多年资料，年平均气温 5.1 ℃，极端最高气温 35.6 ℃，极端最低气温－33.1 ℃，年平均降雨量为 521 mm，年平均蒸发量为 1 269.6 mm。海北州门源县气象站多年资料，年平均气温 1.8 ℃，极端最高气温 31.7 ℃，极端最低气温－34.5 ℃，年平均降雨量为 530 mm，年平均蒸发量为 1 083.9 mm。此外，每年 10 月至翌年 4 月为结冻期和风季，盛行西北风。

距隧道进口长 1 084 m 段和距隧道出口长 1 150 m 段隧底设置防寒泄水洞，通过泄水孔将隧道水沟水引至泄水洞排走，泄水洞洞外设保温出水口，泄水洞结构与隧道仰拱底部的净距按 5 m 左右考虑，泄水洞内轮廓尺寸采用 220 cm×250 cm(宽×高)。此外，隧道洞内均设置双侧水沟及中心水沟，中心水沟采用圆形预制管沟，进口 1 000 m、出口 1 500 m 范围设双层盖板保温水沟。

(2)隧道冻害发生情况

①隧道进口端水沟内未发现冻害，现场调查发现进口泄水洞内泄水孔排水通畅。

②隧道出口端：

距离隧道出口 0～51 m 段双侧侧沟无水。

距离隧道出口 51～154 m 段线路右侧侧沟冻实，水流外溢；左侧侧沟流水表层分布一层薄冰，冰层下有 3～5 cm 流水未冻结，不影响侧沟继续排水。

距离隧道出口 154～1 030 m 段双侧侧沟流水表层分布一层薄冰，冰层下有 3～5 cm 流水未冻结，不影响侧沟继续排水。

此外，调查还发现个别环向盲管有水渗出，但水量极小；出口部分水沟内泄水孔堵塞、排水不畅；泄水洞口未封闭等问题。

(3)冻害整治情况

①打设泄水孔。泄水孔打设范围：DK275＋112～DK274＋133.75 段。其中 DK275＋110～＋008.75 段泄水孔纵向间距 2.5 m，左右两侧交错布置；DK275＋003.75～DK274＋133.75 段泄水孔纵向间距 5 m，左右两侧交错布置。

②设置电伴热。大坂山隧道出口端 DK273＋912～DK275＋112(泄水洞最下游横通道处)段两侧侧沟设置电伴热，确保隧道侧沟内冬季排水畅通。

3. 祁连山隧道冻害情况及处置分析

(1)设计概况

祁连山隧道地处祁连山中高山区，位于青海省门源回族自治县硫磺沟至甘肃省民乐县小平羌沟间，隧道全长 9 490 m，设计为单洞双线隧道，除进口端 1 612.404 m 位于半径为7 000 m的曲线上，出口端 852.997 m 位于半径为 8 000 m 的曲线上外，其余地段均位于直线上。隧道线路纵坡为 20‰的单面下坡。地层主要为砂岩、板岩、页岩、灰岩等。预测隧道正常涌水量 13 680 m^3/d，最大涌水量 41 040 m^3/d。硫磺沟斜井正常涌水量 824 m^3/d，最大涌水量 2 472 m^3/d，三叉东沟斜井正常涌水量 2 499 m^3/d，最大涌水量 7 497 m^3/d。

隧址区位于欧亚大陆腹地，远离海洋，为典型的大陆性季风气候，门源盆地属高原大陆性气候，地处中纬度西风带区。冬季受来自西伯利亚干冷气候影响，气候比较寒冷干燥，夏季受孟加拉湾的西南暖湿气流影响，气候凉爽湿润，具有春季多雪多风，夏季凉爽多雨，秋季温和暂短，冬季寒冷漫长的特点。年平均气温 1.8 ℃，极端最高气温 31.7 ℃，极端最低气温－29.6 ℃，最冷月平均气温－11.9 ℃；年平均降雨量为 530 mm，年平均蒸发量为 1 083.9 mm；最大冻结深度 2.3 m。

隧道通长设置双侧水沟及中心圆管沟排水，且距隧道洞口各 1 000 m 范围段采用双侧盖板间夹保温材料的保温侧沟。为满足防寒排水要求，距隧道进、出口各 1 km 范围段隧底设置防寒泄水洞，并在隧道进、出口正洞单侧分别设置 2 处检查井，将正洞内的水排入泄水洞，进口防寒泄水洞内的水在隧道 DK336＋660 处汇入平导排出洞外，出口泄水洞末端设端墙式保温出水口，泄水洞横断面及平面位置关系分别如图 6-20、图 6-21 所示。泄水洞内净空尺寸为 220 cm×250 cm(宽×高)。隧道进口设置双层保温衬砌，两层衬砌间夹隔热保温层。

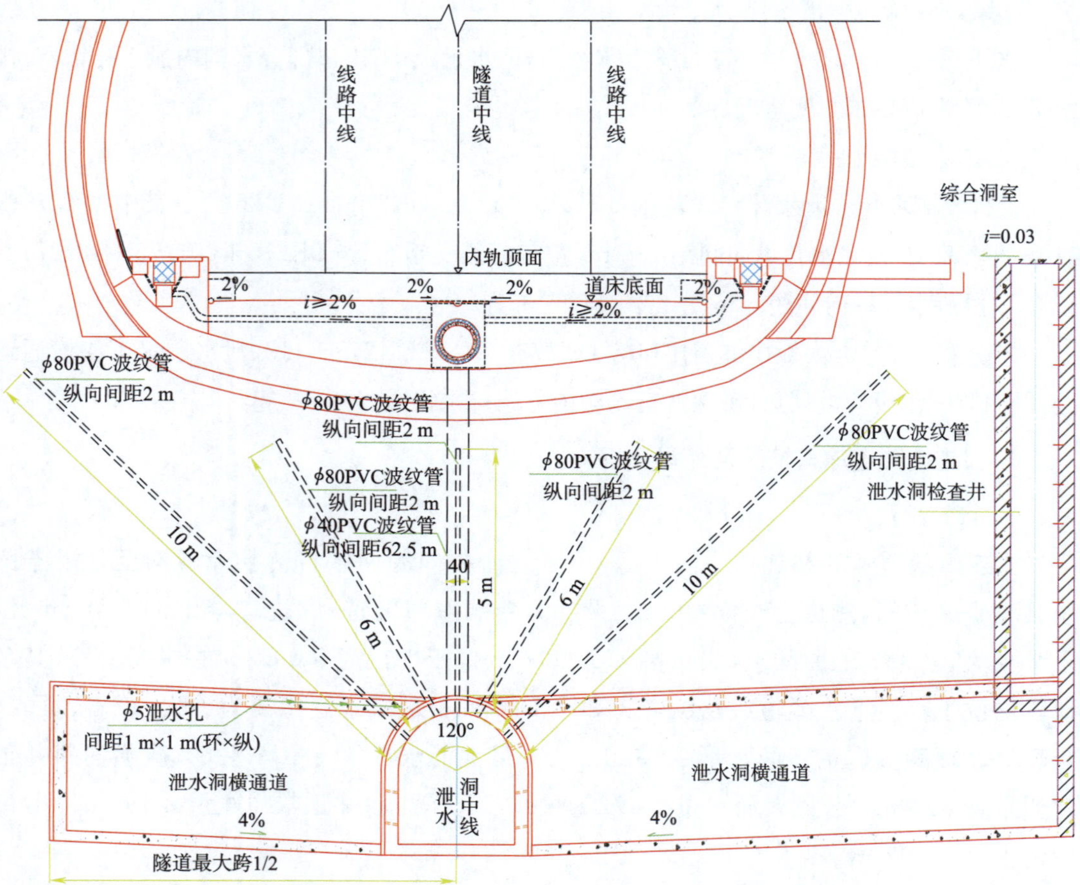

图 6-20　泄水洞断面示意图

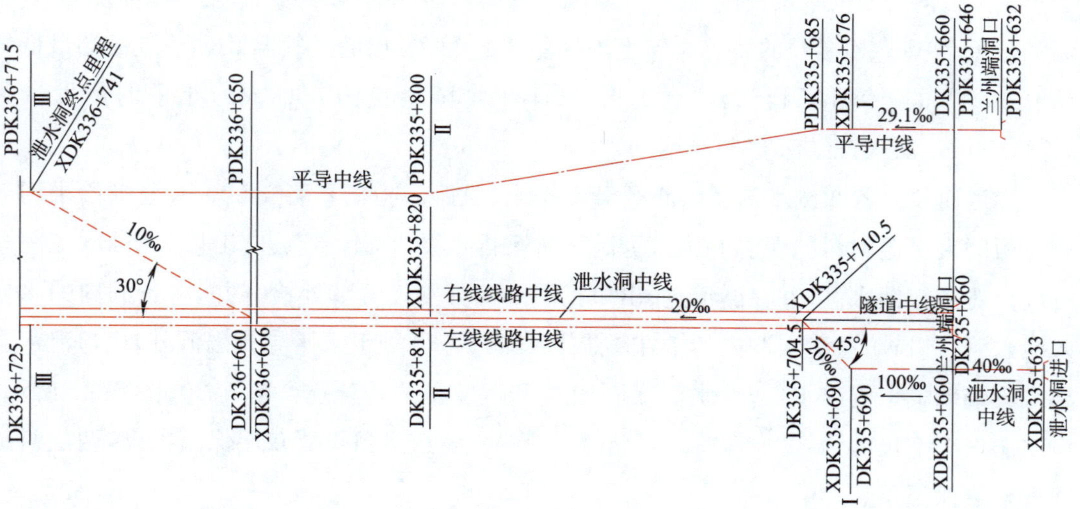

图 6-21　进口正洞、平导、泄水洞平面位置关系

(2)隧道冻害发生情况

隧道进口端未发现结冰等冻害,隧道出口端侧沟内产生冻害问题:

①距离隧道出口 1 000～1 500 m(DK344＋155～DK343＋655)段,除距离出口 1 440 m 处下行线侧沟内结冰厚度 20 cm,其余部位结冰厚度基本为 5～10 cm。

②距离隧道出口 1 500～2 100 m(DK343＋655～＋055)段,除距离隧道出口 2 050 m 处上行线结冰厚度 25 cm,其余两侧水沟结冰厚度为 5～15 cm。

③距离隧道出口 2 100～2 500 m(DK343＋055～DK342＋655)段双侧水沟结冰厚度为 5～13 cm。

④距离隧道出口 2 500～4 600 m(DK342＋655～DK340＋555)段双侧侧沟内为冰水混合物。

(3)整治情况

①祁连山隧道出口端 DK344＋155～DK342＋655 长 1 500 m 范围双侧侧沟设置电伴热,确保隧道侧沟内冬季排水畅通。

②在原设计基础上,将隧道内侧沟剩余未设置保温层的段落,均增加设置侧沟保温层。保温层采用侧沟侧壁植入短筋方式承托。

6.2.6　敦格铁路当金山隧道冻害

1. 工程概况

敦格铁路即敦煌铁路敦格段,又称敦格线,是中国境内一条连接甘肃敦煌至青海格尔木的国铁Ⅰ级电气化铁路,设计速度为 120 km/h。敦格铁路于 2012 年 10 月开工,2019 年 12 月18 日建成通车。

2. 当金山隧道冻害情况及整治

(1)设计概况

当金山隧道为穿越祁连山、阿尔金山分水岭的越岭隧道,北侧为阿克塞盆地,南侧为柴达木盆地。隧道起讫里程为 DK194＋980～DK215＋080,全长 20.1 km,位于甘肃省阿克塞县境内。线路自山前经黑石沟站后,进入当金山山区,先穿过长 2 748 m 的长草沟隧道,设长草沟站,以 20.10 km 的隧道穿越分水岭当金山(隧道进口高程为 2 864.83 m,出口高程为 3 106.72 m),线路出隧道后接入当金山站。当金山隧道除进口段 470 m 为双线车站隧道外,其余洞身为单线隧道。全隧道除出口端长 224.18 m 段位于半径为 1 600 m 的曲线上外,其余均位于直线上,隧道洞身坡度依次为 6‰(570 m)、12.3‰(19 200 m)、7‰(330 m)的单面上坡。

当金山隧道属高寒半干旱气候区,季节性温差较大,雨季和旱季分别较为明显,年降水量一般不大。据肃北气象局资料,隧址区多年平均气温 7.4 ℃,最冷月气温为－14.6～

−7.2 ℃；相对湿度 34%，年平均降水量 215.5 mm，年最大降水量 252.3 mm，年平均蒸发量为 2 559.7 mm；最大积雪厚度约 16 cm。最大季节性冻土深度约 235 mm。

当金山隧道采用钻爆法施工，根据隧道地质条件、建设工期、施工技术、运营、防灾救援、工程投资等多方面综合考虑，采用“3 斜井＋进口局部平导＋1 座通风竖井”方案，共设置了斜井 4 421.28 m/3座和 12 520 m 的局部平导辅助正洞施工，并设 1 座通风竖井，井深为 442 m。

隧道洞口段设置泄水洞，其中敦煌端泄水洞长 835 m，起讫里程为 XK0＋000～＋835，其中 XK0＋000～＋800 里程段位于平导与正洞之间的下方，对应正洞里程为 DK194＋980～DK195＋780，是隧道的主要排水设施，泄水洞平面如图 6-22 所示。隧道内设置双侧水沟排水形式，敦煌端洞口段 1 200 m、格尔木端洞口段 1 000 m 设置双侧盖板保温水沟，双层盖板间填充聚氨酯保温材料。

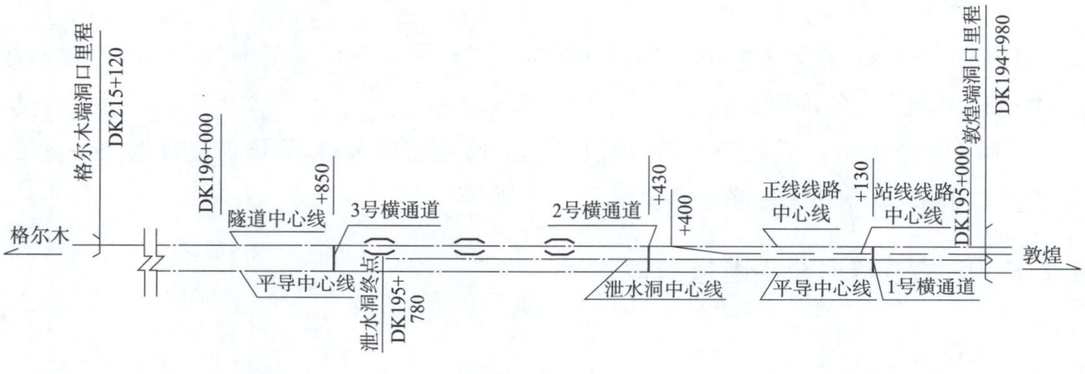

图 6-22　隧道防寒泄水洞平面示意图

(2)冻害发生情况

2020 年 3 月调查发现，当金山隧道进口 DK194＋980～DK197＋110 长 2 130 m 段双侧水沟汇水结冰外溢，漫至侧沟壁与道床板之间，积冰最厚达 15 cm；正洞侧沟内水结冰封堵泄水孔，泄水孔排水不畅，如图 6-23 所示。

(a) DK196+165 ~ +235处右侧排水沟涌水结冰

(b) 正洞侧沟结冰

(c) 道床上结冰

图 6-23　隧道洞内冻害实景

(3)冻害原因分析

①极端寒冷天气。当金山隧道所在地区为高寒半干旱气候区,季节性温差较大,根据现场人员反映,冻害发生时隧址区温度骤降至－20 ℃以下,导致洞内温度急速降低。

②既有保温水沟保温效果差。既有保温水沟双层盖板间采用硬质聚氨酯保温板,但是这种材料需要一定厚度以及密闭性才能达到设计所需保温性能,根据当金山隧道现场实际情况来看,既有保温水沟双层盖板间保温材料的保温效果差,水沟出现结冰现象。

③隧道泄水洞设置段落与侧沟相连的泄水孔排水不畅,泄水洞的作用未能充分发挥。

a. 侧沟内结冰封堵泄水孔,泄水孔排水不畅。泄水洞位置里程:DK194＋980～DK195＋780,3 号横通道里程 DK195＋850,泄水洞终点里程位于 2 号横通道与 3 号横通道之间,由于 2 号横通道与 3 号横通道之间的水沟发生结冰现象,侧沟内水结冰封堵泄水孔,导致泄水孔排水不畅,隧道上游水沟来水及二次衬砌排水孔流水在水沟内汇聚结冰。

b. 泄水孔孔径不满足设计要求。泄水洞与正洞连接示意如图 6-24 所示,其中泄水孔设计直径 35 mm,并在孔内设打孔波纹管,现场未按设计施工,泄水孔泄水性能无法充分发挥。泄水孔堵塞现场如图 6-25 所示。

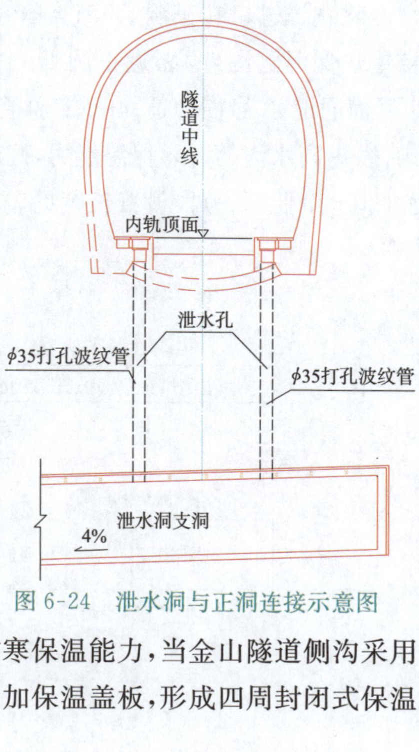

图 6-24　泄水洞与正洞连接示意图

(4)隧道冻害整治

①真空绝热保温侧沟。为提高当金山隧道侧沟的防寒保温能力,当金山隧道侧沟采用全包保温方案,以预制侧沟形状保温板安装于侧沟内,另加保温盖板,形成四周封闭式保温

空间，提高冻害段水沟的防寒保温能力，真空绝热保温侧沟结构示意如图 6-26 所示。

图 6-25　泄水孔堵塞

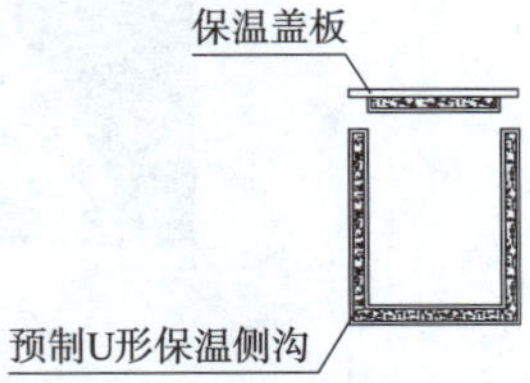

图 6-26　真空绝热保温侧沟结构示意图

保温侧沟主体呈 U 形，内部为无机纳米真空绝热保温材料；外部预制卡扣型框架，起到支撑、保护的作用，制作卡扣框架的材料在保证强度的同时，应具有耐碱、耐低温及高温性能。保护外壳由内部和外部两部分组成，组装时以阴阳卡槽的形式组装固定；保温侧沟以预制盖板封堵 U 形主体端头，保护内部保温材料，真空绝热保温侧沟与排水沟之间采用缝隙填充胶填充缝隙，保证排水沟与保温侧沟之间粘贴紧密，不留空隙；每段保温侧沟之间由预制连接件连接固定，接缝处采用接缝防水胶做防水处理，保证排水通畅与保温效果。

除隧道进口端正洞 DK194＋980～DK196＋180 长 1 200 m 段既有保温水沟调整为真空绝热保温侧沟外，邻近正洞 DK196＋180～DK197＋110 段 930 m 及隧道 1 号横通道、2 号横通道、3 号横通道、4 号横通道、5 号横通道、6 号横通道内水沟均增设真空绝热保温侧沟，以提高水沟的防寒保温能力，确保洞内排水畅通。真空绝热保温侧沟设置范围平面示意如图 6-27 所示，分段设置长度见表 6-2。

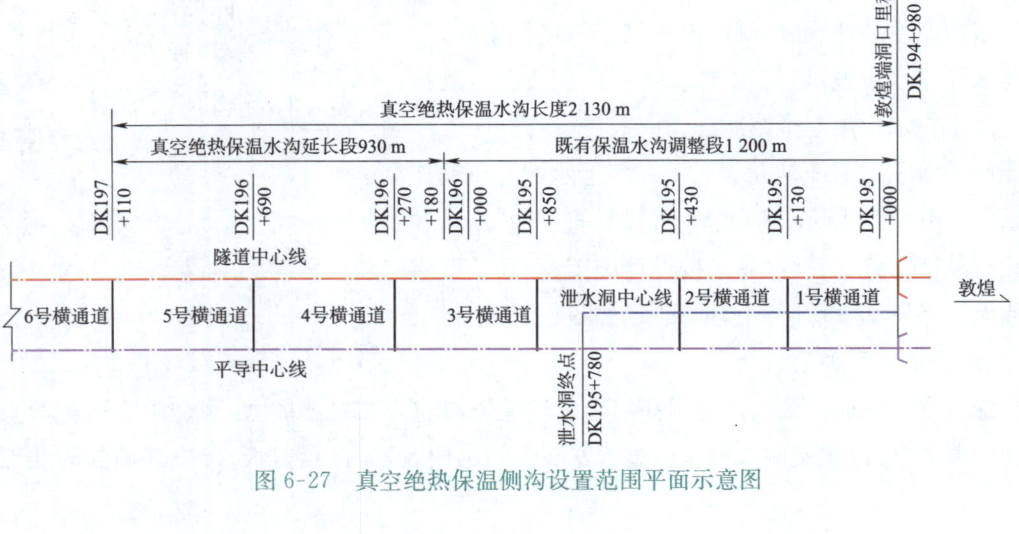

图 6-27　真空绝热保温侧沟设置范围平面示意图

表 6-2　真空绝热保温侧沟设置长度

序号	侧沟类型	里程段	设置长度/m	备注
1	普通侧沟	DK196＋180～DK197＋110	930	单侧长度
2	一般保温侧沟	DK195＋450～DK196＋180	730	单侧长度
3	车站段保温侧沟	DK194＋980～DK195＋450	470	单侧长度
4	横通道侧沟	—	419.16	合计长度

②侧沟内设置电伴热。

a. 侧沟电伴热设置范围。当金山隧道正洞 DK194＋980～DK197＋110 长 2 130 m 段两侧侧沟内设置伴热电缆，电伴热功率为 25 W/m，每个侧沟内设置 2 根伴热电缆，每根伴热电缆单独回路，伴热电缆与无机纳米真空绝热保温板之间距离应不小于 7 cm。

b. 启动模式。伴热电缆每根长 50 m 或 90 m（个别长度为 70 m、75 m、95 m、100 m），隧道内两侧间隔 140 m 设一个控制单元，采用温控方式分段控制，使用时根据冻害情况分段开启对应控制单元。

第7章 展 望

近些年，我国修建了众多寒区高速铁路隧道，积累了系列的隧道抗冻、保温、防寒防排水等方面的成功经验，但隧道冻害问题仍未彻底解决，依然困扰着位于寒区的铁路运营部门，且与隧道冻害相关的数据积累仍然偏少。因此，在今后的一段时间内，寒区隧道的抗冻、防冻研究依然需要寒区高速铁路隧道技术工作者持续不断的努力。总结目前寒区高速铁路隧道存在的问题并对今后的研究进行展望具体如下：

(1)寒区隧道洞内温度场及冻结深度变化等基础研究数据积累方面

寒区隧道贯通后，洞内及周边围岩中原有的地温热力平衡条件遭到破坏，自然通风、机械通风、列车活塞风等均大大增加了洞内空气与围岩对流传热作用，由不同环境与介质构成的隧道空间温度场(包括洞内外气温、衬砌表面温度、衬砌内部温度及围岩内部温度)时刻发生着变化，影响了隧道内的冻结深度。应结合隧道开挖揭示地质情况及隧道所在区域的气象资料，通过现场试验及数值模拟方法，系统研究不同标准、不同隧道长度、不同运营对象等条件下隧道内的温度场和冻结深度沿隧道纵向的变化规律，为设计提供数据支撑。

(2)结构抗冻研究及工程措施方面

目前寒区隧道的结构设防抗冻措施主要是设置钢筋混凝土衬砌，并局部间隔设置温度伸缩缝消除由于较大温差产生的温度应力。而严寒地区的温差大、冻结期长，隧道结构受温度变化影响剧烈，尤其是对于高标准铁路，由于隧道断面大，列车运营速度快，突出的冻害问题使得隧道运营的安全风险大大增加。近年来开通运营的寒区高速铁路隧道局部出现了下列冻害特征：一类表现为部分寒区隧道的冻害均发生于春融期间，造成了衬砌开裂，严重的出现了隧道衬砌裂损、掉块，甚至危及行车安全；另一类表现为处于严寒地区的隧道洞口一定范围段，由于受较大温差的影响，不仅各类结构缝在冬季张开明显，局部还由于较大的温度应力产生了衬砌开裂，大大削弱了隧道防排水系统的防寒保温效果，局部甚至造成了衬砌挂冰等冻害。

针对上述寒区隧道的冻害特征，应根据不同地区寒冷程度的差异等，研究确定隧道结构抗冻分级与抗冻措施；进一步开展隧道抗冻段结构温度应力影响及消减技术研究，大部分寒区隧道结构的温度应力主要是纵向收缩产生，应通过研究结构构造等方式消除温度应力，避免对衬砌结构产生危害；进一步开展混凝土材料防冻抗冻技术研究，从提高混凝土气密性或抗渗透能力等方面着手，研究衬砌抗冻措施；进一步开展接缝防冻技术研究，研究确定接缝防渗等防水措施及气密措施。

(3)防排水材料、配套施工设备及工艺研究方面

虽然目前设计在寒区隧道设置了结构抗冻和保温防排水防冻设防段,应用了综合的防寒抗冻保温措施,但在上述工程措施的具体实施过程中,局部工序现状条件下施工难度大、工艺复杂,对于防水薄弱环节的处理不够细致,使得施工质量难以尽如人意。因此,应进一步加强适用于寒区隧道的新型防排水材料及专业施工设备的研发,同时针对寒区高速铁路隧道保温防排水措施施工工艺,以及隧道开挖、支护、二次衬砌等施工工艺的优化研究。

参考文献

[1] 丁永建.中国寒旱区地表关键要素监测科学报告[M].北京:气象出版社,2015.

[2] 赵勇,等.隧道设计理论与方法[M].北京:人民交通出版社股份有限公司,2019.

[3] 程国栋,吴邦俊.高海拔多年冻土分布的地带性数学模式之探讨[J].冰川冻土,1983,5(4):1-7.

[4] 程国栋,王绍令.试论中国高海拔多年冻土带的划分[J].冰川冻土,1982,4(2):1-17.

[5] 邱国庆.中苏联合进行中亚高山冻土研究工作[J].冰川冻土,1991,13(3):254.

[6] 张祉道,王联.高海拔及严寒地区隧道防冻设计探讨[J].现代隧道技术,2004,41(3):1-6.

[7] 赖远明,吴紫汪,朱元林,等.寒区隧道冻胀力的粘弹性解析解[J].铁道学报,1999,21(6):70-74.

[8] 吴紫汪,赖远明,臧恩穆,等.寒区隧道工程[M].北京:海洋出版社,2003.

[9] 张德华,王梦恕,谭忠盛,等.风火山隧道围岩冻胀对支护结构体系的影响[J].岩土工程学报,2003,25(5):571-573.

[10] GAO G Y,CHEN Q S,ZHANG Q S, et al. Analytical elasto-plastic solution for stress and plastic zone of surrounding rock in cold region tunnels[J]. Cold Regions Science and Technology,2012,72:50-59.

[11] 黄继辉,夏才初,韩常领,等.考虑围岩不均匀冻胀的寒区隧道冻胀力解析解[J].岩石力学与工程学报,2015(增刊2):3766-3774.

[12] 郑波,吴剑,高红兵.季节冻土区隧道洞口衬砌开裂机理及防治[J].铁道工程学报,2017(7):72-77.

[13] 王建宇,胡元芳.隧道衬砌冻胀压力问题研究[J].冰川冻土,2004,26(1):112-119.

[14] 范磊,曾艳华,何川,等.寒区硬岩隧道冻胀力的量值及分布规律[J].中国铁道科学,2007,28(1):44-49.

[15] 邓刚,王建宇,郑金龙.寒区隧道冻胀压力的约束冻胀模型[J].中国公路学报,2010,23(1):80-85.

[16] 王道远,袁金秀,朱永全,等.浅埋隧道局部存水冻胀作用机制与安全性评价[J].交通运输工程学报,2020,20(3):40-50.

[17] 蒲春平,夏才初,李永盛,等.隧道的温度应力及由其引起的裂缝开展规律的研究[J].中国公路学报,2000,13(2):78-81.

[18] 中国科学院地质研究所地热组.关于恒温带问题[J].煤矿安全,1976(Z1):36-41.

[19] 王贵玲,刘峰,王婉丽.我国陆区浅层地温场空间分布及规律研究(一)[J].供热制冷,2015(2):52-54.

[20] 刘亚平,牛获涛,王家滨.冻融损伤后喷射混凝土耐久性研究[J].硅酸盐通报,2014,33(9):2381-2386.

[21] 杨昌贤,马志富,卢学明,等.寒区铁路隧道结构抗冻技术探讨[J].铁道工程学报,2019(12):53-57.

[22] 杨国柱.青藏铁路昆仑山隧道防冻胀结构研究[J].隧道建设,2008,28(3):263-267.

[23] 刘小刚.昆仑山隧道防排水设计[C]//中国土木工程学会隧道与地下工程分会防排水专业委员会第十三届学术交流会论文汇编,2007:34-36.

[24] 王星华,江亦元.对高原冻土隧道防排水系统的几点思考[J].岩土工程学报,2006,28(1):37-41.

[25] 魏国俊,张建林.青藏铁路昆仑山隧道工程地质条件[J].矿产勘查,2003(9):34-37.

[26] 黄双林,刘小刚.青藏铁路昆仑山隧道设计[J].中国铁路,2003(2):48-50.

[27] 郑金龙,蔚艳庆,杨枫.高海拔雀儿山隧道建设关键技术创新与实践[J].隧道建设(中英文),2020,40(7):1088-1097.

[28] 郑金龙,杨枫,蔚艳庆.高海拔雀儿山隧道建设关键技术综述[J].现代隧道技术,2019,56(增刊2):557-562.

[29] 杨针娘,刘新仁,曾群柱,等.中国寒区水文[M].北京:科学出版社,2000.

[30] 肖广智.不良、特殊地质条件隧道施工技术及实例(二)[M].北京:人民交通出版社股份有限公司,2015.

[31] 马志富,杨昌贤.寒区隧道抗防冻设计标准研究[J].隧道建设(中英文),2021,41(11):1931-1942.

[32] 马志富,杨昌贤.自然气压差对寒区隧道气温场影响主导性研究[J].铁道工程学报,2021,38(10):60-65.

[33] 马志富,杨昌贤.寒区铁路隧道抗防冻技术[J].中国铁路,2020(12):74-81.

[34] 马志富,杨昌贤.高海拔寒区铁路隧道保温排水技术研究[J].高速铁路技术,2020,11(2):87-93.

[35] 马志富,杨昌贤.寒区铁路隧道保温排水设施设计标准研究[J].隧道建设(中英文),2019,39(6):960-971.

高速铁路基础研究与技术创新丛书

第一期(16 册)

(一)基础理论与基础技术系列

高速铁路散体道床宏细观力学行为 赵春发　翟婉明　张　徐　著

ISBN 978-7-113-28857-0

高速铁路线路系统动力学 龙许友　时　瑾　王英杰　编著

ISBN 978-7-113-28997-3

高速铁路弓网关系研究 韩通新　著

ISBN 978-7-113-28941-6

(二)动车组系列

高速列车轻量化设计 李　明　伊召锋　米莉艳　等编著

ISBN 978-7-113-28972-0

(三)供电系列

高速铁路受电弓 韩通新　编著

ISBN 978-7-113-28975-1

高速铁路接触网检测技术 韩通新　著

ISBN 978-7-113-28961-4

(四)工程设计系列

高速铁路桥梁抗震设计 陈兴冲　张永亮　编著

ISBN 978-7-113-28964-5

高速铁路轨道工程 BIM 正向设计软件开发及实践 姚　力　刘大园　董凤翔　等编著

ISBN 978-7-113-28934-8

(五)工程施工与组织系列

高速铁路桥梁 BIM 技术研究与实践 盛黎明　苏　伟　刘延宏　宋树峰　编著

ISBN 978-7-113-28938-6

高速铁路岩溶路基边坡变形与稳定 白明洲　师　海　田　岗　等编著

ISBN 978-7-113-28880-8

高速铁路工程地质灾害超前预报图形判别和解译　　李　忠　郝娜娜　等编著

ISBN 978-7-113-28935-5

(六)通信与列控系列

高速铁路宽带无线信道测量与建模技术　　周　涛　何睿斯　艾　渤　编著

ISBN 978-7-113-28930-0

(七)测量与检测系列

(八)高铁运营与经济系列

高速铁路社会效益研究——基于时空经济分析　　李红昌　夏璇璇　著

ISBN 978-7-113-28942-3

(九)现代信息技术系列

高速铁路物联网技术　　史天运　孙　鹏　张惟皎　陈瑞凤　编著

ISBN 978-7-113-29029-0

(十)安全·健康·维护系列

高速铁路道砟飞溅机理及防治　　高　亮　石顺伟　殷　浩　著

ISBN 978-7-113-28906-5

高速列车多目标均衡综合节能技术　　张　雷　李　明　司志强　等编著

ISBN 978-7-113-28976-8

第二期(23 册)

(一)基础理论与基础技术系列

高速列车空气动力学数值模拟——基于 STAR-CCM+软件

李　明　李　田　戴志远　等编著

ISBN 978-7-113-30059-3

高速铁路沿线地面沉降研究与防治　　李国和　黄大中　尚海敏　王少林　编著

ISBN 978-7-113-30176-7

高速铁路路基智能填筑技术　　王同军　闫宏业　杨　斌　尧俊凯　等著

ISBN 978-7-113-30047-0

季冻区高速铁路路基服役性能与孕灾风险研究

叶阳升　蔡德钩　毕宗琦　李善珍　等著

ISBN 978-7-113-29934-7

高速铁路隧道内附属设施气动效应及安全性研究

彭立敏　杨伟超　施成华　雷明锋　著

ISBN 978-7-113-30104-0

高速铁路钢轨打磨理论与技术　　王文健　郭　俊　周　坤　著

ISBN 978-7-113-30061-6

高速列车动态性能正向设计　　周劲松　宫　岛　孙文静　著

ISBN 978-7-113-30050-0

高速列车自动驾驶控制理论　　宿　帅　李开成　唐　涛　袁　磊　等编著

ISBN 978-7-113-30147-7

高速铁路行车调度与控制一体化　　唐　涛　宿　帅　孟令云　阴佳腾　编著

ISBN 978-7-113-30112-5

高速铁路无砟轨道结构水泥基材料理论与技术

龙广成　曾晓辉　马昆林　谢友均　著

ISBN 978-7-113-30056-2

(二)动车组系列

高速列车空气动力学设计技术　　丁叁叁　著

ISBN 978-7-113-30055-5

(三)供电系列

高速铁路电力牵引供电工程智能建造技术

胡志华　陈建明　奚金柱　吴命利　等编著

ISBN 978-7-113-30205-4

(四)工程设计系列

现代铁路枢纽规划设计　　许佑顶　高丰农　吴学全　李传勇　等编著

ISBN 978-7-113-27468-9

高速铁路隧道底部结构动力响应特性及设计方法

彭立敏　施成华　黄　娟　丁祖德　著

ISBN 978-7-113-30133-0

(五)工程施工与组织系列

高速铁路工程勘察技术创新与实践　　陈则连　著

ISBN 978-7-113-30189-7

高速铁路工程质量系统管理(第2版)　　卢春房　等著

ISBN 978-7-113-30108-8

高速铁路路基沉降分析与控制技术　　宋绪国　郭帅杰　编著

ISBN 978-7-113-30154-5

深埋高速铁路地下车站施工关键技术　　杨新安　马明杰　李路恒　罗　驰　编著

ISBN 978-7-113-30001-2

高速铁路施工组织创新与实践　　魏　强　编著

ISBN 978-7-113-30136-1

高速铁路路基沥青混凝土防水封闭结构　　蔡德钧　闫宏业　楼梁伟　石越峰　等著

ISBN 978-7-113-30033-3

(六)通信与列控系列

高速铁路信号系统雷电防护技术研究　　向念文　徐宗奇　阳　晋　编著

ISBN 978-7-113-30135-4

(七)测量与检测系列

(八)高铁运营与经济系列

(九)现代信息技术系列

智能高速铁路图像大数据分析技术及应用　　李　平　李　瑞　赵　冰　编著

ISBN 978-7-113-30134-7

(十)安全·健康·维护系列

高速列车横风效应及气动安全控制动力学　　毛　军　柳润东　郗艳红　著

ISBN 978-7-113-30028-9

第三期(18册)

(一)基础理论与基础技术系列

高速铁路桥梁抗风技术　　何旭辉　邹云峰　敬海泉　等著

ISBN 978-7-113-31329-6

高速铁路智能选线理论与方法　　蒲　浩　宋陶然　李　伟　张　洪　著

ISBN 978-7-113-31670-9

(二)动车组系列

高速列车风阻制动技术　　田　春　周嘉俊　马天和　吴萌岭　编著

ISBN 978-7-113-31648-8

高速列车制动防滑控制基础理论与试验技术 田　春　朱文良　马天和　吴萌岭　编著

ISBN 978-7-113-31585-6

高速铁路轮轨廓形设计及应用 沈　钢　陈迪来　编著

ISBN 978-7-113-31307-4

高速列车辅助供电系统 张立伟　姜东杰　徐海大　编著

ISBN 978-7-113-31574-0

高速列车被动安全系统技术理论 丁叁叁　编著

ISBN 978-7-113-31996-0

(三)供电系列

高速铁路供电系统电磁暂态分析与防护 刘明光　刘　铁　编著

ISBN 978-7-113-31249-7

(四)工程设计系列

(五)工程施工与组织系列

寒区高速铁路隧道低温影响与工程对策 马志富　田四明　杨昌贤　王志杰　等编著

ISBN 978-7-113-31456-9

高速铁路路基边坡生态防护技术与实践 叶阳升　蔡德钩　魏少伟　吕　宋　著

ISBN 978-7-113-31741-6

(六)通信与列控系列

真空管磁浮高速飞行列车车地无线通信技术 刘　留　艾　渤　编著

ISBN 978-7-113-31382-1

(七)测量与检测系列

高速铁路运营监测技术 赵　斗　张冠军　王长进　梁　永　编著

ISBN 978-7-113-31182-7

高速铁路精密工程测量技术 王长进　刘　成　张冠军　石德斌　编著

ISBN 978-7-113-31519-1

铁路工程地质遥感技术创新与应用 刘桂卫　著

ISBN 978-7-113-31354-8

(八)高铁运营与经济系列

高速铁路列车开行决策理论与技术 周文梁　史　峰　徐光明　等著

ISBN 978-7-113-31563-4

(九)现代信息技术系列

高速铁路数据中心设计技术 杨德修 樊 艳 赵 耀 崔校玉 编著

ISBN 978-7-113-31126-1

(十)安全·健康·维护系列

绿色高速铁路技术 蒋 辉 编著

ISBN 978-7-113-31460-6

高速列车驾驶人因安全保障理论及方法 方卫宁 唐 涛 等著

ISBN 978-7-113-31311-1